永山修一 著

隼人と古代日本

同成社 古代史選書 6

はじめに

本書は、古代の日本における南九州の歴史的位置付けを試みることを目指している。本書であつかう南九州の範囲は、日向国・大隅国・薩摩国、すなわち現在の宮崎県域と、薩南諸島を除く鹿児島県域をさす。現在でも、宮崎県と鹿児島県をさして南九州とよぶが、この両県を一体的にとらえる見方は確実に古代にさかのぼる。

『古事記』の大八洲生成条では、

> 次、生二筑紫島一。此島亦身一而有二面四一。毎レ面有レ名。故、筑紫国謂二白日別一、豊国謂二豊日別一、肥国謂二建日向日豊久士比泥別一（割注略）。熊曽国謂二建日別一。

と記されており、筑紫島＝九州島が筑紫国・豊国・肥国・熊曽国の四地域に分けられている。令制国との対応関係でみると、筑紫国は筑前国・筑後国、豊国は豊前国・豊後国、肥国は肥前国・肥後国となるから、熊曽国は日向国・大隅国・薩摩国の地域をさすことになる。

薩摩国の大半と大隅国はそれぞれ大宝二年（七〇二）と和銅六年（七一三）に日向国より分置されたと考えられる。また延暦四年（七八五）十二月九日付太政官符が、大宰府管内の浮浪を問題にするにあたって、とくに日向国から大隅・薩摩両国への浮浪の存在を指摘していることは、この三国がある種のまとまりをもった地域であったことを示していると考えられる。

さて、古代の南九州を文献史料によってみていくとき、以下のような五つの重要な画期を置くことができる。

第一の画期　天武天皇の十一年（六八二）に隼人とよばれる人々が歴史に登場する。
第二の画期　八世紀の初めに薩摩国・大隅国が成立して南九州に国郡制が適用される。
第三の画期　延暦十九年（八〇〇）に薩摩国・大隅国で班田制が施行されて、隼人の公民化が達成され、南九州が完全に律令制度のもとに組み込まれる。
第四の画期　万寿年間（一〇二四〜二八）に、平季基により島津荘が開発される。
第五の画期　文治元年（一一八五）、島津荘の下司・地頭に惟宗忠久が任じられる。

以上の五つである。次にこの五つの画期によって区切られる六つの時期について、簡単にみておく。

第一の画期までの時期。『古事記』『日本書紀』では、天孫降臨の神話、海幸・山幸の神話を含むいわゆる日向神話、熊襲をめぐる景行天皇や日本武尊の物語、仁徳天皇と髪長媛と日向諸県君などの物語が展開する。

第一の画期から第二の画期の前後にかけての時期。隼人の朝貢が始まり、政府は南九州を政府の支配下に組み込むための努力を続けるが、これに対する隼人の反抗が繰り返され、対隼人戦争がおこる。

第二の画期から第三の画期にかけての時期。隼人の抵抗にあった政府は薩摩国・大隅国を特別な地域として、律令制度の完全適用を猶予する。この時期、日向国は対隼人政策の最前線に立たされることになる。

第三の画期から第四の画期にかけての時期。南九州は律令制度が完全に適用される地域となる。そのため、南九州は政府が重大な関心を寄せる地域ではなくなり、それまでと比べて史料の数は大きく減少していく。

第四の画期から第五の画期にかけての時期。現在の宮崎県都城市の地で成立した島津荘は、大隅・薩摩両国に拡大し、全国最大の荘園へと発展していく。南九州でも荘園公領制度が展開し、武士が活躍する時代となっていく。

第五の画期以降。この時期は、鎌倉時代に入る。建久八（一一九七）年には、日向・大隅・薩摩の三国の図田帳が作成され、平安時代末期頃の土地領有の状況を伝えている。

第四の画期以降については、島津荘に関する史料をはじめとして多くの史料が残されており、南九州は中世史料の「宝庫」ともよばれ、数多くの研究が蓄積されている。

そこで本書では、このような時代区分の大枠にしたがって、第四の画期すなわち平安時代中期までの南九州の歴史的展開を叙述していくことにしたい。

さて、古代の日本のなかで南九州について考える時、隼人の問題は避けて通ることができない。律令体制の完成を図る政権にとって、隼人をどのようにして服属させるかは、きわめて重要な課題であった。一つには、隼人の朝貢によって天皇の権威を発揚させるという面があり、その一方で、隼人の居住地を律令国家の版図に組み込んでいくことも推進されていった。隼人は、朝貢を行う（あるいは朝貢させられる）ことによって隼人としての「身分」に編成されており、政治的要請から設定された「疑似民族集団」であったということができる。隼人の「身分」設定が、「隼人」登場以前の大和政権と南九州の関係と連続しない形で行われたことについては、古墳時代の南九州の状況をみれば明らかである。そこで本書では、古墳時代の南九州の状況から説き起こし、隼人の実態をできる限り復元し、さらに「疑似民族集団」としての隼人が姿を消した後の南九州の状況をみる事で、隼人の存在意義について考えていくことにしたい。

古墳時代から平安時代中期までの南九州の歴史的展開について考えることを目的とする本書の書名に、あえて隼人の語を用いたのは、以上のような考えによる。

なお、本書は、基本的に常用漢字を用い、引用史料中の割り注は【　】に入れた。

目　次

はじめに
第一章　古墳時代の南九州……3
第一節　従来の古墳時代の南九州理解の枠組み　4
第二節　考古学からみる古墳時代　8
（1）高塚古墳　8
（2）地下式横穴墓　12
（3）地下式板石積石室墓　14
（4）土壙墓　15
（5）南九州における首長墓の展開　16
（6）古墳時代の集落　18
（7）土師器・須恵器などにみる特徴　19
第二章　隼人の登場……25
第一節　伝承のなかの南九州　26
第二節　隼人の朝貢開始と大隅直氏　35

第三章　隼人の戦いと国郡制……47
第一節　令制日向国の成立　48
第二節　三野・稲積城と覓国使剽劫事件　51
第三節　大宝二年の隼人の戦い　54
（1）戦いの期間　54
（2）戦いの原因　55
第四節　薩摩国の成立　60
第五節　薩摩国の構造　67
第六節　和銅六年の隼人の戦いと大隅国の成立　73
第七節　南九州への移民　76
第八節　養老四年の隼人の戦い　80
第九節　藤原広嗣の乱と隼人　84
第一〇節　国郡制施行と隼人の位置づけ　89
第四章　隼人支配の特質……103
第一節　「天平八年薩麻国正税帳」の会計年度について　103
第二節　「天平八年薩麻国正税帳」からみる隼人支配　105
（1）穀稲について　107

（2）高城郡と河辺郡の財政規模　108
（3）国司巡行について　109
第三節　「隼人之調」について　113
第四節　辺遠国としての薩摩国・大隅国と隼人支配の特質　119
第五節　「隼人郡」の郡司をめぐって　126
第六節　隼人への仏教教化策　132
第五章　隼人の「消滅」……………………………………145
第一節　八世紀後期の隼人支配　146
第二節　隼人の朝貢停止　153
第三節　隼人司の変容　157
第六章　平安時代前期の南九州……………………………173
第一節　律令制度完全適用後の薩摩・大隅国　173
第二節　京田遺跡出土木簡について　181
第三節　南九州における国司と郡司・富豪　185
第四節　貞観・仁和の開聞岳噴火と橋牟礼川遺跡　189
第五節　律令的祭祀の展開　198

第六節　南九州の古代交通　202
第七章　平安時代中期の南九州……217
第一節　受領支配の進展　217
第二節　島津荘の成立と大隅国府焼き討ち事件　224
おわりに
あとがき

隼人と古代日本

第一章　古墳時代の南九州

本章では隼人が登場する以前の大和政権と南九州の関係について考古学の面から考察し、古代国家と南九州・隼人の関係をみる前提としたいと考える。古墳時代の南九州を考える際、必ずと言っていいほど取り上げられるのが、墓制の問題である。南九州には四つの墓制が展開したと言われてきた。

まず、前方後円墳・円墳などの高塚墳は、現在の宮崎県の海岸部に点在し、鹿児島県の志布志湾岸、さらに内陸部では都城盆地、鹿児島県の薩摩半島西岸を大体の分布範囲とする。地下式横穴墓は、宮崎県高鍋町を北限として志布志湾岸まで分布し、海岸部では高塚墳の分布と重なるところが多い。しかし、内陸に行くと、大淀川の上流の都城盆地の周辺、大淀川の支流岩瀬川沿いの小林盆地、分水嶺を越えて川内川の流域である加久藤盆地に分布範囲を広げ、さらに鹿児島県の大口盆地にも分布する。地下式板石積石室墓は、球磨川流域から川内川流域に分布している。そして土壙墓は、薩摩半島の南部から、鹿児島湾沿岸部に分布するとされている。

さて、こうした墓制をどのように解釈するかは、隼人について考える上でも重要な問題である。そこで、第一節で従来古墳時代の南九州がどのように理解されていたのかを瞥見し、次いで第二節で、現時点での考古学的成果についてみていくことにしたい。

第一節　従来の古墳時代の南九州理解の枠組み

二〇〇六年に鹿児島県教育委員会が発行した『先史・古代の鹿児島』は、第四章「古墳時代」の第一節「古墳時代の概説」として次のような項目を立てている。

1　熊襲と隼人
2　畿内型高塚古墳文化の伝播
3　隼人の墳墓（地下式横穴墓）
4　隼人の墳墓…地下式板石積石室墓
5　薩摩半島南部の墓制について
6　遺物からみた文物の交流

これをみると、古墳時代の南九州を理解する上で、熊襲と隼人の理解は欠かせず、また畿内型高塚古墳文化が伝播してくるなかで、隼人の墳墓たる地下式横穴墓や地下式板石積石室墓が展開し、薩摩半島南部にはこれとは異なる墓制が展開しているという理解の枠組の存在を示している。

古墳時代の南九州を対象とした考古学的調査に大きな意味をもった調査として、一九五八年に文化財保護委員会（現文化庁）が鹿児島県教育委員会などと協同で行った成川遺跡（鹿児島県揖宿郡山川町、現指宿市）の発掘調査がある（一九八一年から翌年にかけても、鹿児島県教育委員会により調査が行われた）。この遺跡は、弥生時代から古墳時代にかけての遺跡であるが、なかでも古墳時代に属する人骨や鉄製品に注目が集まった。二度の調査を合わせると、一四三基の土壙墓と三四八体分の人骨が確認されており、剣五四・刀一二・矛三・鏃一五〇・大型鏃九・異形鉄器六のほか斧・刀装具・刀子・やりがんななど多量の鉄器が出土している。これについて、一九七四年に発行された調査報告書では、総括の部分で次のように述べている。考古学で南九州・隼人がどのようにイメージされていたかを知るため、長文になるが、引用しておく(1)。

次に成川遺跡形成の主要な年代を古墳時代前半期とすると、すでに中央ではオオキミを頂点とする階級社会が確立し、古代国家がその支配圏を拡充していった時期でもある。さきにもふれたごとく成川遺跡では、死者の埋葬にあたって特別なとりあつかいをした例はみとめられない。このことは成川遺跡に墓地を営んだ集団の階層分化が進んでいないことをものがたるものであり、また成川遺跡周辺の地域すなわち薩摩半島では古墳が確認されていないという事実とも相関連することであろう。すなわち薩摩半島に有力族長層の奥津城たる古墳時代前半期の古墳の存在が認められない以上、成川遺跡を古墳被葬者より下位の人々の集団墓地と規定することはできない。あくまでも階級の未分化な集団の存在を考えざるを得ない。

乙益氏は本章末尾註にかかげたように、南九州の特殊な墓制について考察をめぐらし、南九州にあって、異質の墓制が地域を異にして並行して行なわれていたこと、いずれにも地域文化の孤立性と停滞性がうかがわれることを指摘され、これらの特異な墓制が熊襲・隼人と関連する旨の御意見を頂いた。そして小田富士雄氏も同様な意見を述べておられる。熊襲についてはいましばらくおくとしても、ここで注目されるのは隼人であろう。

隼人の名称の起源や、その人種的系譜などについては諸説があって、いまだ結論をみていないが、隼人は九州南部に住み、時として大和朝廷に反乱し、また服属して朝廷の警固に当るなど、武勇の人々として知られている。隼人の動向は『日本書紀』や『続日本紀』などにより、断片的に知られるが、大和朝廷との関係が史実として確認されるのは天武朝前後からという意見もある。したがっていまただちに成川遺跡で発見された人骨を隼人のものとすることはできないにしても、成川遺跡で確認された階級の未分化な、かつ質朴で勇猛なる人々の集団と隼人との関連は強く暗示されるであろう。

ここでは、この遺跡の特徴を「地域文化の孤立性と停滞性」にみ、これを営んだ人々を「階級の未分化な、かつ質朴で勇猛なる人々の集団」としており、さらに文献から「武勇の人々として知られている」隼人との関連は「強く暗示される」としている。すでに、小田富士雄(2)や乙益重隆(3)によって、南九州の地形的劣悪さや、隔絶性、孤立した文化と社会生活が強調され、特殊な構造の地下式横穴墓や地下式板石積石室墓の存在も、この地域の住民が異民族視される理由とされた。また、国分直一は、

隼人は熊曾(襲)の曾(襲)を受けたものと見て、そこから模索を進め、その源流を市来貝塚(遺跡名としての市来貝塚ではなく、縄文時代後期の市来式土器を出土する貝塚のこと—永山注)をのこした人々に考えた。市来貝塚は律令時代の隼人地域のほぼ全域に分布していた上に、市来貝塚人は漁撈・狩猟民であった。後代の隼人は生業的には市来貝塚人の流れをくんでいるように思われる。市来貝塚人の流れをくむものも独特の石製耨耕具—靴型類似石器—をもって畑作を行うに至って、しだいに漁撈・狩猟社会から畑作社会に展開し、遂には豊富な鉄製利器によって武装化を進めるに至る。成川社会がそれで、次第に猛き人、隼人の印象を強く持つに至っていたと考えた。

と述べており(4)、縄文時代から古墳時代・奈良時代まで、南九州が単線的な歴史展開を示すと考えているようである。

それでは、文献からみる隼人は、調査時点においてどのようにとらえられていたのだろうか。井上光貞は、異民族によって組織された部の一環として隼人をとりあげて、大和国家と隼人のかかわりについて述べ(5)、林屋辰三郎は、隼

人と律令支配の関係を簡明に叙述した後、隼人の芸能について論じたが、(6) いずれも戦前以来の隼人＝異民族という前提を自明のこととしている。この点で、戦前に喜田貞吉が「倭人考」『日向国史』などの著述で示した隼人像は大きな影響をもち続けていたといえる。喜田の描いた隼人像の一端をみておく。喜田貞吉は、一九一六年に「隼人考」を著し、緒言で次のように述べていた。

わが古代史上における異種族として、東方なる蝦夷に対比し、西方において最も勢力ありしものを隼人となす。

隼人の名はつとに神代史に所見あり。その後、一時熊襲の陰に隠れて史上に没したりしも、仁徳天皇のころよりすでに貴紳の従者としてその名再び史上に現われ、投帰、服属のこと、またしばしば所見あり。しかるに皇威、僻陬に及び、南島また貢を納るるころよりして、かえって暴動、叛乱の挙相踵ぎ、もって養老の大征討に終る。爾後、隼人暴挙のこと、また物に見ゆるなけれども、しかもその名はなお久しく記録の上に存して、室町時代にまでも及べり。

そして、「隼人が異族として認められたりしこと」として、（1）隼人は風俗を異にす、（2）隼人は容貌を異にす、（3）隼人は言語を異にす、（4）奈良朝人、隼人を異族と認む、の四点を挙げ、それぞれについて徴証をあげ論じた。(7)

以上をみれば、喜田以来の隼人＝異民族という認識を前提として、成川遺跡が評価されていることは明らかである。

さらに、こうした墓制についての理解は、文献史学からみる南九州の古代史像に対しても少なからぬ影響を与えた。南九州がシラスに覆われ生産性の低い土地であるということも理由の一つとして、隼人の社会がフラットなものであったということがある種自明のこととして語られている。(8)

南九州の墓制について、考古学は、それまでの文献からみる隼人像に沿って解釈を行い、そこで提示された理解が、文献史学からみる隼人像の前提として利用されるという、いわば双方がお互いにもたれかかって南九州の古代像が描かれている状況と言っても良いのではないかと考える。

第二節　考古学からみる古墳時代

近年、南九州に於いて古墳時代の遺跡や古墳の調査に重要な進展がみられており、こうした新しい成果を参照しながら、従来とは異なる南九州の歴史的展開の姿を描き出すことが可能になっていると考える。[9] 以下、いくつかの項目に分けて、みていくことにしたい。

(1) 高塚古墳

前方後円墳に象徴される高塚古墳は、前期〜後期にかけて南九州で確認できるが、問題はその分布域の時期的変遷である。

前期に、宮崎県域では、川南古墳群（川南町）・持田古墳群（高鍋町）・西都原古墳群（西都市）・生目古墳群（宮崎市）、鹿児島県域では、志布志湾沿岸の塚崎古墳群（肝付町）などがつくられはじめ、同じく薩摩半島西岸では、鳥越古墳（阿久根市）・奥山古墳（六堂会古墳の名称変更、南さつま市）が築造されている。このうち、鳥越古墳は、墳形は明らかでないが、残存長四・四メートルの竪穴式石室をもち、割竹形木棺を用いていた。中陵・端陵古墳（薩摩川内市）は自然地形を利用した前方後円墳とも言われるが、これについては古墳と認定すること自体に否定的な意見もあるので、

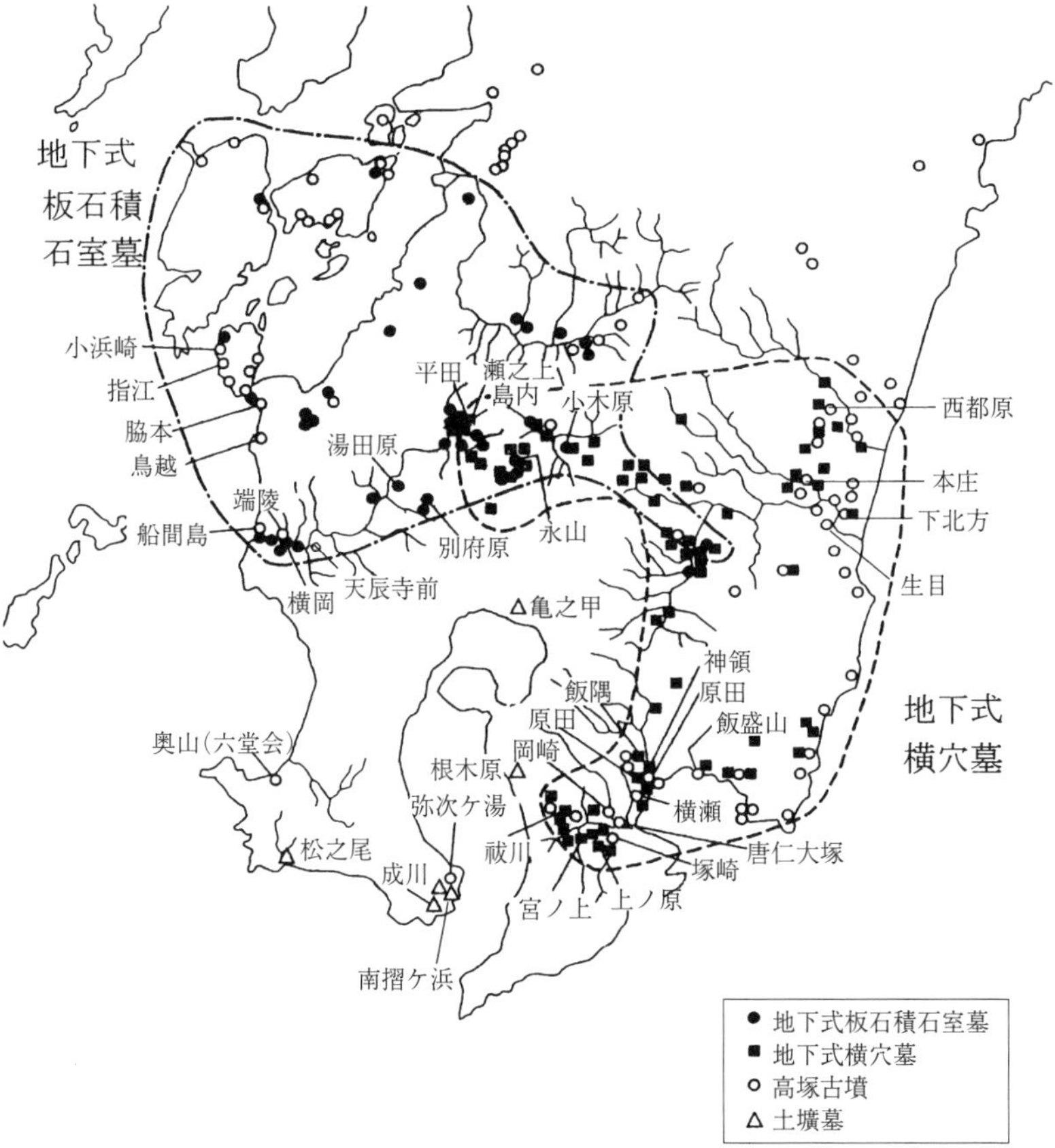

図１　南九州の古墳分布
『鹿児島県の歴史』（山川出版社 1999）に加筆

本書では一応これを除外して考える。また奥山古墳は前期後半（四世紀後半）の円墳（直径一三・五メートル）で、石棺の構造や石材は天草地方と深い関連があるとされる。[10]

中期には、西都原古墳群に女狭穂塚（墳長一七七メートル）・男狭穂塚（墳長一六七メートル）、鹿児島県の志布志湾岸に唐仁大塚（東串良町、墳長一五四メートル）、横瀬古墳（大崎町、墳長一四〇メートル）などの巨大前方後円墳が現れる。唐仁大塚までの三つは、九州島内のそれぞれ一・二・三位の墳丘規模をもつ古墳とされる。宮崎県域では、南方古墳群（延岡市）、川

南古墳群（川南町）、持田古墳群（高鍋町）、西都原古墳群、茶臼原古墳群（西都市）、祇園原古墳群（新富町）、本庄古墳群、六野原古墳群（国富町）、生目古墳群、木花古墳群、下北方古墳群（宮崎市）、牧ノ原古墳群（都城市高城町）、鹿児島県域では神領古墳群（大崎町）、唐仁古墳群（東串良町）、岡崎古墳群、上小原古墳群（鹿屋市串良町）などで前方後円墳が確認されている。

薩摩半島では、前方後円墳は確認されず、川内川河口の船間島古墳、河口から一〇キロメートルほど上流の左岸に位置する天辰寺前古墳（ともに薩摩川内市）、弥次ヶ湯古墳（指宿市、直径一七・五メートルの円墳）が知られるくらいである。

中期の古墳で、とくに近年注目されるようになっているのは、高塚古墳と地下式横穴の関係である[11]。中期中葉の円墳である鹿屋市岡崎一八号墳（直径十八・八メートル）には初期地下式横穴墓三基が従属し、帆立貝式前方後円墳である岡崎一五号墳（墳長約二六メートル）の両クビレ部には地下式横穴墓の竪坑が確認されている。鹿児島県曽於郡大崎町の前方後円墳である神領一〇号（墳長約五七メートル）には周溝部に三基の、宮崎市生目七号墳（前方後円墳、横長四七メートル）にも周溝部から八基の地下式横穴墓が確認されている。宮崎市の下北方七号墳（円墳、直径二一・五メートル）の下には、二基の地下式横穴墓が掘削されている。宮崎県西都市西都原一一一号墳（円墳、直径二八メートル）には周溝に西都原四号地下式横穴墓（中期後半）の竪坑がとりつく。

このうち、岡崎一五号墳は墳丘に花崗岩製箱式石棺が確認でき、岡崎一八号墳も墳丘に埋葬施設をもっていた可能性があるという[12]。神領一〇号では、武人埴輪や舟形石棺が確認されている[13]。このように、墳丘に主体部のある古墳に寄生するような形で地下式横穴墓が築造されるものもあるが、その一方で、地下式横穴を主体部とする高塚墳も確認されている。

西都原一一一号墳は、墳丘の築造と同時に西都原四号地下式横穴墓が造られ、後期に入って墳頂部に三基の木棺が直葬されている。西都原四号地下式横穴墓の玄室は、奥行き五・五メートルの妻入りタイプで、短甲三領（横矧板革綴短甲一領・横矧板鋲留短甲二領）・直刀六本・珠文鏡一面・鉄鏃・玉類（管玉、勾玉、ガラス製丸玉・小玉）などが副葬されており、時期的には五世紀後半とされる。宮崎市の下北方七号墳（円墳）には、その下に築かれた二基の地下式横穴墓があり、そのうちの地下式五号墳は、玄室は奥行き五・四メートルの妻入りタイプで、短甲（横矧板革綴短甲・横矧板鋲留短甲各一領）・眉庇付冑・垂飾付耳飾・玉類・直刀・剣・鉾・鉄鏃・鏡・鉄斧・馬具を出土した五世紀後葉の古墳である。

また、その発掘の経緯や出土品などについて詳細な記録が残っている宮崎県東諸県郡国富町本庄古墳群の猪塚は、さらに興味深い事実を伝えてくれる[14]。猪塚（国史跡本庄二七号墳）は、墳長四七メートルの前方後円墳であり、寛政元年（一七八九）に弥右衛門という百姓によって発見された。墳丘横の溝浚えの最中に地中に落ちて発見したものであり、当時描かれた絵図等により、奥行き四・五メートル、妻入りタイプの玄室をもつ地下式横穴墓であることがわかる。一九九七年に行われた地下レーダーの調査によれば、墳丘上に埋葬施設の存在は確認されないので、猪塚の主体部はこの大型の地下式横穴ということになる。副葬品は、剣二本・刀五本・鉾二本・短甲二領（横矧板鋲留短甲・三角板鋲留短甲）・鏡三面（画文帯同向式神獣鏡・二神二獣鏡・四獣形鏡）・竪矧細板鋲留眉庇付冑・轡の銜・鉄鏃・玉類（勾玉・管玉）などきわめて豊富で、時期は五世紀後葉とされる。猪塚は、副葬品からみる限り五世紀後葉の宮崎平野部では最大規模の首長墓であったとすることができ、その主体部の埋葬施設には地下式横穴が採用されていた。

後期には、宮崎県域の持田古墳群（高鍋町）、千畑古墳群、西都原古墳群（西都市）、祇園原古墳群、石船古墳群（新富町）、蓮ヶ池古墳群、下北方古墳群、生目古墳群（宮崎市）などに前方後円墳が確認でき、円墳、横穴墓が宮崎平野を中心に多く造られている。鹿児島県域では、前方後円墳は造られず、小浜崎古墳群（出水郡長島町）の鬼塚古墳・

白金崎古墳の円墳、横穴式石室二基・箱式石棺二基からなる脇本古墳群（阿久根市）と、六月坂横穴墓群（志布志市）の横穴が知られるくらいになる。

（2）地下式横穴墓

地下式横穴墓は、地表面から竪穴を掘り（竪坑）その底部から横に掘り進めて玄室を設けたものである。小丸川右岸の下耳切第三遺跡（高鍋町）を北限、鹿児島県鹿屋市吾平町の中尾地下式横穴墓群を南限、鹿児島県大口市の春村地下式横穴墓群を西限とする範囲に分布する。この墓制は南九州に特徴的な墓制という点が強調されてきたが、近年、この墓制がどのように発生し、またどのように広がっていったかについて、新しい理解が示されている。分布域を第Ⅰ地域　大淀川下流域・一ツ瀬川流域（宮崎平野部域）、第Ⅱ地域　西諸県域（小林・野尻盆地周辺域）、第Ⅲ地域　えびの盆地・大口盆地地域、第Ⅳ地域　都城盆地地域、第Ⅴ地域　志布志湾岸・肝属平野部地域に分けて、以下簡単にみておく(15)。

まず、その祖型は、前期末～中期初頭にえびの盆地（第Ⅲ地域）の小木原・蕨地区地下式横穴墓群（えびの市）のなかで確認された「横口式土壙墓」で、中期前半には第Ⅱ地域で平入り家形玄室の地下式横穴墓が展開する。そして、第Ⅳ地域、第Ⅰ地域の西部、第Ⅴ地域、第Ⅲ地域の霧島西北麓・大口盆地にも広がり始める。中期中葉以降は、第Ⅰ地域で拡大するとともに、妻入り形の大型玄室も登場してくる。

後期に入ると、しだいに地下式横穴墓は造られなくなり、後期中葉段階には、第Ⅰ地域、第Ⅴ地域を除いて終焉を迎えるという。最終段階の地下式横穴墓は、宮崎県西都市堂ヶ嶋・高鍋町牛牧・鹿児島県鹿屋市吾平町中尾の地下式横穴墓群などで、終末期の七世紀中葉とすることができる(16)。

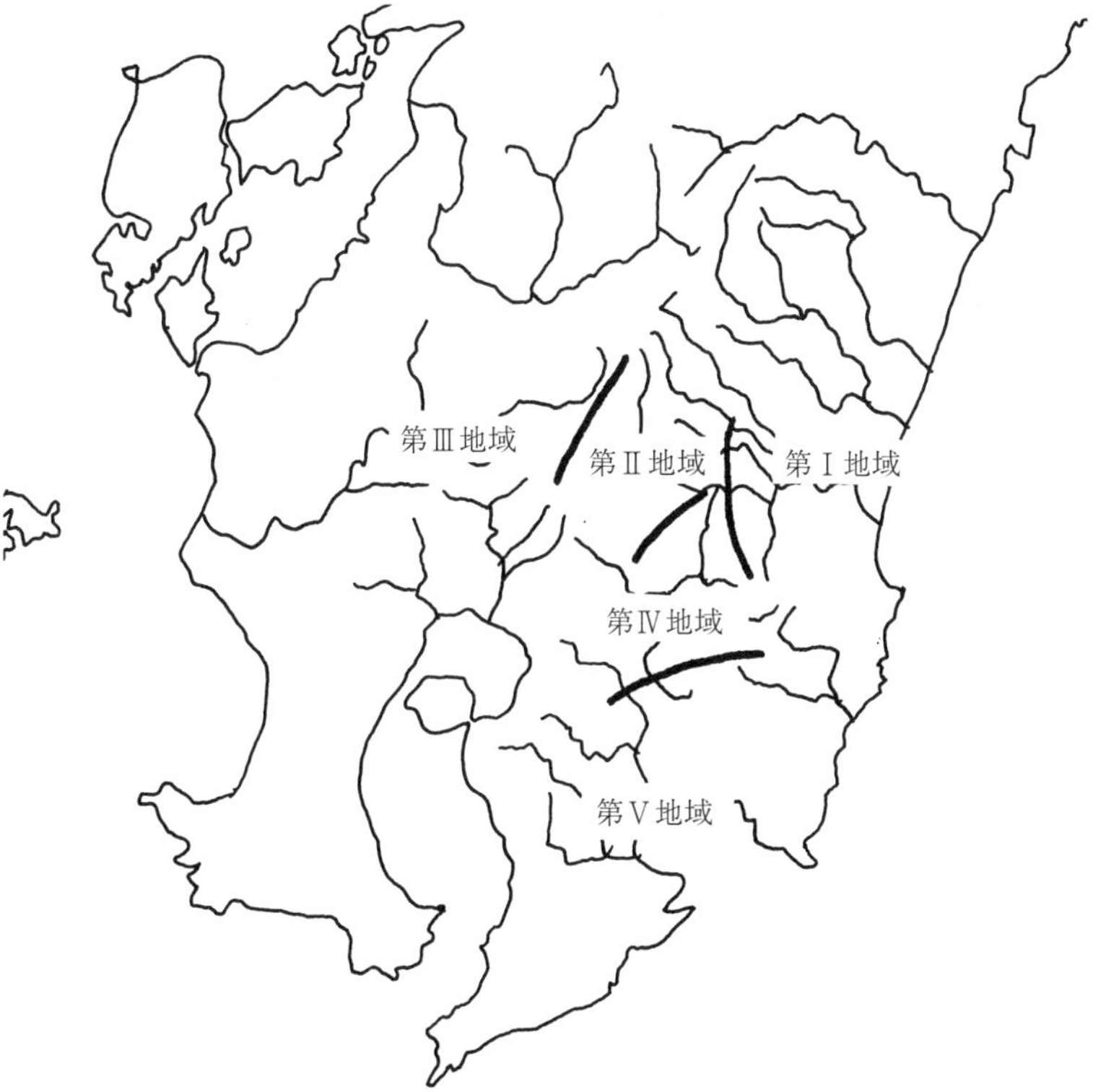

図２　地下式横穴墓分布図（北郷2006による）

　さて、地下式横穴墓という墓制の成立については、横穴式石室などとともに百済系横穴式石室墳の系譜上から九州に波及した埋葬施設構造の一つとする説が示されている(17)。また、中期中葉に登場する妻入り形の大型玄室については、横穴式石室という高塚古墳の埋葬施設の影響下に成立したとする説(18)と、前方後円墳が築造された地域で登場したことや平面規模や副葬品配置から竪穴系埋葬施設との関連を説く見解(19)があるが、いずれにしても高塚古墳のあり方の影響下に妻入り形の大型玄室が登場したことは明らかである。先にみたように、五世紀後半には、地下式横穴を主体部とする円墳や前方後円墳が築造されており、その副葬品からみて、各地の有力首長の墓とすることができるのであり、地下式横穴墓を、地域の特殊性のなかに埋没させることは妥当ではない。

また、中期の特徴として、甲冑をもつ地下式横穴墓が多い点をあげることができる。(20) なかでも、六野原古墳群・本庄古墳群のある国富地域（第Ⅰ地域）では九領、島内地下式横穴墓群・小木原地下式横穴墓群のあるえびの盆地（第Ⅲ地域）では八領の短甲が出土しており、前方後円墳が全く築造されなかったえびの盆地に多数の甲冑が副葬されている。これについて、畿内の政権の領域外縁において政権に親しい立場を取る人々への政略的贈与の意味合いが強く、その見返りとして新たな領域化、そこからの物資獲得、贈与を行ったという名声、そして軍事を中心とする人々の貢献が期待されたとする説が示されている。(21)

（3）地下式板石積石室墓

地下式板石積石室墓は、地表から一～二メートルの深さに板石を立てて石室をつくって、遺体や副葬品を納め、さらに数十枚の板石をもち送って石室を覆うものである。石室の平面プランは、円形あるいは方形が多い。この墓制は、八代海沿岸部・北薩地域・人吉盆地・えびの盆地などに分布し、その祖型は、五島列島にみられる弥生時代の石棺墓にあり、これが西北九州から北薩地方に伝わったとする説と、(22) 八代海に波及した古式の箱式石棺を起源と考える説が示されている。(23) 後者の説では、平面円形になる石室墓が有明海沿岸部と球磨川流域を主要なルートにして、布留式土器古段階ごろから加久藤盆地や大口盆地の山間部に広がり、一方は平面方形のままの石室墓が、布留式土器中段階ごろ、南西部九州型箱式石棺を母体に、石室墓の影響を受けて板石積の蓋を採用し、天草諸島から阿久根市、川内川の沿岸部を伝い、川内川流域に広がったとし、そのため、加久藤盆地と大口盆地では、両ルートから入った石室墓が複雑に絡まり合っているとする。(24)

その時期について、通説では、鹿児島県湧水町永山地下式板石積石室墓群は三世紀代以降のもの、薩摩川内市横岡地下式板石積石室墓は五世紀後半～七世紀後半とされており[25]、古墳時代を通じて築造され続けたとされる。

これに対し、地下式板石積石室墓は、石棺墓の延長上にある墓制で石室墓ではなく、また上部で閉塞されているため、「地下式」と称する必要もないとして、板石積石棺墓という名称を用いるべきであり、その存続時期についても、前期から中期前半を中心に展開し、中期後半以降は存続しないという説が示されている[26]。

（4）土　壙　墓

成川遺跡の調査において、「立石土壙墓」が古墳時代の墓制として著名になった。この遺跡は、弥生時代中期後葉の祭祀遺跡として出現し、弥生後期に埋葬が行われ、古墳時代の四～六世紀に、一・五㌶ほどの面積を墓域として埋葬が行われた。「立石」はいずれも弥生時代に関わるもので、古墳時代の埋葬については土壙墓とするのが正しいとされたが[27]、指宿市南摺ケ浜遺跡では、二〇〇七年度の調査で古墳時代に下る立石が出土した[28]。土壙墓・「立石土壙墓」については、今後さらなる研究が必要とされる状況にある。

土壙墓は、このほか枕崎市松之尾遺跡が知られ、薩摩半島南端に分布するとされていたが、大隅半島の鹿屋市根木原遺跡でも確認されたため、高塚古墳・地下式横穴墓・地下式板石積石室墓などが築造されなかった鹿児島湾沿岸部には、土壙墓が採用されていた可能性がある。また、薩摩川内市の横岡古墳では、五世紀後半から六世紀前半にかけて地下式板石積石室墓から土壙墓へと墓制の変遷があったことが知られており、北薩地域でも古墳時代中期後半以降墓制は土壙墓に置き換わったとする説も示されている[29]。

（5）南九州における首長墓の展開

以上、各墓制について概観した。ついで、南九州の首長の問題を、柳沢一男の所説に導かれながら概観したい[30]。

古墳時代に入ると、各地の首長が前方後円墳に代表される古墳を築造し始めた。日向・大隅地方で前期にさかのぼる首長墳系列は約三〇（西都原古墳群には七つの系列が存在）であり、そのうち小丸川・一ツ瀬川流域で二〇前後の系列があったという。前期初頭～中葉の時期、生目古墳群（宮崎市）の系譜が、他系譜を圧倒する一〇〇メートル以上の前方後円墳を継続していることから、生目一号墳（墳長一三六メートル）・三号墳（墳長一四三メートル）は、この時期の首長連合を束ねる広域盟主墳とすることができる。

前期後半になると、宮崎平野部首長層が主導して柄鏡形の前方後円墳が築造されるようになるが、生目系譜の衰退にともない、まず五ヶ瀬川流域に菅原神社古墳（宮崎県延岡市、墳長一一〇メートル）が、そして次に肝属川流域に唐仁大塚古墳（鹿児島県肝属郡東串良町、墳長一五四メートル）が築造される。このように最大規模の古墳が南北両端域に移動する背景には、この時期首長連合内で激しい勢力再編があった可能性がある。

中期に入ると西都原に女狭穂塚（西都市、墳長一七七メートル）が築造される。これは九州最大の古墳で、大阪府中津山古墳の三分の二の規格で築造され、埴輪祭式にも畿内大型前方後円墳の最新の様式が採用された。これは、王権の南九州への関心の深さと女狭穂塚を築造した勢力との密接な関係を示す。また、柄鏡形類型墳が築造されなくなることは、首長墳系譜が減少し、それまでの首長連合の解体と再編が生じたことを示す。

男狭穂塚（西都市、墳長一六七メートル）については、女狭穂塚と同時に築造されたとする説もあるが[31]、男狭穂塚に後続する広域盟主墳は志布志湾岸の横瀬古墳（鹿児島県曽於郡大崎町、墳長約一四〇メートル）に移動する。横瀬古墳は、この時期では九州最大の規模の古墳である。

横瀬古墳で、前期以来続いてきた一四〇メートル級の大型前方後円墳の築造は終わり、次の段階では、一ツ瀬川流域に松本塚古墳（西都市、墳長一〇四メートル）が築造される。規模が縮小しており、広域首長連合は、解体したか縮小したかのいずれかという評価が可能である。ただし、軽里大塚古墳の五分の三規格の相似墳であることや、数基の陪冢をともなうことは、王権との一定の関係維持をうかがわせる。

えびの地域では、前方後円墳は築造されないものの、甲冑を副葬する地下式横穴が多数みられ、王権との一定の関係を保った勢力の存在をみることができる。

後期になると、隔絶した規模の前方後円墳の築造は行われなくなる。各地に中小首長墳系譜が現れ、中小規模の前方後円墳を築造するが、五ヶ瀬川下流域と志布志湾沿岸地域では前方後円墳は姿を消す。そうしたなかで、宮崎平野の北部、祇園原古墳群（宮崎県児湯郡新富町）と下北方古墳群（宮崎市）で六〇～一〇〇メートル級の前方後円墳が継続的に築造された。祇園原古墳群では弥五郎塚（墳長九六メートル）、下北方古墳群では船塚古墳（墳長約七七メートル）を最後に、前方後円墳は築造されなくなり、その後の大型墳は円墳・方墳に変化する。そして、首長墓の最終段階として、七世紀中葉に、福長院塚古墳（宮崎市、直径約四〇メートルの円墳）、狐塚古墳（日南市、規模不明、横穴式石室）などが築造されている。

薩摩半島側の状況については、未だ不明な点が多い。四世紀中頃に築造された鳥越一号墳（阿久根市）の竪穴式石室は、入り江を見下ろす標高一五メートルの丘陵上に立地しており、九州島内では同時期の最大規模のものである。その他、前期の高塚古墳としては、川内川の河口の船間島古墳（直径一七メートルの円墳。主体部は竪穴式石室）、河口から五キロメートルほど上流に位置する御釣場古墳群（一号墓は箱式石棺墓、二号墓は石蓋土壙墓、ともに薩摩川内市）、などがあり、奥山古墳（南さつま市加世田小湊、直径一三・五メートルの円墳、主体部は箱式石棺）は、万之瀬川の河口に位置している。これらの古墳で特徴的なのは、首長墓系譜を形成していないことであり、その可能性がある鳥越古墳の場合も、高塚古墳は鳥越一号墳だけであり、隣接する八基はいずれも地下式板石積石室墓である。

中期の高塚墳として知られるのは、小浜崎古墳群をはじめとする長島の古墳群（出水郡長島町）、天辰寺前古墳（竪穴系横口式石室?、薩摩川内市、二〇〇八年発見）、弥次ヶ湯古墳（指宿市）くらいで、長島は中世まで肥後国の一部であり、天辰寺前古墳と弥次ヶ湯古墳は群を成していない。川内川以北の海岸部から流域部にかけて、地下式板石積石室墓が数多くつくられるが、五世紀半ばころには、土壙墓へと転換していく。王権との関係は薄いと考えざるを得ない。

後期の高塚墳は、長島の古墳群や脇本古墳群（阿久根市）が知られ、そこより南では確認できない。その他の地域は土壙墓がつくられたと考えられ、なかでも成川遺跡・南摺ヶ浜遺跡（ともに指宿市）では、弥生時代以来、多数の土壙墓がつくり続けられた。

（6）古墳時代の集落

鹿児島県域には、日置市吹上町辻堂原遺跡（一〇七軒、二〇〇九年の調査で三〇軒）、指宿市橋牟礼川遺跡（一五〇軒）、鹿児島市鹿児島大学構内遺跡郡元団地（五〇軒以上）、姶良町萩原遺跡（七七軒）、肝付町高山の東田遺跡（四〇軒）など、古墳時代を通じて営まれる大規模な集落遺跡が存在する。(32) こうした集落の存在は、畑作中心の生産性の低い南九州という理解が、南九州全体に妥当するものではないことを示している。

霧島市国分の城山山頂遺跡は、標高二〇〇メートルの台地上に短期間存在した集落遺跡である。竪穴住居四三軒、成川式土器・五世紀初めころの布留式土器が確認されている。

一方、大阪府八尾市の久宝寺遺跡では、五世紀中頃の南九州のものに形態の似た竪穴住居から成川式土器が出土しており[(33)]、近畿地方と南九州との直接的な人の行き来を知ることができる。

薩摩半島西岸・南東部地域と、それを除く薩摩半島東岸・大隅半島地域では、古墳時代の竪穴住居のあり方に違いがある。前者の地域では、集落内の下位者が上位者と同様な住居をつくる傾向にあるのに対して、後者の地域では、上位者の住居が変化しても下位者はそれに追随しない傾向があるという[(34)]。

また、古墳時代以降、薩摩・大隅地方には竈付住居が展開しない。日向・肥後両国では、竪穴住居に竈がつくられるが[(35)]、薩摩・大隅地方で確認される竈付竪穴住居は、大坪遺跡（出水市）・大島遺跡（薩摩川内市）の二遺跡であり、第三章第五節で述べるように、これはいずれも肥後からの移民と関わる遺跡と考えられている。

（7）土師器・須恵器などにみる特徴

南九州の土師器・須恵器について分析した中村直子は次のように言う[(36)]。全国的傾向として、弥生時代の地域色の強い土器が、畿内地域を中心に展開していた土師器に転換し、斉一的な土器様式に変化していくのであるが、南九州では、土師器化が顕著でなく、弥生時代の伝統を引く形の在地の土器を使用し続ける。土師器の甕は丸底であるが、南九州の甕は脚台をもち続け、全国的に壺は消滅傾向にあるが、南九州では逆に大型化する器種もあり、全国的傾向と矛盾する。これらは、竈を導入しないことや須恵器が少ないことに関係している。

全国的にみると古墳時代後半には朝鮮半島から導入された竈や須恵器製作の技術により、煮炊きの場が屋外炉から屋内の竈に、貯蔵用の大型品は壺から須恵器の大甕に変化する。先述したように、薩摩・大隅両国域には竈も須恵器窯も古墳時代のものは確認されておらず、弥生時代以来の生活スタイルを変えていない。また五世紀になると、他地域では消滅する高坏（赤塗り）が現れており、高坏・小型丸底壺（カン）、椀型の鉢などの器種が古墳時代に増加する。高坏は肥後地域や日向地域のものに似ているとされる。

また、漁撈具について分析した下山覚によれば、薩摩半島の五世紀から七世紀の漁撈具は、高塚古墳をつくる地域の漁撈具の変化に連動しているという。(37)

さらに、橋本達也の鉄鏃についての分析によれば、薩摩・大隅では中期段階から独自様式の鉄鏃を形成するが、後期段階ではさらに個性化が進展し、他地域との情報の共有化が滞るとされる。(38)

以上、縷々南九州の考古学からみる古墳時代について述べてきた。かつて古墳時代の南九州理解のなかで重視されてきた四つの墓制、なかでも隼人と関わって理解されてきた地下式板石積石室墓や地下式横穴墓は、必ずしも南九州のなかだけで理解できるものではないことがわかってきている。

古墳時代の南九州は、中期まではヤマトとの関わりがみられるが、薩摩・大隅地方では後期に入ると前方後円墳が消滅し、甲冑がみられなくなる。また、鉄鏃も独自性を強め、畿内産須恵器もほとんどみられなくなり、竈付き住居もつくられない。こうした状況は、橋本達也らが述べるように、「列島の中で異質化が進行する」と評価できるものである。(39)こうした異質化の進行をもたらした要因・原因を探ることは、もちろん今後の重要な課題であるが、隼人像につきまとう「異質性」は、以上みてきたような歴史的展開の所産であって、その異質性を問題とすることによって、中央政権が「隼人」を「創出」していったということを確認しておきたい。

注

(1) 斉藤忠・田村晃一「第七章　総括」(文化庁編『成川遺跡　鹿児島県揖宿郡山川町所在』吉川弘文館、一九七四年)。
(2) 小田富士雄「古墳文化の地域的特徴　2　九州」(『日本の考古学Ⅳ　古墳時代(上)』河出書房、一九六六年)。
(3) 乙益重隆「熊襲・隼人のクニ」(鏡山猛・田村圓澄編『古代の日本　3　九州』角川書店、一九七〇年)。
(4) 国分直一「隼人源流考」(大林太良編『日本古代文化の探求　隼人』社会思想社、一九七五年)。
(5) 井上光貞「大和国家の軍事的基礎」(『日本古代史の諸問題―大化前代の国家と社会―』思索社、一九四九年)。
(6) 林屋辰三郎「隼人の歌舞と相撲」(『中世芸能史の研究』岩波書店、一九六〇年)。
(7) 喜田貞吉「倭人考」(『喜田貞吉著作集8　民族史の研究』平凡社、一九七九年。初出は「隼人考」として一九一六年)。
(8) 中村明蔵「隼人農耕論」(『熊襲・隼人の社会史研究』名著出版、一九八六年)では、「古墳時代になっても、集団内部に卓越した首長層が成長していたことを裏付ける要素が少ない」としている。
(9) 従来の墓制解釈がもつ問題性については、大平聡「南九州の墓制―『隼人』の社会―」(『沖縄研究ノート』三号、宮城学院女子大学キリスト教文化研究所、一九九四年)、下山覚「考古学から見た隼人の生活」(新川登亀男編『古代王権と交流8　西海と南海の生活・文化』名著出版、一九九五年)、永山修一「文献から見た『隼人』」(『宮崎考古』第一六号、宮崎考古学会、一九九八年)などがすでに指摘している。
(10) 橋本達也・藤井大祐・甲斐康大編『鹿児島大学総合研究博物館研究報告No4　薩摩加世田奥山古墳の研究』(鹿児島大学総合研究博物館、二〇〇九年)。
(11) 北郷泰道『熊襲・隼人の原像　古代日向の陰影』(吉川弘文館、一九九四年)。
(12) 橋本達也・藤井大祐・甲斐康大編『鹿児島大学総合研究博物館研究報告No3　大隅串良 岡崎古墳群の研究』(鹿児島大学総合研究博物館、二〇〇八年)。
(13) 橋本達也「神領一〇号墳発掘調査2―大隅のフィールド調査―」(『鹿児島大学総合研究博物館　ニュースレター』第一九号、二〇〇八年三月)。

(14) 吉村和昭「寛政元年発見『猪塚』地下式横穴墓とその評価」、永山修一「江戸時代に古墳はどのように記録されたか—日向国諸県郡本庄猪塚にかかわった人々—」（ともに『宮崎県立西都原考古博物館研究紀要』第四号、二〇〇八年）。
(15) 北郷泰道「再論　南境の民の墓制」（『宮崎県立西都原考古博物館研究紀要』第二号、二〇〇六年）。甲斐貴充「主体部（地下式横穴墓）」第一一回九州前方後円墳研究会　佐賀大会『後期古墳の再検討』発表要旨・資料集、二〇〇八年）。
(16) 橋本達也「3　九州南部の墓制—地下式横穴墓—」（『古墳以外の墓制による古墳時代墓制の研究』鹿児島大学総合研究博物館、二〇〇七年）。
(17) 北郷注11書。橋本注16論文。
(18) 北郷注15論文。
(19) 藤井大祐「九州南部の中期古墳」（第一〇回九州前方後円墳研究会　宮崎大会『九州島における中期古墳の再検討』発表要旨・資料集、二〇〇七年）、津曲大祐「南九州の後期古墳」（第一一回九州前方後円墳研究会　佐賀大会『後期古墳の再検討』発表要旨・資料集、二〇〇八年）。
(20) 橋本達也「九州における古墳時代後期の甲冑と鉄鏃」（第一一回九州前方後円墳研究会　佐賀大会『後期古墳の再検討』発表要旨・資料集、二〇〇八年）。
(21) 橋本達也「副葬鉄器からみる南九州の古墳時代」（第六回九州前方後円墳研究会『前方後円墳築造周縁域における古墳時代社会の多様性』発表要旨・資料集、二〇〇三年）。
(22) 小田富士雄「五島列島の弥生文化—総説編—」（『九州考古学研究・弥生時代編』学生社、一九八三年）。
(23) 西健一郎「地下式板石積石室墓の基礎的研究」（九州大学九州文化史研究施設『九州文化史研究所紀要』三三号、一九八八年）、西健一郎「地下式板石積石室墓起源論」（高宮廣衞先生古希記念論集刊行会『琉球・東アジアの人と文化（下巻）』二〇〇〇年）。
(24) 西健一郎「川内市における古墳時代墳墓について—平面方形の地下式板石積石室墓を中心に—」（『大河』六号、一九九六年）。

(25)　上村俊雄「古墳時代の概説」（鹿児島県教育委員会『先史・古代の鹿児島　通史編』二〇〇六年）。
(26)　橋本達也・藤井大祐「4　薩摩半島の墓制」（注16書）。
(27)　上村俊雄「墓制からみた隼人世界」（下條信行・平野博之編『新版　古代の日本　九州・沖縄編』角川書店、一九九一年）。
(28)　久保田昭二・辻明啓『南摺ケ浜遺跡』（鹿児島県立埋蔵文化財センター発掘調査報告書第一四四集、二〇〇九年）。
(29)　橋本・藤井注26論文。
(30)　柳沢一男「南九州における古墳の出現と展開」（第六回九州前方後円墳研究会『前方後円墳築造周縁域における古墳時代社会の多様性』発表要旨・資料集、二〇〇三年）。
(31)　北郷泰道「最先端技術で読み解く」（『古代日向・神話と歴史の間』鉱脈社、二〇〇七年）。
(32)　竪穴住居の軒数は、いずれも部分的な発掘により検出された軒数である。
(33)　東徹志「畿内と南九州」（平成十九年秋期特別展図録『日向・薩摩・大隅の原像―南九州の弥生文化―』大阪府立弥生文化博物館、二〇〇七年）。
(34)　中摩浩一郎「南部九州古墳時代の竪穴住居類型の変異に関する一考察」（『人類史研究』一一号、一九九九年）。
(35)　日向国では、大隅国との国境に近い宮崎県都城市鶴喰遺跡で古墳時代の竈付住居が確認されている。
(36)　中村直子「古墳時代」（『山川町史（増補版）』第二章第四節、山川町、二〇〇〇年）。
(37)　下山覚「古墳分布域外の漁撈具　指宿市橋牟礼川遺跡出土遺物を中心として」（『古代文化』四四巻七号、一九九二年）。
(38)　橋本注20論文。
(39)　橋本達也・藤井大祐「5　古墳築造南限周辺域社会と『隼人』」（注16書）。

第二章　隼人の登場

前章では、考古学からみた古墳時代の南九州について概観した。本章では、この時代の南九州を文献史料の面からみていくことにしたい。

現時点で、隼人に関して歴史的事実を述べた最初の史料とされているものは、『日本書紀』天武十一年（六八二）七月甲午（三日）条の、

隼人多来、貢㆓方物㆒。是日。大隅隼人与㆓阿多隼人㆒、相㆓撲於朝廷㆒。大隅隼人勝㆑之。

という、いわゆる隼人の朝貢開始記事である。この時期、南九州の南部に居住していた人々は、隼人という「疑似民族集団」に編成された。政府と南九州の関係は新たな段階に入ることになるが、政府は何故隼人をそうした「疑似民族集団」に編成したのか、古代国家にとっての隼人の存在意義について考えてみたい。

隼人の朝貢開始記事を区切りとして、第一節では天武十一年（六八二）以前の諸史料について検討するが、その際『古事記』『日本書紀』のいわゆる日向神話の問題やクマソの問題についても簡単に触れてみたい。第二節では、隼人の朝貢が開始されて以降、南九州に国郡制の基調が覆うまでの期間と大隅直氏についてみていくことにしたい。

第一節　伝承のなかの南九州

『古事記』『日本書紀』のなかで、南九州に関連する記事がある程度まとまって登場するのは、いわゆる日向神話、ヤマトタケル・景行天皇の征西説話、仲哀天皇の死に関わる説話、応神・仁徳天皇の諸県君に関する説話であり、その他、いくつかの隼人関連記事、日向の馬に関わる記事などがある。その他、諸県舞も大化前代に起源をもつものと考えられる。本節では、ヤマトタケル・景行天皇・仲哀天皇の時代のこととして語られるクマソ、そして諸県地方に関する問題について、若干の考察を加えておきたい。

記紀神話のなかに存在する日向神話の意義については、第一に天皇権力がそれによって支えられている基盤をより確かにかつ広く生産社会の信仰のなかで打ち立てること、すなわち始祖天皇である神武が高天原の主神アマテラスの後嗣としてその権威を受け継ぐだけでなく、山の神と海の神の血統を受け継いでその呪能をもつ者として出現することを説くことであり、第二に隼人の服属の起源を説くことと考えられている(1)。隼人の服属の起源を説くという点については、後述するように、隼人が具体的な姿をもって現れてくるのが天武朝からであって、このころから『古事記』『日本書紀』の編纂事業が本格化すること、『古事記』が完成する和銅五年（七一二）までをとってみても、文武三年（六九九）の覓国使剽劫事件や大宝二年（七〇二）の対隼人戦争など、阿多とよばれた薩摩半島を中心に政府への抵抗が起こっていることからみて、政府は、とくに阿多地方（薩摩地方）に居住する隼人たちが服属すべき由来を神話にさかのぼって説く必要があったと考えられる(2)。

これと同じような事情が、クマソの問題についても言える。クマソについては、その名義の問題と実在性をめぐる議論がある。その表記については、『古事記』の「熊曾」、『播磨国風土記』の「久麻曾」、『日本書紀』の「熊襲」、西海道の諸『風土記』の「球磨贈於」型の四つにまとめることができる。後述するように隼人の用字がほとんど統一されているのと対照的に、クマソの方はばらつきがあり、その呼称自体は、隼人に先行するものと考えられる(3)。

「クマソ」という呼称について、「クマ」＋「ソ」であることはほぼ確実であるが、『日本書紀』に日向襲（天孫降臨の段）や襲国（景行天皇十三年五月条）、また『和名抄』に大隅国囎唹郡とあることから、「ソ」は地域名あるいはそこに居住する人々の名称であり、それを「熊鰐」「熊鷲」「熊鷹」の名称にみられる「猛き」性質を表す「クマ」という形容詞で冠したものとする本居宣長説(4)と、肥後の南部、球磨川流域の地名である「球磨」と日向国（後に大隅国の一郡として分出）の「贈於」が連なって一つの名称となったとする津田左右吉説がある(5)。

さて、『日本書紀』の景行天皇による「征西」説話に関して、津田左右吉は「遠隔の地方に対する天皇の親征もしくは巡幸といふやうなことは歴史的事実として大化以前にはその例が無く、百済救援の際に於ける斉明天皇のツクシ行幸がかういふことの最初らしいから、此の物語（景行の征西説話―永山注）もさういふ事例のあった後、またそれに基づいてでなくては、構想し得られなかったのではなからうか(6)」とし、景行の征西説話は斉明の筑紫行幸（六六〇年）以降のこととしている。景行天皇の征西ルートがのちの大隅・薩摩両国の北方をかすめるような状態で設定されていることは、八世紀以降に成立する官道（第六章第六節参照のこと）と比較してみるとき、薩摩・大隅の建国以前の交通路に一致するようである。したがってこのルートは、斉明朝からあまり時代の下らない時期に設定されたものであり、そのころこのルートの南の地域にはまだ充分に政府の支配の及ばない部分の存在したことを示している。そしてこの景行天皇征西説話には、「熊県」が登場しており、球磨地方は支配の及んでいる地域として登場しているから、クマソの語義としては、本居宣長説の方が妥当ではないかと考える(7)。

『古事記』『日本書紀』にみえるクマソの記述については、その原型は七世紀後半から斉明～天武天皇初年頃に成立したとする説[8]や、大隅・薩摩地方の「隔レ化逆レ命」う隼人の律令制施行を拒否する姿勢を背景に記述されているとする説[9]があるが、いずれにしても中村明蔵が言うように、「七世紀以後の南部九州のソ（曽・襲＝曽於）の地域の強固な勢力を反映させて、古くさかのぼらせて、すでに早くヤマト王権によって征服された過去の存在として、物語的に造作されたもの」とするのが適当であろう[10]。

次に、諸県地方をめぐる問題についてみていくことにするが、ここでは、日向出身の妃、諸県君、国造制、そして諸県舞について、簡単に触れておく。

『古事記』『日本書紀』には、景行天皇・応神天皇・仁徳天皇がそれぞれ日向出身の妃との間に皇子・皇女をもうけていたとの記載がある。

『古事記』によれば景行天皇は、日向之美波迦斯毘売を娶って、豊国別王を生んでおり、豊国別王は日向国造の祖とされている。また、『日本書紀』によれば、日向髪長大田根を妃として、日向襲津彦皇子が生まれており、また御刀媛を妃とし日向国造の始祖となる豊国別皇子を生んだとの記事がある。『先代旧事本紀』は、日向襲津彦皇子を奄智君の祖、熊忍津彦命を日向穴穂別の祖、草木命を日向君の祖、豊国別命を日向諸県君の祖としている。奄智君・日向穴穂別・日向君に関してはその実在を確認できないが、大和国十市郡奄智村の地を本拠とした奄智首氏は、『先代旧事本紀』によると景行天皇の皇子豊門別命の後裔を称したらしい。このほか、『日本書紀』には、諸県君泉媛が、岩瀬河のほとりで景行天皇に大御食を献上するという諸県君の服属譚が記されている。

次に、応神天皇についてみてみると、『古事記』では、妃の一人に日向之泉長比売がいて、大羽江王・小羽江王・幡日之若郎女という三人の皇子・皇女を生んだことになっている。また、『日本書紀』では、日向泉長媛とのあいだに大葉枝皇子・小葉枝皇子をもうけたことになっている。

仁徳天皇については、『古事記』『日本書紀』ともに、日向諸県君牛諸の女カミナガヒメを妃とする経緯に関する説話を載せている。『古事記』によれば、髪長比売は、波多毘能大郎子（またの名を大日下王）と波多毘若郎女（またの名を長目比売命、あるいは若日下部命）を生んだとされる。また『日本書紀』仁徳天皇二年三月戊寅条によれば、妃の日向髪長媛は大草香皇子、幡梭皇女を生んだという。

以上のように、『古事記』には三名、『日本書紀』には四名の日向出身の妃が登場する。『古事記』全体では、天皇の后妃なった者や天皇に召し上げられたとされる者などは八五名を数えるが、その系譜などから畿外出身と想像される者は二一名、その内訳は、尾張二名、丹波一名、紀伊一名、丹後三名、吉備二名、美濃一名、播磨一名、近江五名、伊勢二名、日向三名となり、日向が、距離的には飛び抜けてヤマトから離れており、その数は近江に次ぎ丹後に並ぶ。天皇に仕えた女性の人数という面で、日向はかなり重要な位置付けをされているということが言えよう。

日向の重要な位置付けについては、日向出身の妃の生んだ皇子・皇女の系譜上の位置からもうかがうことができる。仁徳天皇とカミナガヒメの間に生まれたハタビノワキイラツメは、兄であるハタビノオホイラツコの子マユワ王（目弱王・眉輪王）による安康天皇殺害を経て、雄略の大后となる。こうした面からも日向がかなり重要な位置付けをされていると言える。(11)

カミナガヒメの父である諸県君牛（牛諸、牛諸井）について、『日本書紀』応神十三年九月条は「一云」として、老齢のために朝廷を致仕し、自分にかわってカミナガヒメを貢じようとしたする説話を載せる。これは、鹿子の水門の地名起源説話、および水手の起源説話にもなっている。

熊本県江田船山古墳の出土鉄刀銘からムリテが典曹人として、埼玉県稲荷山古墳出土鉄剣銘からヲワケノオミが仗刀人としてワカタケル大王に出仕していたことが知られ、九州中部と関東の豪族がヤマト王権に出仕していたことが確認できることからして、日向の豪族がヤマト王権に出仕していたと考えても不自然ではなく、こうした事実が諸県君に投影されていると考えることができる。前章でみておいたように、日向地方の古墳群は、畿内政権との強い関係性をうかがわせるものが多い。

さて律令以前の大王の新嘗祭では、大王が、地方首長が服属のあかしとして献上した米などを食べることによって、国土支配が宗教的に保証され、その儀礼が天皇の支配領域を「食国」と表現する背景になったと考えられるが、その際の貢上の儀礼には、米（又は酒）・采女・寿歌（芸能）の三つがともなっていたとされる(12)。また、自己の支配領域の一部を割いてアガタとして献上した畿外の在地首長は、服属儀礼も行い、その服属儀礼は、アガタの地からとれる食物を貢納するとともに、一族の女性が采女的な形で貢上され、その采女がアガタの食物を調理して大王の食膳に供し、また大王と率寝することであったという(13)。諸県君牛諸の代わりに朝廷に出仕することになるカミナガヒメは、こうした采女的な性格を多分にもっており、後述するように諸県舞という歌舞が、奈良・平安時代に至るまで宮中歌舞として重視されていたことも、この舞が、本来は服属儀礼に関わるものであったことを示すと考えられる。

次に、諸県君と国造の関係についてみていく。『古事記』によれば景行天皇は、日向之美波迦斯毘売を娶って、豊国別王を生んでおり、豊国別王は日向国造の祖とされている。また、『日本書紀』によれば、日向髪長大田根を妃として、日向襲津彦皇子が生まれており、また御刀媛を妃とし日向国造の始祖となる豊国別皇子を生んだとの記事がある。『先代旧事本紀』の「天皇本紀」によれば、日向襲津彦皇子は奄智君の祖、熊忍津彦命は日向穴穂別の祖、草木命は日向君の祖、豊国別命は日向諸県君の祖になったとしている(14)。

さて、『先代旧事本紀』の「国造本紀」には、

日向国造

軽嶋豊明朝御世。豊国別皇子三世孫老男定₂賜国造₁。

とあって、日向国造は、「軽島豊明朝の御世」すなわち応神天皇の時代に、豊国別皇子の三世の孫に当たる老男が国造に定められたと記している。「国造本紀」に載せられた国造は、一部後世の付加はあるが、ほぼ六世紀中葉〜七世紀後半までの期間に実在した国造であると考えられており[15]、六世紀中葉〜七世紀後半に日向国造は実在したと考えてよい。また、『別聚符宣抄』に引く延喜十四年（九一四）八月八日付の太政官符には、日向国の国造田（実際は闕国造田）として六町が存在したことが記されている。この史料には全部で四三カ国の国造田がみえるが、その面積に関しては、六町か六町の倍数及びそれに近似した数になる傾向があり、その面積と「国造本紀」にみえる国造の数とに相関関係がみられることから、国造田は「大化」後のある時期に国造の「職分田」として国造の支配・管轄領域である「クニ」ごとに六町ずつ設定されたものと考えられている[16]。日向国の「闕国造田」は六町とされていること、「国造本紀」には日向国関係で一国造しかみえないことから、日向国には一国造が置かれたと考えられる。

『古事記』『日本書紀』はどちらも、豊国別王が日向国造の祖であることを記しているだけであるが、『先代旧事本紀』「天皇本紀」は、国造となった老男と諸県君の系譜関係は明記しないものの、豊国別命を日向諸県君の祖としている。『先代旧事本紀』が成立したのは九世紀後半とされているから[17]、このころまでには豊国別王と日向諸県君の関係を示す系譜が成立していたと考えられる。

八世紀以降の幾つかの史料に、諸県舞が登場している。諸県舞は、その名からみて、諸県の地あるいは諸県君と何らかの関わりをもつものと考えられる。諸県舞については、不明な点も多いが、以下これについてみていくことにする。

職員令集解によれば、治部省のもとに歌舞を統括するために雅楽寮が置かれており、その職務は、祭祀節会やそのほかの諸儀式に行われる日本古来の舞曲や外来の歌舞音楽の演奏にあたり、またその舞人や演奏者の育成に当たることであった。

そもそも古代の日本では、政治の中心的課題は神をまつること（マツリゴト）であって、祭事と饗宴は表裏一体をなしており、その祭事と饗宴のなかで、歌舞は重要な役割を果たしていた。中国では伝統的に礼と楽が一体のものとされ、社稷・宗廟を祀るには礼と楽によらなければならないとされており、日本が手本とした唐の律令官制では、社稷・宗廟を掌る太常寺のもとに太楽署という機関が置かれていた。日本では神祇官が太常寺に類するが、楽舞を担当する雅楽寮は尚書省の礼部に相当するということで治部省のもとに置かれた(18)。

『日本書紀』天武四年（六七六）二月癸未条によれば、大倭・河内・摂津・山背・播磨・淡路・丹波・但馬・近江・若狭・伊勢・美濃・尾張の諸国に命じて、歌の上手な男女及び侏儒・伎人を集めており、その子孫が雅楽寮に隷属する楽戸の歌人・歌女などになったらしいが(19)、日本古来の歌舞はそのはるか以前から演じられてきたものであった。

職員令集解雅楽寮条に引用されている雅楽寮「大属尾張浄足説」によれば(20)、日本古来の舞曲には、久米舞・五節舞・田舞・倭舞・楯臥舞・筑紫舞・諸県舞があり、外来の歌舞音楽には度羅舞・唐楽・百済楽・高麗楽・新羅楽・伎楽（呉楽）などがあったことがわかり、その少し後に林邑楽も雅楽寮に採用されたようである。職員令集解雅楽寮条には、古記が引用されていることから、雅楽寮が大宝官員令にも規定されていたことは確実である。職員令集解雅楽寮条古記によれば、雅楽寮によって行われる歌舞には刀をもって舞う武の舞と刀をもたずに舞う文の舞の区別もあった。

さて、歌舞のなかには、服属を確認するために演じられるものがあった。隼人が朝貢のたびに風俗歌舞を奏したことは有名であり、また養老元年（七一七）九月の元正天皇の美濃国行幸に際して、近江国と美濃国で諸国の国司が「土風の歌舞」や「風俗の雑伎」を奏している（『続日本紀』養老元年九月戊申条）。これらの歌舞はいずれも服属を確認する意味をもったものであった。

既述のように、地方首長が服属を示す儀礼には、米（又は酒）・采女・寿歌（芸能）の三つがともなっていたとされる。諸県舞に関しては、『続日本紀』天平三年（七三一）七月乙亥条に諸県舞の楽生の数が八人と定められていることから、八世紀段階で確実に宮廷の歌舞として位置づけられていたことがわかるが、七~八世紀の段階で日向の豪族の服属を伝える記事はない。したがって、諸県舞が宮廷の歌舞として位置づけられる発端はこれよりさかのぼると考えられ、先にみたヤマト王権と日向の豪族との関係を反映したものとすることができそうである。雅楽寮が行う歌舞のうち、久米舞・倭舞・楯伏舞などは、もともと服属の歌舞であったらしく、筑紫舞・諸県舞もおなじように服属の歌舞であったと考えられる。

その内容について、「大属尾張浄足説」によれば、久米舞・五節舞・田舞・倭舞・楯臥舞・筑紫舞に続けて、

諸県師一人、舞人十人、舞人八人著レ甲持レ刀、禁止二人

とあって、諸県舞は、一〇人の舞人によって行われる歌舞であり、一〇人の舞人のうち、八人は甲を着用し刀をもつことから、武の舞であったことがわかる。

天平三年（七三一）の段階で諸県舞生は楽戸から補充することになっており、諸県舞は畿内に居住する楽戸の人々に教習され演じられていた。

さて、『古事記』『日本書紀』ともに、主人のスミノエナカツミコを反正天皇の命で殺したソバカリ（サシヒレ）の記事で隼人が登場する。これは、『古事記』には、墨江中王に近習する隼人曽婆訶理（『日本書紀』履中即位前紀では

近習隼人刺領巾）が、水歯別命に「若汝従二吾言一者、吾為二天皇一、汝作二大臣一、治二天下一那何」と唆され、墨江中王を殺したところ、水歯別命は、曽婆訶理を大臣に任じた後、「曽婆訶理、為レ吾雖レ有二大功一、既殺二己君一是不レ義。」として曽婆訶理を刺し殺した、という記事である。この曽婆訶理（刺領巾）を南九州の出身者として考える可能性もなくはない。先述したように、五世紀後半から六世紀初頭に比定される熊本県の江田船山古墳出土の鉄刀銘には、この鉄刀の所持者ムリテがワカタケル（雄略）大王の世に典曹人として出仕していたとの記載があり、『日本書紀』雄略十年条には、福岡県八女市付近にいた水間君が鳥養人という部を献じた記事があることから、五世紀後期には九州北部とヤマト王権との関係が確認できる。また、埼玉県稲荷山古墳出土鉄剣銘にはヲワケ臣が杖刀人として天下を「佐治」したという記載があり、出仕した側の意識を伝えているのであるが、こうした事例から、曽婆訶理の事件がいつ起こったか一応措くとして、その元になる伝承が南九州から出仕した人物との関連を伝えていた可能性はあるとしてよい。ただし、ここで注意しておきたいのは、曽婆訶理が殺されてしまう理由が結局「不義」という儒教的倫理によって説明されている点であり、不義＝野蛮＝隼人という図式で説明されている点である。したがって、「不義」という理由づけは、政府が隼人に対して脅威を感じていた時期に行われたものであって、この点を除いてしまえば、曽婆訶理の姿は他の地方から出仕した豪族と大差ないと考えられる。

また、『日本書紀』清寧天皇元年十月辛丑条には、

葬二大泊瀬天皇于丹比高鷲原陵一。于レ時隼人昼夜哀二号陵側一。与レ食不レ喫。七日而死。有司造二墓陵北一、以レ礼葬レ之。

とあって、これは、天皇に忠誠を尽くすべき隼人の側面を強調した内容になっており、海幸山幸神話の「是レ以火酢芹命苗裔諸隼人等、至レ今不レ離二天皇宮墻之傍一、代二吠狗一而奉レ事者矣。」という記述と同じく、政府が期待する「隼

人像」を示したものである。

『日本書紀』清寧四年八月癸丑条・欽明元年三月条には、隼人が蝦夷とともに内附・帰附したとする記事がある。清寧四年八月癸丑条は『隋書』による潤色とされており[21]、欽明元年（五三一）三月条も『旧唐書』によるとされる。

さらに、『日本書紀』敏達天皇十四年（五八五）八月己亥条には、

天皇病彌留崩二于大殿一。是時起二殯宮於広瀬一。（中略）三輪君逆使三隼人相二距於殯庭一。穴穂部皇子欲レ取二天下一、発レ憤称曰、何故事二死王之庭一、弗レ事二生王之所一也。

とあるが、『日本書紀』用明天皇元年（五八六）五月条には、

穴穂部皇子欲レ姧二炊屋姫皇后一而自強二入於殯宮一。寵臣三輪君逆乃喚二兵衛一。重二璅宮門一。拒而勿レ入。穴穂部皇子問曰、何人在レ此。兵衛答曰、三輪君逆在レ焉。七呼二開門一。遂不レ聴レ入。

とあって、穴穂部皇子の殯宮侵入を阻止したのが、敏達天皇十四年（五八五）八月己亥条では隼人とされ、用明天皇元年（五八六）五月条では兵衛とされている。これは、六世紀末ごろ、南九州から畿内へ行き「兵衛」の任務を帯びたものが存在し、これが『日本書紀』編纂の段階で隼人と書き改められた可能性を示すものとも考えられる。

第二節　隼人の朝貢開始と大隅直氏

『日本書紀』天武十一年（六八二）七月甲午（三日）条の、

隼人多来、貢二方物一。是日。大隅隼人与二阿多隼人一、相二撲於朝廷一。大隅隼人勝レ之。

同じく七月戊午（二十七日）条の、

饗二隼人等於飛鳥寺西一。発二種々楽一。仍賜レ禄各有レ差。道俗悉見レ之。

という二つの記事は、隼人の実像を伝える最初の記事と評価することができる。

すでに『日本書紀』天武六年（六七七）二月是月条には、

饗三多禰島人等於二飛鳥寺西槻下一。

とあって、隼人より早く、多禰島人の朝貢が行われていた。この記事が多禰島の初見記事となるが、これ以前は、南島に関してはヤク人（掖玖人・夜勾人）が知られ、七世紀後期以降記事の中心はヤクからタネへ移る。

多禰島人・隼人がともに天武朝に朝貢を開始することは、もちろん偶然ではなく、ともに、南九州から南島にかけて、政府側から朝貢を促すなどの積極的アプローチがあったことを背景にすると思われる。巨視的にみれば、これは、白村江での敗北後、国内体制の見直しのなかで、未だ充分に政府の支配が浸透していない地域に対する関心が高まったことによるものであろう。

『日本書紀』に載せる景行天皇の「征西」ルートの経由地に豊前国・筑紫後国がみえる。これは豊国・筑紫国の分割以降の国名であり、筑紫国の分割は天武七年（六七八）から持統四年（六九〇）の間、なかでも天武十二年〜十四年の国境確定事業以降とされる[22]から、この説話に天武・持統期の知識によって潤色されている部分があることは明らかであるが、先述したように、この征西ルートは、後の薩摩国・大隅国を通っておらず、隼人の地に政府の支配が及ぶ前の段階の状態を表していると考えられる。

さて、隼人の名義とその呼称の始期については、すでに先学により多くの指摘がある。隼人の名義に関しては、1性行説、2地名説、3方位説、4職掌説に整理されており、『周礼』にみえる「鳥隼」が朱雀のことで南方を意味し、「隼」の字に「人」を付け加えたとする方位説に注目し、四神思想の「朱雀」「鳥隼」と隼人の類似点を、①軍事との関係、②勇捷・急疾な性行、③南との関係の三点に求め、性行説、職掌説も一面では妥当性をもつという中村明蔵の理解[23]が穏当なものである。したがって、隼人とは、(一) 南に住み、(二) 俊敏で、(三) 守護の役割を負った人々ということになる。

また、隼人が『日本書紀』に具象性をもって叙述されるのが天武朝からであることや四神思想の定着などから、「隼人」の名義の始期は天武朝であり、それ以前に『古事記』『日本書紀』にみえる「隼人」の名称はそれらの編纂時に書き加えられたものであると考えられる[24]。隼人の表記が、『万葉集』にみえる「早人」を除いて「隼人」の表記でほぼ統一されていることは、エミシ・クマソの表記の多様性と比較するとき、その始期の違いによるものと考えられる。すなわちある種法的な規制を受ける公式の表記法が定められた時期と、ハヤトの呼称の始期は大きく隔たってはいないと考えられる。また、ハヤト・エミシの人名としての使用についてみると、「山背国綴喜郡大住郷計帳」などにみえる「隼人」を姓的に用いた例を除けば[25]、わずかに小月隼人・葛野隼人・次田隼人の三人が知られるだけであり、いずれも八世紀以降となる[26]。一方のエミシについては、三〇名以上が知られ、大化前代から用いられている。こうした差異が生じた背景として、もちろんハヤト・エミシに対する認識の違いもあったことは言うまでもないが、呼称の始期に大きな差異があったことも重要であると考える。

天武十一年(六八二)七月甲午条で、隼人は大隅隼人と阿多隼人に分けて把握されている。大隅隼人は大隅地方、阿多隼人は阿多地方に居住する隼人ということである。ここで言う大隅地方・阿多地方は、後の大隅国・薩摩国と同じ実態を示すものではなく、それぞれの一部を指すものであることは注意を要する。また、大隅隼人と阿多隼人は朝廷で相撲し、大隅隼人が勝ったとされるが、これは、政府が阿多隼人よりも大隅隼人を重視していたことを背景にして現れた事態であった可能性もある。これらについては後述する。

七月戊午条には、隼人を飛鳥寺西で饗し、種々の楽が発され、その様子を道俗が見物した様子が記されている。飛鳥寺西の場所は、国家的行事が行われる空間であった。またこの種々の楽について、「種々楽を発す」の主語を隼人とすることはできず、主語となる天武が隼人に「演じさせた」と解釈することもできないとされている(27)。少なくとも、この時、後に隼人関連の記事で頻出する隼人による「風俗歌舞」の奏上は行われなかったのであり、この空間に姿をみせている隼人たちの存在そのものが、天皇の権威を荘厳するものとして、道俗たちの目に映ったものと考えられる。

『日本書紀』朱鳥元年（六八六）九月丙寅（二十九日）条には、

僧尼亦発レ哀。是日、直広肆阿倍久努朝臣麻呂誄二刑官事一。次直広肆紀朝臣弓張誄二民官事一。次直広肆穂積朝臣虫麻呂誄二諸国司事一。次大隅・阿多隼人及倭・河内馬飼部造各誄レ之。

同じく持統元年（六八七）五月乙酉（二十二日）条には、

皇太子率二公卿百寮人等一適二殯宮一而慟哭焉。於レ是隼人大隅阿多魁帥、各領二己衆一互進レ誄焉。

とあって、大隅・阿多隼人が、天武天皇の殯宮で誄を進めたことが記されている。この二例は、持統二年（六八八）十一月乙丑（五日）条の蝦夷一九〇余人による誄の記事とともに、「誄を奉る人の政治姿勢の表明」に分類できるから(28)、この五月乙酉条は、大隅・阿多隼人の首長が、配下の隼人を引き連れて、政府（天皇）への服属を改めて表明した記事と評価することができる。

さて、政府側からの隼人に対するアプローチについては次のような三つの形態が考えられる。

まず最初は、政府が直接使節を派遣して朝貢を促す場合である。南島の場合は、天武天皇六年（六七七）二月に多禰嶋人が朝貢してきた後も、天武天皇八年～天武天皇十一年にかけて、倭馬飼部造連を大使、上村主光父を小使とする使節団を多禰島に派遣し（『日本書紀』天武天皇八年十一月己亥〔二十三日〕条）、使節団は二年後の帰朝に際して、多禰国図を進上し、その位置や産物などの情報を報告している（同十年八月丙戌〔二十〕条）。使節団は、その際、多禰島人を引率してきており、翌月には多禰島人を飛鳥寺西河辺で饗している（同年九月庚戌〔十四日〕条）。さらにその翌年には、多禰人・掖玖人・阿麻彌人に対する賜禄の記事があるから（同十一年七月丙辰〔二十五日〕条）、掖玖人・阿麻彌人に対しても朝貢を促すアプローチを行ったとすることができる。隼人に対しても、同じように政府が直接に使節を派遣することがあった可能性がある。

第二に、筑紫大宰が朝貢を促す可能性も想定できる。『日本書紀』持統三年（六八九）正月壬戌（九日）条には、

筑紫大宰粟田真人朝臣等、献二隼人一百七十四人并布五十常・牛皮六枚・鹿皮五十枚一。

とあって、筑紫大宰粟田真人が隼人一七四人等を献上したことを記すが、「献」の文字は、筑紫大宰が、この時の朝貢に深く関わっていたことを示している。また、『日本書紀』持統六年（六九二）閏五月乙酉（十五日）条には、

詔二筑紫大宰率河内王等一曰、宜遣三沙門於大隅与二阿多一、可レ伝二仏教一。

とあって、大隅・阿多地方への仏教布教についても、筑紫大宰が管轄していた。隼人居住地については基本的に筑紫大宰が責任を負っていたとすることができるが、これは隼人と政府が接触をもった当初からであった可能性もある。

第三に、すでに政府と関わりをもっていた勢力を媒介として、政府がいわば間接的に朝貢を促した可能性がある。『日本書紀』天武十四年（六八五）六月甲午（二十日）条には、

大倭連・葛城連・凡川内連・山背連・難波連・紀酒人連・倭漢連・河内漢連・秦連・大隅直・書連并十一氏賜レ姓曰二忌寸一。

とあって、大隅直氏に忌寸姓が与えられている。大隅直氏は、八世紀代の諸史料に隼人として登場しており、この氏

族が「直」姓を帯びていることは、「君」姓を帯びる多くの隼人の氏族と比較するとき、「直」姓が与えられた時点において大隅直氏と大和政権の関係が近かったことを示す。大隅直氏が隼人とされたことは、隼人という「民族」がそれまでの関係とは別の次元で設定されたことを示しており、隼人は、「擬似民族集団」に他ならなかった(29)。この時忌寸姓を与えられた大隅直氏は、すでに畿内に移住していた一族と考えられるので、畿内に移住していた大隅直氏と、南九州に居住していた大隅直氏との関係によって、朝貢を促した可能性も考えられる。

さて、この三つの可能性をどう評価すればよいかについて、後述するように、隼人が一つのまとまった勢力であったとは考えられず、したがって、大隅直氏が阿多隼人に対しても朝貢を促した可能性は小さいため、政府側からの隼人に対するアプローチは、右記の三つを並行して行われたと考えておく。

先掲の『日本書紀』天武十四年(六八五)六月甲午(二十日)条について、井上辰雄は、大隅直氏を除くとほかの氏族の姓はすべて連であり、これらの連姓の氏族は、近畿地方に本貫地を有するものと考えられるから、それらとともに列挙され賜姓された大隅直氏もすでに近畿地方に移住させられた豪族であった可能性があるとした(30)。天武朝に畿内近国に移配された大隅直氏が、すぐに忌寸姓を与えられるとも考えにくいから、このとき賜姓された大隅直氏は、天武朝以前に個別的に、種々の理由で移住させられていたものの一つであると考えられる(31)。

大隅直氏への忌寸賜姓のもつ意味については、次のように考えられる。第一に、天武朝に入り、朝貢や移配が本格化し、文字通り「今来」隼人(32)が増えると、彼らと早くから畿内近国に居住していた大隅直氏を区別する必要が生じたことによる措置と考えられる。第二に、「八色姓の制定は、さまざまなカバネの豪族の中から、天武朝に整備された官僚機構をになう者を拾い出すものであった」という武光誠の指摘(33)を考え合わせれば、中村明蔵が言うように、天武朝以前から畿内近国に居住していた大隅直氏に忌寸姓を与え、何らかの形で「今来」隼人たちを統轄する任務を負わせるための措置でもあった可能性が高い[34]。
大隅直氏に対する忌寸賜姓が、ちょうど「飛鳥浄御原令」の編纂期間中に当たることは、「飛鳥浄御原令」に「前隼人司」的存在に関する何らかの規定が存したという中村明蔵の想定[35]に符合するものである。

前章でみておいたように、大隅地方には、多くの前方後円墳がつくられている。九州の前方後円墳のうち、上位五位中の二基は大隅の志布志湾沿岸にある。このうち唐仁古墳群（肝属郡東串良町）や塚崎古墳群（肝属郡肝付町）には、複数の前方後円墳が含まれ、一定期間この地域の首長が南九州を代表する存在であったことを示している。七世紀中期以前の段階で、ヤマト政権と関係を保持していた勢力の一つとして、この志布志湾岸の勢力を想定できる。ところが古墳時代後期に入ると、南九州とヤマトとの関係をうかがわせるものは、急激に減少する。前方後円墳はつくられず、畿内産須恵器などもごくわずかしか確認できなくなる。七世紀前半代は、基本的に南九州とヤマト政権の関係は疎であったとして良い。こうしたなかで、ヤマト政権との関係を維持し続けていたのが、大隅直氏であったと考えられる。

このように考えれば、先にみた『日本書紀』天武十一年（六八二）七月甲午（三日）条で、大隅隼人と阿多隼人が相撲をして大隅隼人が勝ったとされていること、『延喜式』隼人司では大衣に関して、大隅を左、阿多を右とする規定があることは、さかのぼってヤマト政権と大隅直氏との関係にその淵源を求めることができそうである。

七世紀後期、政府は、南九州に隼人という「擬似民族集団」を設定した。これは、前章での考察を前提にすれば、政府が、文化的には独自性を強めていた南九州の住民を、朝貢すべき「隼人」として位置づけたことになる。

これ以前に現れる隼人は、文飾と考えられる。また、クマソも、七世紀後期から八世紀初頭の南九州情勢をうけて、「まつろはぬ」人々そして景行天皇やヤマトタケルによって征討される対象として造形されていった。さらに、隼人は、神話のなかでは、山幸彦の子孫＝天皇を代代守護すべき存在として、『古事記』『日本書紀』のなかに造形されていった。

これは、石上英一が言うように「日本という国家が国家として成立しているためには当然内国化しておかなければならない辺境の人民をとりのこしていた状況を隠蔽するとともに、逆にそれを利用して帝国の構造を作りあげ、内国の王民の統治に資することに目的があった[36]」。

これによって、直姓を与えられていた大隅直氏も「隼人」に位置づけられることになったが、大隅氏が、他の隼人より上位に位置づけられるのは、政府側にも、隼人設定以前の関係に関する認識が存在したからであろう。

注

（1）吉井巌「日向神話」（『国文学』第二三巻一四号一一月号、学燈社、一九七八年）。

（2）これに関連して、原口耕一郎「『日向神話』と南九州、隼人―出典論との関わりから―」（『鹿児島地域史研究』第五号、鹿児島県地域史研究会、二〇〇九年）は、記紀編纂者が想定していた「日向神話」の舞台は、隼人居住地である現在の鹿児島県本土域であり、コノハナサクヤヒメの火中出産譚、海幸山幸神話は、仏書による潤色があり、南九州在地の伝承を取り入れたものとは言えないとする。

（3）小林敏男は、「クマソという呼称は、ヤマト王権が直接、使用した呼称ではなく、北部九州の人々が南部九州の人々を呼称したものである」とする説を示している（小林敏男「クマソ・ハヤト問題の再検討」『鹿児島短期大学研究紀要』第三一号、一九八三年）。

（4）本居宣長『古事記伝』第五巻（『本居宣長全集　第九巻』一九六八年、筑摩書房）一九四―一九五頁。

（5）津田左右吉「クマソ征討の物語」（『津田左右吉全集』第一巻、岩波書店、一九六三年）一五二頁。

（6）津田注5論文、一七七頁。
（7）中村明蔵「クマソの実態とクマソ観念の成立について」（『熊襲・隼人の社会史研究』名著出版、一九八六年）。
（8）田中聡「熊襲・隼人と古代国家」（平成一九年秋期特別展図録『日向・薩摩・大隅の原像―南九州の弥生文化―』大阪府立弥生文化博物館、二〇〇七年）。
（9）松倉文比古「景行紀の構成―熊襲・九州親征記事を中心として―」（『龍谷紀要』第二八巻第二号、龍谷大学、二〇〇七年）。
（10）中村明蔵「結び」（『クマソの虚像と実像　つくり出された反逆者像』丸山学芸図書、一九九五年）。
（11）この説話の実態は雄略天皇による安康天皇殺害であり、マユワは安康天皇の皇子というもともとの系譜が改作されたとする説がある。この説によれば、欽明～敏達段階の子前後では、カミナガヒメの女であるハタビノワキイラツメは履中天皇との間にナカシヒメをもうけ、ナカシヒメと安康天皇の皇子としてマユワが位置付けられるという系譜であったという（黒田達也「眉輪王の変とその関係系譜をめぐって」（門脇禎二編『日本古代国家の展開　上巻』思文閣出版、一九九五年）。いずれにしても、ハタビノワキイラツメが王権の中枢に入り込むことには変わりがない。
（12）岡田精司「記紀神話の成立」（岩波講座『日本歴史』第二巻、岩波書店、一九七五年）。
（13）小林敏男「県・県主制の再検討（二）」（『古代王権と県・県主制の研究』吉川弘文館、一九九四年）。
（14）山城国愛宕郡計帳に奄智連が、「新撰姓氏録」には左京神別と大和国神別に奄智造がみえるが、奄智君はみえない。また日向穴穂別と日向君は他の史料では確認できない。
（15）吉田晶「国造本紀における国造名」（『日本古代国家成立史論』東京大学出版会、一九七三年）。
（16）森公章「律令制下の国造に関する初歩的考察」（『古代郡司制度の研究』吉川弘文館、二〇〇〇年）。
（17）鎌田純一校注『神道大系　古典編八　先代旧辞本紀』（神道大系編纂会、一九八〇年）解題。
（18）林屋辰三郎「古代国家と芸能」（『芸術の周辺　日本史論聚八』岩波書店、一九八八年、初出は一九五七年）。
（19）林屋注18論文。
（20）斯波辰夫は、「大属尾張浄足説」を古記に引用されたものではなく、『令集解』の編者惟宗直本が直接に引用したものであり、天平勝宝四年（七五二）に行われた東大寺大仏開眼供養会に向けての雅楽寮充実の状況を書き留めたものとしている（斯波辰夫「倭舞について」（直木孝次郎先生古希記念会編『古代史論集　下』塙書房、一九八九年）。

(21) 新編日本古典文学全集『日本書紀　二』（小学館、一九九六年）の頭注。

(22) 鐘江宏之「『国』制の成立」（笹山靖生先生還暦記念会編『日本律令制論集上巻』一九九三年）六九頁—七〇頁。

(23) 中村明蔵「隼人の名義について」（『隼人と律令国家』名著出版、一九九三年）。

(24) 中村注23論文。

(25) 正倉院文書の一つとして伝わっている「山背国綴喜郡大住郷計帳」（東京大学史料編纂所編『大日本古文書（編年文書）』第一巻、東京大学出版会、一九六八年）、いわゆる「隼人計帳」は断簡であって、九一名の人名が記されているが、内臣・石作連・葦屋主寸など婚姻の結果この計帳に載せられることになった四名と婢一名を除く八六名の隼人の名が列記してあり、阿多君吉売・大住忌寸足人・大住忌寸山守を除く八三名は、隼人＋人名（七八名）、隼人国公＋人名（四名）、大住隼人黒売のように「隼人」を姓そのもの、あるいは姓の一部として用いている。また、「近江国滋賀郡古市郷計帳」に四名の兄弟妹の阿多隼人が寄口としてみえている。

(26) 小月隼人は、平城京左京二坊坊間大路西側溝で出土した木簡（第九九次調査）に「□（北カ）厨坊宿人」として列記された九名のなかにみえており、同時に出土した木簡の年紀は天平十五（七四三）・十八・十九・二十年に限られるとされる（奈良国立文化財研究所『平城宮発掘調査出土木簡概報』（十二）一九七七年）。葛野隼人は、平城京左京三条二坊八坪東二坊坊間路西側溝（SD四六九九）で出土した木簡に「（前欠）衛少初位上葛野隼人」とみえる。この側溝からは、養老六年（七二二）、天平元・二年の年紀を持つ木簡が出土している（奈良国立文化財研究所『平城宮発掘調査出土木簡概報』（二十三）一九九〇年）。次田隼人は、天平勝宝七年（七五五）九月二十八日の「班田使歴名」（東京大学史料編纂所編『大日本古文書（編年文書）』第四巻、東京大学出版会、一九六八年）七五名中、史生五〇名のなかにみえる。

(27) 大平聡「古代国家と南島」（『沖縄研究ノート6』宮城学院女子大学キリスト教文化研究所、一九九七年）一八—一九頁。

(28) 和田萃「殯の基礎的研究」（『日本古代の儀礼と祭祀・信仰　上』塙書房、一九九五年）。

（29）石上英一「古代国家と対外関係」（歴史学研究会・日本史研究会編集『講座日本歴史2　古代2』東京大学出版会、一九八四年）。
（30）井上辰雄「薩摩国正税帳をめぐる諸問題」（『正税帳の研究』塙書房、一九六七年）。
（31）小林注3論文。
（32）「延喜隼人司式」において、隼人は、大衣・番上隼人・今来隼人・白丁隼人・作手隼人などに分けられている。「今来」は、今来漢人の例などからみても、「新たに移住してきた」という意味に理解して良い。元日即位及び蕃客入朝等の儀に際し、吠声を発するのは今来隼人とされており、今来隼人は、南九州から上京し呪的能力が強いと考えられた者たちであった。
（33）武光誠「姓の成立と庚午年籍」（『日本古代国家と律令制』吉川弘文館、一九八四年）三五〇頁。
（34）中村明蔵「天武・持統朝における隼人の朝貢」（『隼人と律令国家』名著出版、一九九三年）。
（35）中村明蔵「隼人司の成立とその役割」（『熊襲・隼人の社会史研究』名著出版、一九八六年）。
（36）石上注29論文。

第三章　隼人の戦いと国郡制

前章では、天武十一年（六八二）に隼人が朝貢を開始し、大隅隼人らにそれを統括させる「前隼人司」的官司が成立したことを指摘した。隼人司は、後述するように（第五章第三節）、畿内隼人の統括・軍事的任務・天皇権威の荘厳という任務をもっていたが、隼人の住む南九州の地は、最終的に王化を及ぼし、帝国の版図のなかに位置づけられるべき地とされた。

本章では、まず、令制日向国の成立と南九州に設定された評の問題について考え、次いで、文武朝〜元正朝に起こる隼人と政府との軍事衝突に関して、衝突の原因や衝突の展開について、さらに政府がそれらの衝突を鎮圧して、南九州に国郡制を導入していく様子をみていくことにする。

また、政府の隼人観および隼人への処遇と、隼人の律令法上の位置付けには、時系列上のずれがみられるので、この問題と南九州への国郡制の適用との関係についても触れていきたい。

隼人と政府との軍事衝突は、一般に隼人の「反乱」とよばれてきたが、「反乱」は政府の立場に密着した表現であるため、本書では「隼人の戦い」「対隼人戦争」という言葉を使用することにする。

第一節　令制日向国の成立

『続日本紀』文武二年（六九八）九月乙酉条に、

令㆔近江国献㆓金青㆒。伊勢国朱沙・雄黄。常陸国・備前・伊予・日向四国朱沙。安芸・長門二国金青・緑青。豊後国真朱。

という記事がある。政府が近江国をはじめとする国々に命じて、顔料を献上させたことを示す記事であり、これが令制日向国の初見記事である。

『古事記』大八洲生成条によれば、九州島は大きく四つの地域からなっていた。その後八世紀代には、筑前・筑後・豊前・豊後・肥前・肥後のいわゆる三前三後の六国と日向・大隅・薩摩のあわせて九カ国となる。この九カ国は、律令体制のもとで、政府が中央集権的支配を実現するために設置した地方行政単位としての国（令制国）である。

九州島内での令制国の成立に関して、各国の初見史料を掲げると表1のようになる。

このうち、薩摩国・大隅国は、後述するように隼人の抵抗を抑えて設置されたことが明らかであるが、筑紫国・豊国・肥国をそれぞれ二国ずつに分割する作業は、筑紫大宰のもとである程度一元的に行われたと考えられる。その時期については、『日本書紀』にみえる天武十二～十四年（六八四～六八六）にかけて伊勢王らを派遣して国境を確定したという記事（天武十二年十二月丙寅条、同十三年十月辛巳条、同十四年十月己丑条）との関連を想定する説[1]と、浄御原令による戸籍作成（持統四年〔六九〇〕の庚寅年籍）を契機とするという説[2]があるが、いずれにしても、筑後国が初見する持統四年ころまでには、筑紫大宰管下に筑前・筑後・豊前・豊後・肥前・肥後・日向の七国が成立して

表1　九州島内の令制国初見史料

国名	初見の年	典拠
筑前国	文武二年（六九八）	『続日本紀』文武二年三月己巳条
筑後国	持統四年（六九〇）	『日本書紀』持統四年十月乙丑条
豊前国	大宝二年（七〇二）	大宝二年豊前国戸籍
豊後国	文武二年（六九八）	『続日本紀』文武二年九月乙酉条
肥前国	神亀二年（七二五）	平城宮木簡（木簡番号二八六・二九三）
肥後国	持統十年（六九六）	『日本書紀』持統十年四月戊戌条
日向国	文武二年（六九八）	『続日本紀』文武二年九月乙酉条
薩摩国	和銅二年（七〇九）	『続日本紀』和銅二年六月癸丑条
大隅国	和銅六年（七一三）	『続日本紀』和銅六年四月乙未条

いた。

この時期の令制日向国は、領域的にみると後の薩摩国の大部分と大隅国を含んでいたと考えられる。飛鳥浄御原令制下の日向国の評については、二つの史料が知られている。藤原京の調査では、「日向久湯評」と記した木簡が出土しており、『続日本紀』文武四年（七〇〇）六月庚辰条には、衣評督・助督がみえ、衣評の存在を知ることができる。まずこの二つの史料について、みていくことにする。

「日向久湯評」木簡が出土した遺跡は、藤原京左京七条一坊の南西坪（藤原京の朱雀門から東南約三〇〇メートル）に位置し、その中央部の約三〇〇〇平方メートルが、飛鳥藤原京第一一五次調査として、奈良文化財研究所飛鳥藤原京跡発掘調査部によって調査された。ここで検出された遺構は、A期～D期の四時期がみられるが、「日向久湯評」木簡に関わるのは、調査区の中央にあった東西約二三メートル、南北約一〇メートルの浅い池状の遺構である。この遺構は、藤原宮期後半に木簡を含む大量の木屑によって埋められている。この調査区から出土した木簡の総数は一万三四八〇点（うち削り屑は一万二六五一点）、そのうち池状遺構からは一万三二四一点（木簡七二四点、削り屑は一万二五一七点）で、その内容からみて宮城門を警備する衛門府に関わるものが大半を占めていた[3]。「日向久湯評」木簡は、幅五八ミリ、厚さ六ミリ、現存の長さ一六一ミリで、表と裏に同筆で墨書されているが、下半分は切断されて現存しない。現存している部分の釈文は次のようになる。

表面「　日向久湯評人□［平カ］（剥離）
漆ア佐俾支治奉牛卅
又別平群ア美支□［治カ］

裏面「故是以皆者亡賜而　偲

さて、「日向久湯評」とは、後の日向国児湯郡に連なる評であったと考えられる。難波津の歌について、この遺跡の池状遺構から「奈尓皮ツ尓佐久矢己乃皮奈（下略）」（傍点は筆者、以下同）と書いた木簡が出土しているが、石神遺跡第一二二次調査出土の習書木簡に「奈尓波ツ尓佐児矢己乃波奈（下略）」という木簡が出土しており、「久」となるべきところが「児」となっており、「久」と「児」が混用されることがあったことがわかる。[4] また、時代は降るものの、村上源氏の嫡流に「久我」家があり、これはコガと読まれるから、「久」をコと読むこともあったと考えられる。したがって久湯評は、コユノコオリと訓み、大宝令制下の児湯郡につながると考えられる。ちなみに、この木簡は門牓木簡であり、日向国の久湯評に平群部・漆部という部が置かれており、牛を貢進したことがわかる。牛については、『日本書紀』持統三年（六八九）正月壬戌（九日）条に、筑紫大宰の粟田真人が、隼人一七四人・布五〇常・牛皮六枚・鹿皮五〇枚を進上する記事があり、平城宮跡東張出部の東南隅からは、和銅六年～八年（七一三～七一五）とされる「日向国牛皮四枚」「日向国牛□（以下判読不能）」と書かれた二点の荷札木簡が出土している。また、延喜式兵部省には、日向国に野波野・長野・三野原の三牛牧がみえるが、延喜式にみえる牛牧は一四国に一八牧以上となっており、日向国の三牧は肥前国と並んで最多であるから、日向国は牛の生産・貢進では著名な国であったことがわかる。

次に衣評は、『続日本紀』文武四年（七〇〇）六月庚辰条のいわゆる覓国使剽劫事件に関わる記事のなかに現れる。この剽劫事件は前年の文武三年に起こっており、この事件については次節で詳述するが、衣評の位置については、後の薩摩国頴娃郡（現在の鹿児島県指宿市頴娃町）につながるとする説が一般的である。[5] 七世紀末の段階で、薩摩半島の南端に評が設置されていたことになり、薩摩半島や大隅半島を含む日向国には、飛び石的に評が設置されていたと考えられる。

第二節　三野・稲積城と覓国使剽劫事件

政府にとって南九州とは、朝貢によって王権を荘厳する夷狄である隼人の居住地として位置づけられると同時に、最終的にはその地域に律令制度を浸透させ、華夏と同様な支配を実現すべき地域として位置づけられた。

南九州への支配の浸透は、隼人との摩擦を生じさせるものと認識されていたようで、政府は、南九州に軍事的施設を設けていた。『続日本紀』文武三年（六九九）十二月甲申（四日）条には、

令㆔大宰府修㆓三野・稲積両城㆒。

とあって、三野城・稲積城の修築が行われたことを伝えている。古代の城柵には、郡郷名に一致するものが多いことなどから考えると、三野城は日向国児湯郡三納郷、稲積城は大隅国桑原郡稲積郷に比定できる。[6] 日向国児湯郡・大隅国桑原郡はいずれも後の国府所在郡であり、またこの記事は修築記事であるから、両城の創建はこれをさらにさかのぼる。ただ残念ながら現時点で、両城の遺構は確認されていない。[7]

この両城の修築は、南九州における情勢緊迫を背景にしたものであったとも考えられる。この年覓国使剽劫事件が

起こっていた。『続日本紀』にみえる関連記事を掲げると以下のようになる。

文武二年（六九八）四月壬寅（十三日）条

遣㆓務広弐文忌寸博士等八人于南島㆒覓㆑国。因給㆓戎器㆒。

文武三年（六九九）七月辛未（十九日）条

多褹・夜久・菴美・度感等人、従㆓朝宰㆒而来、貢㆓方物㆒。授㆑位賜㆑物各有㆑差。其度感島通㆓中国㆒於㆑是始矣。

文武三年（六九九）八月己丑（八日）条

奉㆓南島献物于伊勢大神宮及諸社㆒。

文武三年（六九九）十一月甲寅（四日）条

文忌寸博士・刑部真木等自㆓南島㆒至。進㆑位各有㆑差。

文武四年（七〇〇）六月庚辰（三日）条

薩末比売・久売・波豆、衣評督衣君県・助督衣君弖自美、又肝衝難波、従㆓肥人㆒等持㆑兵、剽㆓劫覓国使刑部真木等㆒。於㆑是勅㆓竺志惣領㆒、准㆑犯決罰。

文武二年（六九八）四月、文博士ら八人が覓国のため南島に派遣された。文博士は、持統九年（六九五）にも多禰に派遣されたことのある人物であったが、『日本書紀』持統九年三月庚午条によれば、その目的は「求㆓蛮所㆑居」めることとされている。すでに多禰島人は天武六年（六七七）に朝貢を開始しており（『日本書紀』同年二月条）、また持統九年三月庚午条では「多禰」とあって「多禰島」とはされていないので、ここにみえる多禰は多禰島を含む広域地名であった可能性もある。持統九年の遣使の帰還記事はなく、持統九年～文武二年に南島からの朝貢の記事もないから、持統九年の遣使の目的は達成されなかったとも考えられる。

文武二年（六九八）の覓国使は、さらに南方への働きかけを行った。翌年七月には、多褹（種子島）・夜久（屋久島）・菴美（奄美大島）・度感（徳之島）などの人々が朝貢を行ったが、これらの人々は「従二朝宰一来」というから、この朝貢が政府側の働きかけによって実現したことは明らかであり、覓国使の一部は、この時帰還したと考えられる。また、度感島が「中国」に通じたのはこれが始まりであるとされていることは、日本の自国認識を考える上で重要である。

文博士・刑部真木らが南島から帰還したのは同年の十一月であるから、覓国使の一行は二手以上に別れて行動したと考えられる。(8) おそらくその帰還に際して、薩末比売・久売・波豆、衣評督衣君県・助督衣君弖自美・肝衡難波らによる妨害を受け、帰還後の報告に基づいて、筑紫惣領に命じて処罰させたものである。薩末比売・久売・波豆は薩摩半島の川内川下流域（後の薩摩国高城郡・薩摩郡にあたる）を、衣君県・衣君弖自美らは薩摩半島南部の衣評を、肝衝難波は大隅半島の志布志湾沿岸（後の大隅国肝付郡など）を本拠とする隼人の有力者であったと考えられ、覓国使の一行は、薩摩半島西岸・南岸そして大隅半島東岸を航行していたことになる。覓国使は抵抗を予想してあらかじめ戎器を携行することになっていた。隼人の反発の原因について、南九州においては国制施行への反発とする説、(9) 隼人と南島との間に存在した通交・交易が阻害されることへの反発とする説(10)がある。奄美諸島のヤコウガイ大量出土遺跡が六世紀～十世紀に相当し、(11) 多彩な貝製装飾品で知られる種子島の広田遺跡の年代が七世紀代まで下ることが明らかになったことにより、(12) 南島との交易が重要だったことは確実であるが、それに南九州の居住者がどの程度関与していたかは明らかでない。『隋書』東夷伝流求国条の邪久国人の記事や、『日本書紀』の推古紀～舒明紀にみえる掖玖人の記事、『日本書紀』斉明三年（六五七）七月己丑条の都貨邏国人の海見（奄美）島漂着記事、『日本書紀』天武六年（六七七）二月条以降の多禰島人等の朝貢記事などからすると、政府は、南九州の関与しない直接的通交関係を実現していたとも考えられるので、隼人の反発の直接の原因は、南九州における国制施行への反発と考えておく。

第三節　大宝二年の隼人の戦い

『続日本紀』大宝二年（七〇二）八月丙申（一日）条に次のような記事がみえる。

薩摩・多褹隔レ化逆レ命。於レ是発レ兵征討。遂挍レ戸置レ吏焉。

これは、大宝二年に武力行使によって薩摩・多褹の抵抗を排除して、戸籍作成に着手し、官吏を置いたことを伝える記事である。まず、この戦争の期間とその原因について先学の説をみると以下のようになる。

(1)　戦いの期間

山田英雄説(13)　戦いの開始時期は判然としないが、『続日本紀』大宝二年（七〇二）二・三月にみえる大宰府への梓弓献納は「反乱」期間中のことであったとし、『続日本紀』大宝二年四月壬子条に筑紫七国の采女・兵衛貢上に関する記事があるので、この時までに戦闘は終了したとする。

林陸朗説(14)　隼人に対する軍事行動の功により叙勲されることになる小野毛野が大宰大弐に就任するのが文武四年（七〇〇）十月のことであるから、隼人の戦いは早くとも大宝元年（七〇一）に入ってからおこったとすることができ、戦闘の終期は山田説と同様に大宝二年四月半ば以前とする。

中村明蔵説(15)　山田・林が戦闘期間中の兵器補充とみる大宝二年（七〇二）二・三月の大宰府への梓弓献納を、隼人との開戦のための準備と考え、また三月に大宰府が管内諸国の掾以下および郡司の銓擬権を与えられたこと、さらに四月の管内諸国の采女・兵衛の貢上について、征隼人軍の編成および指揮権の発動を容易ならしむるための措置であったと考え、戦闘期間はそれ以降の五・六月頃であったとする。

（2）戦いの原因

林陸朗説[16]　具体的にはあげず、ただ「隔レ化逆レ命」とする。

井上辰雄説[17]　「反乱」は、おそらく大宝令制施行のため編戸が行なわれたことに対する抵抗であり、薩摩国・多褹嶋の建置が契機になっているとする。

中村明蔵説[18]　大宝二年（七〇二）を期して国制の移行にふみきったことが、戦いの直接の原因であるが、基底には奈良時代前期を通じてみられる隼人の戦いと同じく造籍との関連も考えられるとする。

まず戦いの期間についてみると、ここで問題となる大宰府への梓弓献納記事は、『続日本紀』大宝二年（七〇二）二月己未（二十二日）条の、

歌斐国献二梓弓五百張一、以充二大宰府一。

及び同年三月甲午（二十七日）条の、

信濃国献二梓弓一千廿張一、以充二大宰府一。

というものであり、これは対隼人戦争の準備のためとも、戦闘中の武器補給のためとも考えられる。また、同年四月壬子（十五日）条の、

令下筑紫七国及越後国簡二点采女・兵衛一貢上レ之、但陸奥国勿レ貢。

という記事は、西海道の情勢が安定している状況で出された措置と考えられており、山田説・林説は、これを戦争終結の下限ととらえ、一方中村説はこれを戦争開始の上限ととらえている。この記事は、そのように評価すべき記事な

のであろうか。

采女・兵衛の簡点・貢上について、令制では国内の郡を三分して二は兵衛を、一は采女を貢上することになっていた（養老軍防令兵衛条）。ところが、大宝二年（七〇二）四月壬子条の措置は、

『続日本紀』和銅三年正月戊寅条　日向国貢二采女一、薩摩国貢二舎人一。

『続日本紀』天平勝宝七年六月壬子条　大宰府管内諸国々別貢二兵衛一人・采女一人一。

などの記事を参考にすれば、筑紫七国と越後国に采女・兵衛各一名の貢上を命ずるものであり、令制の例外を規定するものであったとすることができる。また、大宰府管内諸国と越後国・陸奥国に対する大宝令制の適用如何については、後述するようにほぼ一括して諮問されるという傾向があったのではないかと考えられるので、『続日本紀』大宝二年四月壬子条から、この時点に於ける南九州の具体的な政治・軍事情勢を読みとることは妥当ではない。以上から、山田・林・中村の戦争の期間に関する理解の前提は成立しないと考える。したがって、戦争の期間についてその下限は中村説の如く六月とすることができるが、その上限については大宰府管内諸国の掾以下および郡司の銓擬権について定めた『続日本紀』大宝二年三月丁酉条の理解がポイントになると考えるので、以下それについてみていく。

『続日本紀』大宝二年（七〇二）三月丁酉条は、

聴三大宰府専銓二擬所部国掾已下及郡司一。

というもので、このとき大宰府は①管内諸国掾以下と②管内の郡司に対する銓擬権を得た。この措置がどのような意味をもつものであったかについて以下②①の順にみていくことにしたい。

まず②管内の郡司に対する銓擬権について。『続日本紀』文武二年（六九八）三月庚午条には、

任二諸国郡司一。因詔、諸国司等、銓二擬郡司一、勿レ有二偏党一。（下略）

とあるように、郡司候補者はまず国司によって推挙されたが、その後大宝選任令応選条に「凡応選者、皆責レ状試練（下略）[19]」とあるように、式部省において試練を受けて、その合格者が太政官により奏任されることになった。また選叙令集解応叙条には、応叙人が十二月一日に式部省に参会すべき規定を載せており、これは式部省の官人が銓擬を行うためのものであった。このように郡司候補者は十二月一日に式部省に出頭し、そこで試験と面接を受けなければならなかったのである。[20]しかし早くも大宝元年（七〇一）七月二十七日に「凡選任之人、奏任以上者、以二名籍一送二太政官一（下略）」とされ、大宝選任令応選条の式部銓擬は有名無実化したが、[21]奏任官である郡司のみは、この大宝元年七月二十七日の措置の適用から除外され、令の規定通りに式部銓擬をうけなければならなかった。つまり奏任官のなかでは郡司こそが集省規定の対象として残されることになった。

こうしたなかで、大宝元年（七〇一）十二月七日に太政官処分が出される。選叙令集解応叙条は以下のような太政官処分を引用している。

陸奥・越後国者、其首長一二人集、但筑志不レ在二集限一也。

これは、大宝選任令応叙条集省規定の陸奥・越後・筑紫（西海道）への適用をめぐって、太政官が大宝元年十二月七日をもって、令の規定をそのまま適用するには及ばない旨を決定したものと理解される。先にみた采女・兵衛の貢上に関する『続日本紀』大宝二年四月壬子条と同じように、新令の筑紫・越後・陸奥への適用をめぐる例外措置の決定である。この太政官処分に於て注目すべきは、陸奥・越後国の「首長」が対象となっている点であり、この記載から推して、「筑志不レ在二集限一也」は「筑志之首長不レ在二集限一也」の省略された形であると考えられる。そして、それら「首長」の初任のポストとして最もふさわしいものが、郡司などの地位であった。

こうして大宰府管内の郡司候補者は、式部省に参会することを免除されることになったが、銓擬自体を免除されたわけではなかった。問題としている『続日本紀』大宝二年（七〇二）三月丁酉条はこの文脈のなかで理解すべき記事である。すなわち、式部省における銓擬を免除された筑紫の首長たちは、大宰府において銓擬されることになったのである。九世紀に成立した弘仁式部式でも、郡司候補者に対する式部省試練について西海道を除外するという規定があることから、天平十二年（七四〇）の藤原広嗣乱以降、大宰府が廃止されていた一時期をのぞいて、大宰府が管内の郡司候補者を出頭させて試練＝銓擬を行っていたと考えられる。(22) この措置は、遠隔地ゆえの特例とも考えられるが、郡司とともに掾以下の国司に対する銓擬権も同時に大宰府に与えられたことは、別の事情の存在をうかがわせる。大宰府管内諸国では、早急に掾以下の国司と郡司を選任する必要に迫られていた状況があったと考えられる。

次いで①管内諸国掾以下の銓擬権についてみていく。この頃の大宰府管内諸国の状況を伝える史料として大宝二年（七〇二）豊前国戸籍がある。大宝二年豊前国戸籍は、令の規定によれば同年十一月に作成が開始され、翌年五月三十日までには完成していなければならないにもかかわらず、(23) 実際には早くて大宝三年末あるいは場合によっては大宝四年もかなり日時を経て完成に至ったらしい。(24) こうした事情は、独り豊後国に限らず、西海道に共通したものであった可能性が高いと考えられる。完成の遅れの原因は、戸籍作成の実務を担う掾以下の国司と郡司の選任が完了していなかったこと、及びこの時期に大宰府管内で軍事的緊張が存在したことに求められそうである。

郡に先行する評は、表2のように西海道に於てわずかに見出されるだけであり、南部九州に於ては、先述したように藤原京出土の「日向国久湯評」木簡と文武四年（七〇〇）六月の覓国使剽劫事件に際して衣評の存在が確認できるのみである。したがって、『続日本紀』大宝二年（七〇二）三月丁酉条にみえる措置は、西海道に於ける令制国・令制郡の設置を促進する意味をもったものと言える。すなわち人々を、領域による人民の把握・区分という性格をもつ国と、共同体的諸関係を媒介として一定の人的関係をもって人民を組織する側面をもつ郡とに編成していくことが推

表2　西海道における評

評	比定郡	出典
久須評	豊後国球珠郡	大宰府跡（福岡県太宰府市）出土木簡
夜津評	筑前国夜須郡	井上薬師堂遺跡（福岡県小郡市）出土木簡
久湯評	日向国児湯郡	藤原京左京七条一坊西南坪（奈良県橿原市）出土木簡
糟屋評	筑後国糟屋郡	黄鐘調鐘銘（京都妙心寺　文武二（六九八）年四月十三日）
衣評	薩摩国頴娃郡？	『続日本紀』文武四年（七〇〇）六月庚辰条
阿蘇評	肥後国阿蘇郡	『阿蘇氏系図』
豊評	？	福岡市南区井尻B遺跡出土百済系単弁丸瓦にヘラ書
山部評	？	〃

進されたのであった(25)。それは、籍帳による個別人身支配の推進を意味する。戸籍の巻末に国司・郡司が相並んで署名することからうかがえるように、国司（なかでも戸籍作製の実務担当は掾・目）と郡司は、この面で重要な役割をはたしたはずである。

大宰府管内諸国における掾以下の国司・郡司の選任の遅れが、大宝令制下で初めての戸籍作成作業の障害になることから、掾以下の国司・郡司の選任の迅速化のために、戸籍作成に先立って大宰府にその権限を付与したのが、『続日本紀』大宝二年（七〇二）三月丁酉条の記事であったと考える。

西海道のなかでは、薩摩・多褹地方でも造籍作業に着手されたはずであり、それに先立って郡司が選任されたと考えられるが、先述したように、郡司候補者は大宰府に出頭しそこで銓擬をうけることが義務づけられていた(26)。薩摩・多褹地方の「首長」たちが郡司になることは律令国家への服属を意味するものであったし、また造籍という行為そのものに義江彰夫が指摘した如く(27)、名にまつわるタブーの裏返しとして服属の確認という側面があったことも確かであろう。

推測の域を出ないものであるが、薩摩・多褹地方の「首長」たちが、例えば大宰府への出頭拒否などの形で銓擬を拒否し、また当該地方の「首長」や居住民が造籍阻止の動きを見せたこと—これがいわゆる大宝二年（七〇二）の隼人の戦いではないかと考える。多褹地方については確認できないが、薩摩地方の抵抗は、大宰大弐小野毛野を中心とする軍事力によって鎮圧され、[28]つづいて国司・郡司の任用および造籍作業が行なわれた。『続日本紀』大宝二年八月丙申条にみえる「挍レ戸置レ吏」の語句は、政府・大宰府がある程度所期の目的を達成したことを宣言したものと解することができる。

『続日本紀』同年九月戊寅条には、

討二薩摩隼人一軍士、授レ勲各有レ差。

とあって、隼人に対する鎮圧軍事行動の論功行賞に関する記事がみえる。軍事行動終了から叙勲までに最低でも三カ月は必要であるというから、[29]「反乱」は遅くとも六月中旬までには終息していたと考えられる。

ちなみに、この時の征隼人軍の中枢の構成は、大宰大弐の小野毛野、少弐の佐伯大麻呂、さらに大監あるいは少監の太安万侶らであり、この時の征隼人軍は、大宰府の組織を主体としたものであった。[30]

第四節　薩摩国の成立

大宝二年（七〇二）三月、造籍作業に向けて大宰府は与えられた郡司銓擬権を梃子として、管内の首長に大宰府出頭を命じた。これに抵抗した薩摩・多褹地方に兵を発して六月までには鎮圧し、八月一日には「挍レ戸置レ吏」とする一種の戦争終結宣言を発した。「挍レ戸置レ吏」とは、戸籍作成に着手し官吏（国司・郡司）を置くことを意味しており、この戦争の原因が何処にあったかを示す重要な語句となっている。

さて、『続日本紀』大宝二年（七〇二）十月丁酉条には、

唱更国司等【今薩摩国也】言、於二国内要害之地一、建レ柵置レ戍守レ之、許レ焉。

とあって、「唱更国司」の存在が知られる。薩摩国の成立について、『続日本紀』大宝二年八月丙申条の「遂挍レ戸置レ吏」の「吏」とは国司のことであろうから、この記事は薩摩国の成立を示すとし、一方同年十月丁酉条から薩摩国は当時「唱更国」ともよばれたとする井上辰雄の説が通説的理解といえる[31]。これに対して、中村明蔵は次のような理解を示している[32]。大宝二年の隼人の戦いを鎮圧したのち「唱更国」が設置されたが、これは臨時的なものであって、「唱更国司」には大宰府の官人が任命され、大宰府の指令にもとづく軍政的国政が行なわれており、『続日本紀』に薩摩国が初出する和銅二年（七〇九）頃までに軍政が一応解かれ、中央政府から派遣された国司から構成される薩摩国が成立した。中村説は、言わば薩摩国の二段階成立説とすることができる。

井上説・中村説ともに「唱更国司」を「唱更国」の「司」として、「唱更国」という国が存在したという理解を示しているが、以下、「唱更国司」と薩摩国の関係について考えていくことにしたい。

まず、「唱更」の語義についてみてみる。「唱更」の語義については、本居宣長以来いくつかの説が出されており[33]、大別して「唱更」を隼人と結びつける説と、唐制に於ける辺境守備に関する語とする説に分けられる。前者の説は、「唱更国司等」に「今薩摩国也」という分註がほどこされていることから、「唱更国司等」＝薩摩国司＝隼人居住国の国司と理解し、そこから「唱更国司等」＝隼人居住国の国司とし、よって「唱更」の語義中に隼人との関係が見い出せるはずである、という論理に立つものではないかと考える。この説では、「今薩摩国也」という分註が重要な意味をもっているのだが、後述するように「唱更国司等」は薩摩国司のみをさすのではないと考えられるので、この説の前提はくずれる。

次に後者の説をみると、八世紀前半に成立した『史記正義』呉王濞列伝の「践更」の注に「若今唱更行更者也（中略）律所㆑謂繇戍也」とあり、「唱更」の語が、「践更」「行更」「繇戍」とほぼ同じ意味で用いられていることがわかる。「践更」とは、濱口重国によれば、辺境守備を任務とする「更卒と為る可き義務ある者が自分の当番に際して義務のままに服役する義」であり、「繇戍」とは、召集された兵士が国境を守ることやそれにあたる兵士を意味するという(34)。また「行更」とは、更卒としての任務を行うこと、あるいは更卒としての任地に行くことを意味するようである。「唱」には先んじて行うとか導くという意味があるようだから、「唱更」とは、辺境守備兵たる更卒の任務を先んじて行うあるいは更卒を導く、という意味になる。この「唱更」の語は八世紀初めころの日本の官人にもよく知られた語句であったと考えられるので(35)、「唱更」の語にわざわざ隼人の意を含めて考える必要はなく(36)、唐制の辺境守備に関する語と理解してよいと考える。

諸説は、「唱更国司等」を薩摩地方を管轄した官人と同一視しており、この理解は「今薩摩国也」という分註から導き出されてきたものである。この分註をひとまず措けば、「唱更国司等」は複数の国の国司として理解する余地がある。すなわち、辺境守備の任にある複数の国の国司たちが「唱更国司等」とよばれており、薩摩国司もそのなかに含まれる、との理解が可能である。この仮説が成立するためには、何故「唱更国司等」に「今薩摩国也」という分註が附されたのか、また「唱更国司等」とは具体的にどのような国に派遣された官人なのかが明らかにされなければならない。

「今薩摩国也」という分註に関しては、次の三つのことが言える。第一に、分註中の「今」が何時のことかという点について、『続日本紀』後半の二〇巻が完成した延暦十三～十六年（七九四～七九七）ころ、あるいはそれ以降と考えられるのであって、分註自体の正確さに疑問をはさむ余地がある(37)。第二に、それに関連して、後述するように、

表3　『続日本紀』『出雲風土記』にみえる鎮・戍

鎮戍	所在国	出典
戍	唱更国司の所管国	大宝二年十月丁酉条
戍	豊後・伊予国の界	霊亀二年五月辛卯条
宅波戍	出雲国	『出雲風土記』
瀬崎戍	〃	〃
京都鎮	豊前国	天平十二年九月戊申条
板櫃鎮	〃	〃
登美鎮	〃	〃
戍	壱岐・対馬*	天平神護二年四月壬辰条
戍	陸奥国	神護景雲三年正月己亥条
鎮戍	出羽国	宝亀八年五月乙亥条

*天平神護二年四月壬辰条には、国名は明記しないが、天平九年九月癸巳条より、防人が壱岐・対馬に配備されていたことが確認できる。

「唱更国司等」のなかに薩摩国司が含まれており、かつ薩摩国司が「建レ柵置レ戍」申請の中心的役割を果たしたことが、分註の附される時期まで伝えられていたと考えることが可能である。第三に、「唱更国司等」の直前の記事が「先是、征二薩摩隼人一時、禱二祈大宰所部九処一、実頼二神威一、遂平二荒賊一、爰奉二幣帛一、以賽二其禱一焉」というものであるため、これらを一連の記事とみなして、「唱更国司等」に分註を附す際にこれを薩摩国に特定したとも考えられる。いずれも憶測の域を出ないものであるが、分註に絶対的信頼をおけないことは明らかであろう。

次に、どのような国に派遣された国司が「唱更国司」とよばれていたかについてみてみる。その点で参考になるのは、「唱更国司等」が柵を建てることと同時に「戍」を置くことを申請している点である。この大宝二年（七〇二）十月丁酉条にみえる「戍」について東洋文庫版の現代語訳『続日本紀』は、「守備兵」と訳しているのであるが、この「戍」に関しては、唐における辺防機関たる鎮・戍のうちの「戍」として理解する余地があると思う。そこで、『続日本紀』『出雲風土記』から鎮・戍の例をひろってみると表3のようになる。

この表から、鎮・戍は「唱更国司等」所管国、出雲国・豊前国・壱岐嶋・対馬嶋・陸奥国・出羽国にあったことがわかる。このうち、出雲国の戍については天平四年（七三二）の節度使との関係が指摘されており(38)、また豊前国の三鎮については藤原広嗣の乱との関係がある(39)。また、佐賀県唐津市の中原遺跡から「戍人」木簡が出土しているが、これは戍に配属されている人をさす可能性もあり、肥前国にも戍が存在したと考えられる。

さて、唐律にみえる辺防機関たる鎮・戍が、日本律では城柵に書き換えられており、また日本令にも鎮・戍に関する規定がみあたらないとの指摘があったが(40)、今みたところから、体系的とは言えぬまでも日本が唐の鎮・戍制を受容していたとすることができるのではないだろうか。

この点に関して『唐六典』にあらわれる鎮戍の武官の職掌は注目に値する。その職掌は、

鎮将鎮副、掌㆓鎮捍防守㆒、総㆓判鎮事㆒。

戍主戍副、掌、諸鎮略同。

というものであり(41)、「鎮捍防守」の語は、養老職員令大国条のなかで、壱岐・対馬・日向・薩摩・大隅の国嶋の守の職掌として用いられているのである。「鎮捍防守」を職掌とする官が、鎮将・鎮副、戍主・戍副および壱岐・対馬・日向・薩摩・大隅の三国二嶋司の守以外に、日唐の律令に確認できないことからみると、三国二嶋司の守の「鎮捍防守」という職掌は唐制の鎮将・鎮副、戍主・戍副の職掌を参考にして規定されたとして良い。こう考えると、養老律令編纂の時点で、唐制の鎮・戍に相当するような施設が三国二嶋に存在していた可能性はきわめて高い。壱岐・対馬両嶋に防人の駐屯する施設があったことは周知のことであるし、時代がやや下るものの『続日本紀』天平神護二年(七六六)六月丁亥条には「日向・大隅・薩摩三国大風、桑麻損尽、詔勿㆑収㆓柵戸調庸㆒」とあって日向・大隅・薩摩の三国に柵の建てられていたことが確認できる。以上から、これら三国二嶋の国嶋司を「唱更国司等」の有力な候補としてよいのではないかと思う。ただし、今問題にしている「唱更国司等」が居た国は、大宝二年(七〇二)十月の段階で令制国嶋として成立していなければならず、また「建㆑柵置㆑戍」を申請するだけの事情をかかえていなければならない。

この二つの条件で三国二嶋をしぼりこんでいくと、結論的には日向・薩摩両国ということになる。まず、大隅国は和銅六年（七一三）に成立するので除外される。次で壱岐・対馬両嶋については、大宝二年（七〇二）時点での唐・新羅と日本との関係が約三〇年ぶりの遣唐使派遣に象徴されるように緊張緩和の方向にむかっている状況であるから、すでに存在する守備地に加えてさらに「建レ柵置レ戍」を申請する必要性は乏しいと考えられ、また「建レ柵置レ戍」を申請したのは「唱更国司等」であって「唱更国嶋司等」ではないので、この両嶋も除外できる。日向国については、八世紀に入る時点ですでに令制国として成立しており、また国内には隼人最大の勢力である曽君一族が盤踞しているから、日向国は「唱更国司等」に該当すると考えられる。

残るは、大宝二年（七〇二）十月の段階で薩摩国が成立していたかどうかであるが、薩摩国は、大宝二年四月中旬から九月にかけての時期、就中六月～七月の時期に成立した可能性が高いと考える。以下その理由をあげておく。

第一に、『続日本紀』大宝二年（七〇二）四月壬子条に「筑紫七国」とあり、これは所謂三前三後の六国と日向国のことであるから、四月の段階で薩摩国は未だ成立していない。同年八月丙申条の「置レ吏」は、国司設置記事とすることができるが、この記事は戦いの勃発から国司設置までをまとめて記したものであるから、先述したこの地方に於ける戦争終了の下限の六月ころを国司設置の上限と考えたい。すでに述べておいたように大宰府は同年三月に管内の国掾以下をほとんど独自の判断で選任する権限を与えられており、またそれら掾以下の国司は大宰府の官人のなかから選ばれたであろうから、この地方の戦いを鎮圧したのち比較的短期間のうちに国司を赴任させることができたはずである。

第二に、薩摩という語が地域名として使用されるのは、『続日本紀』大宝二年（七〇二）八月丙申条をもって初見とするが、そこに設置された国が、地域を特定できない「唱更」という語を冠して呼称されたと考える必要はなく、薩摩国と呼称されたと考えて何ら不自然ではない。

第三に、『続日本紀』大宝二年(七〇二)九月戊寅条と十月丁酉条にみえる「薩摩隼人」は、薩摩国隼人の意味で用いられていると考えることができる。『続日本紀』和銅三年(七一〇)正月庚辰条に日向隼人曽君細麻呂という人物がみえるが、曽君の本拠地は当時の日向国贈於郡であり、和銅六年に贈於郡を含む四郡を割いて大隅国が置かれると、曽君は大隅隼人とよばれるようになるから、和銅三年にみえる日向隼人は日向国隼人の意であると言える。また霊亀二年(七一六)には「大隅薩摩二国貢隼人[42]」、養老元年(七一七)には「大隅薩摩二国隼人[43]」とあって、隼人は令制国を単位として把握され、国名を冠して呼称されている。おそらく、大宝令制下では、隼人は令制国によって区分され、把握されるようになったとすることができる。令制国成立以前の隼人の姿を伝える『日本書紀』が、大隅隼人・阿多隼人というように地域名を冠しているのとは明らかに異っているのである。このように考えると、『続日本紀』大宝二年九月戊寅条と十月丁酉条にみえる「薩摩隼人」は、薩摩国隼人として理解できる。

以上をふまえて、大宝二年(七〇二)の薩摩地方の情勢をまとめると次のようになる。

政府は、大宝令の完成にともない、律令制的国郡の設置をすすめた。西海道に於けるこの動きは、大宝二年(七〇二)三月大宰府に所部国掾以下及び郡司に対する銓擬権(選任権)が与えられて以降、本格化する。大宰府は、「首長」(郡司候補者)に対し出頭を命じ、銓擬ならびに郡司任命を通して、彼らを律令行政機構のなかに位置づけ、彼らに造籍作業推進に象徴される律令行政貫徹の一翼を担わせることを期待した。しかし、南部九州の「首長」層は、必ずしも大宰府の期待に添った動きをとらなかったため、政府は軍事力の行使に及んだ。これが、大宝二年(七〇二)の「隼人の戦い(対隼人戦争)」の実態であろうと思われる。この戦いは、大宰府を中心に編成された征討軍によって六月頃までに鎮圧され、かなり短期間のうちに国司郡司が任命され、造籍作業が開始された。このようにして、六月～七月頃に薩摩国が成立したが、そこに派遣された国司は、辺境守備の任務から「唱更国司」ともよばれていた。そして十月には、日向・薩摩の国司らが、律令行政貫徹の必要から「建レ柵置レ戍」を申請し、許可されていった。

さて、隼人の朝貢年次についてみると、『日本書紀』天武十一年（六八二）七月甲午（三日）条の「隼人多来貢二方物一。」、『日本書紀』持統三年（六八九）正月壬戌（九日）条の「筑紫大宰粟田真人朝臣等献二隼人一百七十四人并布五十常・牛皮六枚・鹿皮五十枚一」、『日本書紀』持統九年（六九五）五月己未（十二日）条の「饗二隼人大隅一」、同月丁卯（廿一日）条の「観二隼人相撲於西槻下一。」の記事によって、天武十一年、持統三年、持統九年に行われていたことがわかる。後述するように、記録に現れる次の朝貢は、和銅二年（七〇九）十月戊申（廿六日）条の「薩摩隼人郡司已下一百八十八人入朝。」という記事であり、さらにその次の朝貢に関しては、霊亀二年（七一六）に「薩摩大隅二国貢隼人、已経二八歳一。（中略）請下限二六年一相替上。」という大宰府からの申請が行われ、六年相替の原則ができた。持統九年から和銅二年（七〇九）の一四年の間、朝貢記事は確認できないが、この間一度も朝貢は行われなかったと考えてよいのであろうか。憶測の域を出ないものであるが、霊亀二年の段階で、朝貢間隔が八年になっていることがことさらに強調されていることからすると、持統九年の次の朝貢は、八年を経ずに行われており、大宝二年（七〇二）の対隼人戦争の前後に、朝貢が行われていた可能性を考えておきたい。

第五節　薩摩国の構造

この時成立した薩摩国について、『続日本紀』は「薩摩国」の表記で統一されているが、鎌田元一が指摘するように、

表4 『和名類聚抄』にみえる日向国・大隅国・薩摩国の郡郷名

国	郡名	郷名
日向国	臼杵郡	氷上　智保　英多　刈田
	児湯郡	三納　穂北　大垣　三宅　覩於　韓宅　平群　都野
	那珂郡	夜開　新名　田島　物部
	宮崎郡	飫肥　田辺　島江　江田
	諸県郡	財部　県田　瓜生　山鹿　穆佐　八代
大隅国	菱刈郡	羽野　出野　大水　菱刈
	桑原郡	大原　大分　豊国　答西　稲積　広西　桑善　仲川（国、中津川の三字を用う）
	噌唹郡	葛例　志摩　阿気　方後　人野
	大隅郡	人野　大隅　謂列　始臈　祢寝
	姶羅郡	野裏　串占　鹿屋　岐刀
	肝属郡	桑原　鷹屋　川上
	馭謨郡	謨賢　信有
	熊毛郡	熊毛　幸毛　阿枚
薩摩国	出水郡	山内　勢度　借家　大家　国形
	高城郡	合志　飽田　欝木　宇土　新多　託万
	薩摩郡	避石　幡利　日置
	甑島郡	管々　甑島

八世紀前半は、「薩麻国」が正式な表記であった(44)。

養老四年（七二〇）に完成した『日本書紀』では、白雉四年（六五三）七月条に「薩麻の曲」がみえ、『日本書紀』が成立した養老四年当時、薩麻の表記が用いられていたことがわかる。「天平八年薩麻国正税帳」には、継目裏書に「薩麻国天平八年正税目録帳」の記載がみられ、正税帳の全面に押されている国印の「麻」の文字は「林」になっているが、これは「麻」の广を省略した形とされている。

この点を、出土文字資料からみると、大宰府の不丁地区出土の木簡には、「薩麻国枯根」「薩麻頴娃」と記したものがあり、これら

日置郡	冨多　納薩　合良
伊作郡	利納
阿多郡	鷹屋　田水　葛例　阿多
河辺郡	川上　稲積
頴娃郡	開聞　頴娃
揖宿郡	揖宿
給黎郡	給黎
谿山郡	谷山　久佐
麑島郡	都萬　在次　安薩

は、七三〇年代くらいのものであろうと考えられている(45)。平城京出土の木簡にも「筑紫大宰進上薩麻国殖（以下欠）」と書かれたものがあり、一緒に出土した木簡は、だいたい天平三年～十一年（七三一～七三九）ころ、とくに天平七、八年のものが多いとされている(46)。さらに、『万葉集』三巻二四八番の長田王の歌は、万葉仮名で「隼人乃　薩麻乃迫門乎　雲居奈須　遠毛吾者　今日見鶴鴨」とされており、薩麻の表記が用いられている。

以上から、サツマ国の表記は、成立当初から八世紀中頃まで薩麻が用いられ、遅くとも『続日本紀』が完成する延暦十六年（七九七）までには、薩摩の表記に変更されて、以後永くこちらの表記が用いられたとすることができる。

薩摩国は一般に日向国から分出されたと考えられているが、肥後国との関係も想定できると考えるので、以下この問題に関して簡単に触れておきたい。

薩摩国は、天平十年（七三八）年前後に成立した『律書残篇』に一三郡二五郷からなると記すのみであるが、『和名類聚抄』によれば、表4のように出水・高城・薩摩・甑島・日置・伊作・阿多・河辺・頴娃・揖宿・給黎・谿山・麑島の一三郡三五郷からなっていた。

ただし、薩摩国内には均質の郡が一三あったのではなく、公民の居住する「非隼人郡」二郡（出水・高城）と、隼人の居住する「隼人郡」一一郡（薩摩・甑島・日置・伊作・阿多・河辺・頴娃・揖宿・給黎・谿山・麑島、「天平八年薩麻国正税帳」にも「隼人一十一郡」とみえる）が存在したことが明らかにされている(47)。しかし、詳細に検討すると、二つの「非隼人郡」にも、おのおの異なった性格が認められる。

『和名抄』によれば、国府所在郡たる高城郡（現在の鹿児島県薩摩川内市を中心とする）には、合志・飽田・欝木・宇土・新多・託万の六郷があったが、このうち合志・飽田・宇土・託万の四郷の郷名が肥後国の郡名に一致していることから、この高城郡が、肥後国からの計画的移民によって設けられた郡であることは明らかで、「高城」の名称も大宝二年（七〇二）の柵・戍の設置と関係するとの指摘がなされている(48)。また、薩摩国府近傍の大島遺跡では、竈付きの住居が確認されている。第一章第二節（6）で述べたように、鹿児島県内で確認される竈付住居は、この大島遺跡と後述する出水郡域の大坪遺跡だけである。さらに、大島遺跡で確認される土師器は、宇城（宇土・益城）地方のものと似ているとされており、考古学的にも、肥後国からの移民実施を想定できる(49)。

もう一つの「非隼人郡」である出水郡についてみていく。「天平八年薩麻国正税帳」には次のように出水郡の郡司がみえる(50)。

15　大領外正六位下勲七等肥君　病
16　少領外従八位下勲七等五百木部　死
17　主政外少初位上勲十等大伴部足床
18　主帳无位　大伴部福足

これをみると、出水郡の郡司は、肥後系の氏族で占められていると言って良い。五百木部を除く他の姓は、いずれも肥後国に確認され、とくに肥君は肥後を代表する豪族だからである。これについて、中村明蔵は「出水・高城二郡は肥後よりの移住者を主としている」と述べ[51]、また井上辰雄は「肥後勢力が、出水郡や薩摩国府周辺部に進出する時期は、かなり早い時期からであったと思われるが、それが大量に計画的におこなわれるのは、やはり大隅の場合からすれば、薩摩国建国の前後の時期とすべきであろう」と述べているが[52]、別の見方ができると考えるので、こうした見解の当否も含めて、憶測を交えつつ、薩摩国の成立の問題とからめて考えていきたい。

結論を先に述べれば、出水郡域の主要部分は薩摩国成立以前の段階において、肥後国の強い影響下にあったのではないかと考える。その理由の第一に、郷名の問題をあげることができる。表4によれば、高城郡とは対照的に、出水郡の郷名に肥後国の郡名と一致するものを確認することはできない。このことは、出水郡へ計画的移住が実施された可能性が低いことを示している。高城郡への計画的移住の実施が大宝年間前後だとすれば、それ以降も隼人との緊張関係が続くことから考えて、計画的ではない出水郡への移民（移配）が大宝年間以降に行われたとは考えにくい。出水郡では大宝年間にすでに所謂「肥後系」の勢力が力をもっていたと考えられるのである。

第二の理由に、出水郡の立地の問題をあげることができる。出水郡と肥後国は隣接している。先述したように『万葉集』の三巻の二四八番の歌に「隼人の薩摩の迫門を雲居なす　遠くもわれは　今日見つるかも」という長田王の歌が載せられている。二四六番歌の詞書などによれば、これは、長田王が肥後国葦北郡の海から遠く南の薩摩の迫門すなわち現在の黒之瀬戸を望んで詠んだ歌という。このとき長田王の立っていた地点から実際に黒之瀬戸が遠望できたかどうかはわからないが、この歌に詠まれている「薩摩の迫門」が一種の境界としての意味をもっていることは確かだと考えられる。すなわち、長田王にとっては、「薩摩の迫門」が自分たちの住む世界（これは「公民の世界」と言ってもよい）と「隼人の住む世界」との境界として意識されていたと考える。「薩摩の迫門」＝現在の黒之瀬戸は、長島と出水郡の間に位置する海峡であるが、長島は中世に至るまで肥後国に属していた。この海峡の北側は、「環不知火海文化圏」とでもいう状態を形作っていたのではなかろうか。海峡の北側に位置する出水郡は、早くから「肥後系」の人々が勢力を伸ばし（これは律令政府による計画的移住と質的に異なるものであることは言うまでもない）、「環不知火海文化圏」の一部として位置付けられていたと考えることができる。以上、二つの理由から、出水郡は薩摩国成立直前の段階において、肥後国のもとにあったと考える。

さて、この想定が成立するとすれば、薩摩国の成立についてさらに興味深い事情が明らかになってくるように思われる。薩摩国成立以前の段階で、出水郡の主域は肥後国の影響下にあり、高城郡以南は「隼人の世界」と認識されていたが、薩摩国を成立させるに当たって、出水郡を薩摩国に編入し、出水郡から「隼人の世界」に一歩踏み込んだ高城郡域に政府主導による肥後国からの計画的移住を実施し、「隼人の世界」との境界を一郡に相当する分南下前進させた。そして、高城郡より南に位置する「隼人の世界」がさらに一一郡に分割されて、「隼人一十一郡」を形成するようになったと考えられるのである。

蝦夷の居住地域を抱える奥羽越三国への政府の支配拡大を考える上で、この三国の内部構造を三つの地域に分けて理解する説がある。[53] そこで、これを南九州の隼人も視野に入れて考えてみると、

A地区＝律令制的公民支配が確立している地域

B地区＝A地区の外側にあって城柵を設置し柵戸の移民によって建郡し、公民支配が一応成立している地域

C地区＝B地区の外側にあって律令制的公民支配が未成立の蝦夷・隼人の居住地域

の三つの地域に区分できる。薩摩国の場合、A地区が出水郡、B地区が高城郡、C地区が「隼人一十一郡」に相当すると考えられる。

第六節　和銅六年の隼人の戦いと大隅国の成立

薩摩国成立後の南九州の情勢を直接伝える記事は少ない。

『続日本紀』和銅二年（七〇九）六月癸丑条には、

勅、自二大宰率一已下至二于品官一、事力半減。唯薩摩多祢両国司及国師僧等、不レ在二減例一。

とあって、大宰府管内の官人に与えられていた事力が半減されるなか、薩摩・多褹の国司と国師僧に対しては、半減しないことが命じられている。この記事がもつ意味については後述する（第四章第四節）。

『続日本紀』和銅二年（七〇九）十月戊申条には、

薩摩隼人郡司已下一百八十八人入朝。徴二諸国騎兵五百人一。以備二威儀一也。

和銅三年正月壬午朔（一日）条には、

天皇御大極殿受レ朝。隼人蝦夷等亦在レ列。左将軍正五位上大伴宿祢旅人・副将軍従五位下穂積朝臣老・右将軍正五位下佐伯宿祢石湯・副将軍従五位下小野朝臣馬養等、於二皇城門外朱雀路東西一、分頭陳二列騎兵一。引二隼人蝦夷等一而進。

和銅三年正月丁卯（十六日）条には、

天皇御二重閣門一。賜二宴文武百官并隼人蝦夷一。奏二諸方楽一。従五位已上賜二衣一襲一。隼人蝦夷等亦授レ位賜レ禄、各有レ差。

和銅三年正月戊寅（二十七日）条には、

日向国貢二采女一、薩摩国貢二舎人一。

和銅三年正月庚辰（二十九日）条には、

日向隼人曽君細麻呂、教二喩荒俗一、馴二服聖化一。詔授二外従五位下一。

とある。和銅二年十月に薩摩隼人が朝貢を行っているが、『続日本紀』霊亀二年（七一六）五月辛卯条には「薩摩大隅二国貢二隼人一、已経二八歳一」とあるから、和銅二年には大隅地方の隼人も朝貢していた。ただし、この時点で大隅国は成立していないから、正しくは薩摩国と日向国が朝貢させた隼人となる。和銅三年正月庚辰条にみえる「日向隼人」の語は、日向国の隼人の意味であり、七世紀代の隼人の朝貢に筑紫大宰惣領が責任をもつ体制から、令制国（ここでは薩摩国・日向国）が、管下の隼人に対して責任をもつ体制へと移行していることがわかる。

薩摩隼人と日向隼人は、翌年正月元日と十六日に儀式に参加している。いずれも天皇が出御する儀式であったが、『続日本紀』ではこれ以降、隼人と蝦夷が同一の儀式に参加する記事はみられなくなる。このことがもつ意味については、本章第一〇節で述べる。

正月戊寅条は、日向国が采女を、薩摩国が舎人を貢上することを命じたものであり、こうした命令が出されていることから、日向国・薩摩国の情勢は、政府にとってある程度順調と評価できる状況にあったとすることができる。

そうしたなか、和銅三年（七一〇）正月庚辰条にみえるように曽君細麻呂に外従五位下が与えられてゆく。曽君は周知のごとく南部九州に大きな力をもった一族であり(54)、曽君細麻呂は朝貢隼人を引率した人物でもあるから、曽君の族長的地位にあった可能性のある人物である。また、この細麻呂という名に注目すると、隼人の名については一字一音の名も多いが、細麻呂とはいかにもヤマト的な名と言って良い。彼は、朝貢等に際する京上によりいわゆる中央の文化を積極的に受容して、政府の隼人支配に協力した人物であったと考えられ、まさに隼人の持つ「荒俗を教え喩し」、隼人たちを「(天皇の)聖化に馴れ服させる」ことに大きな役割を果たした人物であった。こうした人物の存在を梃子に、政府は、さらに日向国南部地域への支配の浸透を図り、和銅六年の日向国からの大隅国分置や、曽君の本拠地たる鹿児島湾奥部への国府設置を計画し、その実現をはかっていった。しかし、政府の思ったように事は運ばなかった。

『続日本紀』和銅六年(七一三)四月乙未(三日)条には、

割二丹波国加佐・与佐・丹波・竹野・熊野五郡一、始置二丹後国一。割二備前国英多・勝田・苫田・久米・大庭・真島六郡一、始置二美作国一。割二日向国肝坏・贈於・大隅・姶䆉四郡一、始置二大隅国一。

とあって、日向国の肝坏・贈於・大隅・姶䆉の四郡を割いて、大隅国が建国されたことがわかる。大隅国と同時に丹後国・美作国も建置されており、この三国の分置が、翌年に予定されている戸籍作成と何らかの関連をもった措置であったことは確実であるが、この二国の分置と大隅国分置を同列に論ずることはできない。この分置によって、隼人居住地を抱え込んでいた日向国は、隼人居住地を分出することになるので、これは前年に行われた越後国からの出羽国の分置の流れのなかに位置付けられる政策であり、このような政策に対して隼人の抵抗が起きた。

『続日本紀』和銅六年(七一三)七月丙寅(五日)条には、

詔曰、授以二勲級一、本拠レ有レ功。若不二優異一、何以勧奨。今討二隼賊一将軍并士卒等戦陣有レ功者一千二百八十余人、並宜二随レ労授一レ勲焉。

とあって、対隼人戦争の起きていたことを伝えるが、その戦闘地域が何処であったかは示されていない。これについては、『続日本紀』和銅七年三月壬寅(十五日)条に、

隼人昏荒、野心未レ習二憲法一。因移二豊前国民二百戸一、令二相勧導一也。

とあり、戦後処理策の一環として、豊前国からの移民が実施されたことを伝えている。すでにみたように、隼人の居住地を分立して、薩摩・大隅国が建国されており、また表4をみると、大隅国桑原郡豊国郷があって、豊前国との関係を想定できるので、戦闘地域は日向国南部の大隅国として分置される一帯であったとすることができる。

戦闘期間であるが、その始まりについては不明である。終期については、戦闘の終了から論功行賞まで三カ月かかるという指摘からすれば、戦闘の終了の下限を四月初旬とすることができるが、叙勲された人物が一二八〇人以上というとかなりの規模の軍事動員であって、戦闘の最中に大隅国分置を行うことは不自然であり、対隼人戦争の終結の報が都にもたらされ、それを受けて、検討されてきた三国分置が発令されたとする方が自然であろうから、三月中旬を戦争終結の下限と考えておきたい。ちなみに、この時の征隼人軍の構成も、大宰府を主体としたものであった(55)。

第七節　南九州への移民

政府は、隼人に備えるため、また南九州の支配を円滑化するために移民を送り込む政策をとった。本節では、考古学の成果も利用してこの問題について考えておきたい。

まず、日向国についてであるが、表4をみると、日向国諸県郡に八代郷と山鹿郷があり、肥後国の山鹿郡・八代郡という郡名に一致している。『和名類聚抄』によれば、八代郷は、甲斐国八代郡・下総国印旛郡・常陸国行方郡・丹波国桑田郡・伯耆国久米郡・日向国諸県郡にあり、また山鹿郷は、信濃国諏訪郡・筑前国遠賀郡・日向国諸県郡にある。もちろん偶然の一致もあり得るが、諸県郡八郷のなかの二郷の郷名が、肥後国一三郡のなかの二つの郡名に一致することは、移民の行われた可能性を評価しても良いと考える。八代郷は、宮崎県東諸県郡国富町に八代北俣・八代

図３　古代遺跡分布図

南俣の地名があることから、この近辺に比定できそうであるが、山鹿郷の比定地は不詳である。この移民が行われた時期については明らかでないが、肥後国から四郡の移民が行われた大宝二年（七〇二）の薩摩国建国の時期か、あるいは豊前国・豊後国からの移民が行われた大隅国建国直後のことと考えておく。

宮崎県都城市早鈴町の上ノ園第二遺跡からは、「秦」の墨書土器が三点出土している。遺跡は、弥生〜中世の複合遺跡であり、大淀川の支流にあたる姫城川の南岸沿いの緩傾斜の台地上に立地する。古代のものとしては、九世紀代を中心とする溝状遺構五条、掘立柱建物三一棟、道路状遺構七条が確認された。遺物としては、圧倒的に須恵器が多く（約九〇〇点）、土師器はわずかであり、「秦」の墨書土器はいずれも八世紀後半～九世紀の須恵器である[56]。八世紀の段階で都城地方に「秦」姓の人々が居住していた可能性を示している。文献から八世紀段階における大宰府管内での「秦」姓の分布を調べてみると、豊前国に「秦」を名乗る人々が多かったことがわかるから[57]、大隅国と境を接すると言っても良い日向国内のこの地域に移民が行われたことを示しているとも考えられる[58]。

また、日向国府から直線距離で約三キロメートルほど離れた一ツ瀬川の左岸に位置する宮ノ東遺跡（宮崎県西都市岡富）では、古墳時代から古代（五世紀～十世紀）の集落が調査されている。竪穴住居跡は、五世紀代一九軒、六世紀代一〇八軒、七世紀代二六〇軒、八世紀代一一八軒、九～十世紀代九一軒が検出されており、古代の遺構密度は周辺遺跡に較べて非常に高い。出土遺物のなかで注目されるのは、企救型甕・豊後型系とみられる甕が出土している点である。企救型甕は豊前国企救郡を中心につくられた甕であり、豊前国からの移民をうかがわせる。これに関して、同遺跡の報告書は、「日向国府に与えられたであろう三野城・稲積城（いずれも未比定）の防備や柵戸の移民等、南部九州に広く居住していた『隼人』対策の拠点的・前線基地的性格に関連する」可能性を指摘している[59]。ただし、長期間営まれるこの遺跡で、企救型甕などの時期は八世紀後半～九世紀初頭とされるから、豊後からの移民は、先述した『続日本紀』和銅七年（七一四）三月壬寅条にみられる八世紀前葉だけでなく、八世紀後半にも続けられていたとすることができる。

次に薩摩国であるが、先述したように、高城郡には合志・飽田・宇土・託万という肥後国の郡名と一致する四つの郷名が確認できるので、合志・飽田・宇土・託万の四郡からの移民を中心にして高城郡をつくり、ここに国府を置いた。第一章で述べておいたように、鹿児島県下では、出水市大坪遺跡・薩摩川内市大島遺跡以外では、竈付住居は確認されない。出水市大坪遺跡は、もともと肥後の影響下にあったと考えられる出水郡に位置し、また大島遺跡は、薩摩国府跡から数百メートルに位置しており、これは肥後からの移民に関わるものと考えられる。

「天平八年薩麻国正税帳」には、薩摩郡主帳として肥君広龍がみえる。また鹿児島市横井竹之山遺跡では、「肥道里（岡）」と墨書された九世紀代の土師器が出土している[60]。この遺跡は、麑島郡と日置郡の境界に位置しており、境界祭祀に関わる遺跡である（第六章第五節参照のこと）。肥君が薩摩郡、麑島郡あるいは日置郡へ勢力を拡げていることが確認できる。

さらに、「天平八年薩麻国正税帳」には阿多郡主帳として建部神島がみえる。古代の阿多郡南さつま市金峰町の筆付遺跡では、「建」の墨書土器が出土しており、これは建部氏の存在を示す可能性がある。同じく南さつま市金峰町の芝原遺跡では「酒井」の墨書土器が出土している。酒井姓は、九州内では豊前国で確認できるので[61]、豊前国から直接、あるいは大隅国を経由して移動してきた可能性がある。

南さつま市加世田川畑の上加世田遺跡では「久米」の墨書土器が、鹿児島市（旧郡山町）東俣町の湯屋原遺跡では「大伴」の墨書土器が出土している。また、いちき串木野市の市ノ原遺跡第1地点出土の「春」の墨書土器、成岡遺跡・西ノ平遺跡（ともに薩摩川内市）出土の「日」などは、いずれも肥後国に確認できる建部・春日部・日下部などの氏族と関連する可能性もある。

大隅国では、『続日本紀』和銅七年（七一四）三月壬寅条より、豊前国からの移民を確認できるが[62]、表4をみると、桑原郡に大分郷があり、豊後国大分郡との関連を想定できる。また、現在の霧島市国分上井字内門にある式内社の韓国宇豆峯神社は豊前国からの移民が奉祭したものと言われており[63]、国府近傍への移民が行われたことがわかる。

第八節　養老四年の隼人の戦い

『続日本紀』霊亀二年（七一六）五月辛卯（十六日）条には、

大宰府言、（中略）又薩摩大隅二国貢隼人、已経二八歳一。道路遥隔、去来不レ便。或父母老疾、或妻子単貧。請限二六年一相替。並許レ之。

とあり、隼人の朝貢を六年に一度行うことが制度化された。これを受けて、翌養老元年（七一七）四月甲午（二十五日）条には、

天皇御二西朝一。大隅薩摩二国隼人等、奏二風俗歌舞一。授レ位賜レ禄各有レ差。

とあって、大隅・薩摩国の隼人が朝貢を行った。この後、まもなく南九州の情勢は緊迫していったと思われる。

『続日本紀』養老四年（七二〇）二月壬子（二十九日）条に、

大宰府奏言、隼人反、殺二大隅国守陽侯史麻呂一。

とあって、隼人が大隅国守を殺したという知らせが大宰府より都に向けて発せられた(64)。これが都に到着すると、三月四日に政府は、中納言大伴宿祢旅人を征隼人持節大将軍、笠朝臣御室・巨勢朝臣真人を副将軍とする征隼人軍を組織した（『続日本紀』同年三月丙辰条）。養老令の軍防令将帥出征条によれば、兵力が一万人以上の場合に将軍一人・副将軍二人を置くことになっていたから、この時の政府軍の規模は、一万人を超える規模であったことがわかる。『続日本紀』同年六月戊戌（十七日）条に「将軍暴二露原野一、久延二旬月一」とあるから、五月中旬には南九州での戦闘態勢に入っていた。同七月甲寅（三日）条には、「賜下征西将軍已下、至二于杪士一物上、各有レ差」とあって、杪士もこの

軍事行動に参加していた。「天平八年薩麻国正税帳」には、出水郡に「糒壱仟伍伯肆斛参斗壱升」、高城郡に「糒壱仟弐伯陸拾壱斛」とあって、ともに「養老四年」と注記されている。こうした重貨は、この杪士らによって漕送されたと思われる。

『続日本紀』養老四年（七二〇）八月壬辰（十二日）条には、征隼人持節将軍大伴旅人に帰京を命じる勅がみえる。これは、藤原不比等の死去にともなう措置であり、戦況は、将軍の帰京を命じることができる程度に優勢に進んでいたとはいうものの、「隼人未ㇾ平」の状況であったために、副将軍以下には滞陣が命じられた。

『続日本紀』養老五年（七二一）七月壬子（七日）条には、

征隼人副将軍従五位下笠朝臣御室・従五位下巨勢朝臣真人等還帰。斬首獲虜合千四百余人。

とあって、対隼人戦争が終結したことを伝えている。さらに、養老六年（七二二）四月丙戌（十六日）条には、

征㆓討陸奥蝦夷、大隅・薩摩隼人等㆒将軍已下及有ㇾ功蝦夷并訳語人、授㆓勲位㆒各有ㇾ差。

とあって、対隼人戦争の論功行賞が行われたことを記している。この記事では二つの点に注目したい。まず第一に、大隅・薩摩隼人を征討した将軍以下への叙勲が行われていることから、大隅国守殺害事件に端を発したこの対隼人戦争の戦闘地域は、大隅国のみならず薩摩国にも広がっていたことがわかる。先にみた「天平八年薩麻国正税帳」の出水郡・高城郡の糒の記載は、これに関連していると思われる。また『八幡宇佐宮御託宣集』に「元正天皇御宇、養老年中、大隅、日向隼人等襲来」、『扶桑略記』養老四年九月条には「大隅、日向両国乱逆」とあり、日向国内でも隼人の「反乱」が起こっていたとするが、大隅国は日向国から隼人居住地を分置する形で成立したのであるから、日向国内に隼人は居住していない。一方、『続日本紀』養老七年四月壬寅（八日）条には「日向・大隅・薩摩三国士卒、征㆓討隼賊㆒、頻遭㆓軍役㆒。兼年穀不ㇾ登、交迫㆓飢寒㆒。」とあって、この対隼人戦争に際して、日向国からの兵力が征討軍

の主力の一角を占めていたことがわかる。このように考えると、対隼人戦争に際し日向国内で起こった兵力動員への忌避などの動きが隼人への与同とみなされ、『八幡宇佐宮御託宣集』『扶桑略記』のような記載を生んだとも考えられる。

第二に、対隼人戦争とほぼ同時に起こっていた対蝦夷戦争では有功蝦夷への叙勲が行われたが、対隼人戦争においても、征討軍側に立った隼人が少なからず存在した点に注目したい。『続日本紀』天平元年（七二九）七月辛亥条にみえる大隅隼人姶襹郡少領外従七位下加志君和多利は勲七等を帯びており、積極的に鎮定に協力したと考えられる。(65)「天平八年薩麻国正税帳」にみえる薩摩郡の少領外正七位下前君乎佐は勲八等を帯びており、同様の事情を考えて良い。また「天平八年薩麻国正税帳」にみえる薩摩郡主帳外少初位下曽県主麻多・阿多郡少領外従八位下薩麻君鷹白・阿多郡主政外少初位上加士伎県主都麻理は勲十等を帯びている。曽県主麻多・加士伎県主都麻理は、いずれも大隅国を本拠とする一族である。両者とも聖武の即位にともなう一斉叙位が行われた神亀元（七二三）年二月以前の段階で勲十一等を得ていたはずであるから、それ以前に両者が勲位を得る機会としては、養老四年（七二〇）の対隼人戦争があり、その際論功行賞の対象となる働きをなし、叙勲とともに郡司に任用されたと考えられる。

養老度の征隼人軍は、政府が派遣した将軍・副将軍の下に、大宰府管下の兵力を動員したものである。『八幡宇佐宮御託宣集』には、豊前守宇奴首男人が将軍として参戦したとあるが、『万葉集』（巻六、九五九番）によれば、宇奴首男人はその八年後の神亀五年（七二八）十一月に、大宰府の官人が香椎廟に参拝した際、豊前守として同行して歌を詠んでいるから、宇奴首男人が養老四年（七二〇）の段階で豊前守であったことはかなり疑わしい。(66)しかし、「天平九年豊後国正税帳」にも勲九等・勲十等を帯びた郡司がおり、この勲位は養老四年の対隼人戦争の行賞によると考えられるため、豊前守に率いられて豊前国の兵士が参戦したことはほぼ間違いないと考えられ、こうした事実が『八幡宇佐宮御託宣集』の記載につながるのではないかと思われる。

『続日本紀』養老七年（七二三）五月辛巳（十七日）条には、

　大隅・薩摩二国隼人等六百廿四人朝貢。

とある。養老度の対隼人戦争の後、あらためて隼人たちに服属を誓わせるために、最大規模の朝貢を行わせたものである。養老四年から五年にかけての戦いを最後に、隼人による政府に対する抵抗は終わる。政府側も、隼人の抵抗を生じさせないような支配政策を採用していくことになるが、この点については次章で述べることにする。

　さて、『続日本紀』養老六年（七二二）四月丙戌（十六日）条には次のような記事がある。

　始制、大宰府管内大隅・薩摩・多褹・壱伎・対馬等司、有レ闕選二府官人一、権補レ之。

これは、大宰府管内二国三嶋司の欠員補充について定めたものであるが、養老選叙令在官身死条には欠員が生じた場合について次のような規定が設けられていた。

　凡在官身死、及解免者、皆即言上、其国司、大上国介以上、中国掾以上並闕、及下国守闕者、皆馳駅申二太政官一。若大宰帥、及三関国、壱岐・対馬守者、雖二独闕一、猶レ従二馳駅例一。＊其待レ報之間、大宰遣二判事以上官人一権摂、任訖、〔還〕馳駅発遣。(67)

大宰府管内諸国に限って言えば、養老選叙令によると、壱岐・対馬嶋は、守が欠けた場合でも馳駅し、新任の守が着任するまでの間、大宰府の判事以上の官人を派遣して一時的に管轄させることになっていた。もし壱岐・対馬嶋が下国とすれば、守が欠員になれば自動的に馳駅されることになるから、この特例措置の意味はない。したがって、壱岐・対馬嶋は中国に等級付けされていたことになる。そして、この特例措置は、壱岐・対馬両嶋の国際通交および軍事的重要性からして、大宝選任令にさかのぼる可能性が高い。令集解は＊の部分に「問、多祢・大隅・薩摩及陸奥・出羽等国若為二処分一。答、文不レ載者、皆言上耳」という古記の問答を載せており、多褹・大隅・薩摩について守が欠員となっても、言上のみでよいとしているから、これらの国嶋はいずれも中国に等級付けされていたことがわかる。

多褹・大隅・薩摩の二国一嶋については、建置当初より中国として守・掾・目らが派遣されており、守が欠けた場合は言上、守・掾が同時に欠けた場合に馳駅することとされていたが、養老六年（七二二）になって国嶋司に欠員が出た場合、大宰府の官人を派遣して職務を代行させることになったのである。この措置が発令された日は、養老四年～五年の対隼人戦争の有功者への叙勲が行われた日と同日であることから、この措置は、大隅国守陽侯麻呂殺害事件に端を発する対隼人戦争の教訓を生かす形で採用されたものと思われる。

第九節　藤原広嗣の乱と隼人

隼人が戦闘に参加した最後の事例として、藤原広嗣の乱について若干検討しておく。まず、乱の開始について『続日本紀』天平十二年（七四〇）九月丁亥（三日）条は、

広嗣遂起レ兵反。勅、以二従四位上大野朝臣東人一為二大将軍一、従五位上紀朝臣飯麻呂為二副将軍一。軍監軍曹各四人。徴二発東海・東山・山陰・山陽・南海五道軍一万七千人一。委二東人等持節一討レ之。

とあり、早くも翌日の戊子（四日）条に、

召二隼人廿四人於御在所一。右大臣橘宿祢諸兄宣レ勅授レ位各有レ差。并賜二当色服一発遣。

とあって、勅をもって隼人二四人の従軍が命じられた。

『続日本紀』天平十二年（七四〇）九月戊申（二十四日）条には、

大将軍東人等言、殺二獲賊徒豊前国京都郡鎮長大宰史生従八位上小長谷常人・企救郡板櫃鎮小長凡河内田道一。但大長三田塩籠者、着二箭二隻一逃二竄野裏一、生二虜登美・板櫃・京都三処営兵一千七百六十七人・器仗十七事一。仍差二長門国豊浦郡少領外正八位上額田部広麻呂一、将二精兵卅人一。以二今月廿一日一発渡。又差二勅使従五位上佐伯宿祢常人・従五位下安倍朝臣虫麻呂等一、将二隼人廿四人并軍士四千人一、以二今月廿二日一発渡。令レ鎮二板櫃営一。東人等将二後到兵一。尋応二発渡一。又間諜申云、広嗣於二遠珂郡家一、造二軍営一儲二兵弩一。而挙二烽火一徴二発国内兵一矣。

とあって、政府軍側に動員された隼人の数が、二四人であったことが確認できる。一方、広嗣側が動員した隼人の人数については、数千人、千人前後、二三人とする説がある。以下、これについて簡単に触れておく。まず、広嗣方の隼人の動員方法については、すでに松本政春が指摘しているように、朝貢のために上京することになっていた隼人たちを組織したと考えて良い(68)。その動員人数については、『続日本紀』天平十二年（七四〇）十月壬戌（九日）条に、

大将軍東人等言、逆賊藤原広嗣率二衆一万許騎一、到二板櫃河一。広嗣親自率二隼人軍一為二前鋒一。即編レ木為レ船、将レ渡レ河。于レ時佐伯宿祢常人・安倍朝臣虫麻呂、発レ弩射レ之。広嗣衆却到二於河西一。常人等率二軍士六千余人一陳二于河東一。即令二隼人等呼一云、随二逆人広嗣一拒二捍官軍一者、非三直滅二其身一、罪及二妻子親族一者。則広嗣所レ率隼人并兵等、不二敢発一レ箭。于レ時常人等呼二広嗣一十度、而猶不レ答。良久広嗣乗レ馬出来云、承二勅使到来一。其勅使者為レ誰。常人等答云、勅使衛門督佐伯大夫・式部少輔安倍大夫、今在二此間一者。広嗣云、而今知二勅使一。即下レ馬、両段再拝申云、広嗣不三敢捍二朝命一。但請二朝廷乱人二人一耳。広嗣敢捍二朝廷一者、天神地祇罸殺。常人等云、為レ賜二勅符一喚二大宰典已上一。何故発レ兵押来。広嗣不レ能二弁答一。乗レ馬却還。時隼人三人直従二河中一泳来降服。則朝廷所レ遣隼人等、扶救遂得二着岸一。仍降服隼人二十人、広嗣之衆十許騎来二帰官軍一。獲虜器械如レ別。又

降服隼人贈唹君多理志佐申云、逆賊広嗣謀云、従二三道一往。即広嗣自率二大隅・薩摩・筑前・豊後等国軍合五千人許一。従二鞍手道一往。綱手率二筑後・肥前等国軍合五千人許人一、従二豊後国一往。多胡古麻呂【不レ知二所レ率軍数一】従二田河道一往。但広嗣之衆到二来鎮所一、綱手・多胡古麻呂未レ到。

とあって、広嗣側にいた二三人の隼人が、政府側の隼人のよびかけに応じて、降伏したと記している。二三人は、朝貢のために上京する隼人の人数としては、少なすぎる。この時、広嗣方にいた隼人の総数は全くわからないが、朝貢で上京する隼人は一般に二〇〇人〜三〇〇人前後と考えられるので[69]、これも松本政春が言うように上京のために集められた隼人のなかのごく一部が、広嗣軍の先鋒として用いられたとして良い。ちなみに、朝貢記事をみてみると、天平元年（七二九）の入朝は薩摩隼人と大隅隼人の入朝時期にほぼ一カ月のずれがあるので、天平十二年に集められたのが、大隅・薩摩両国の隼人なのか、あるいは贈唹君多理志佐を含む大隅隼人だけであったのか明らかではない。

　さて、天平七年（七三五）の次の隼人の朝貢に関して、次のような二説がある。一つは、『続日本紀』天平十五年（七四三）七月庚子（三日）条の、

　天皇御二石原宮一。賜二饗於隼人等一。授二正五位上佐伯宿祢清麻呂従四位下一。外従五位下葛井連広成従五位下。外従五位下曽乃君多利志佐外正五位上。外正六位上前君乎佐外従五位下。外従五位上佐須岐君夜麻等久久売外正五位下。

という記事によって、天平十五年（七四三）に朝貢が行われたとする井上辰雄・中村明蔵らの説[70]、そしてもう一つは、この賜饗・叙位記事は、朝貢や交替にともなうものであったか不明で、隼人への危惧や、朝貢と交替業務に深く関わっていた大宰府が廃止されていたこともあり、天平十五年には朝貢・交替は行われなかった、すなわち乱のため一回分の朝貢・交替が取り止めになり、次の朝貢は天平勝宝元年（七四九）であったとする松本政春の説[71]である。こ

の両説について、若干の検討を試みる。

まず、乱のため一回分の朝貢・交替が取り止めになったとすると、天平七年（七三五）に上京した朝貢隼人は、一四年間滞京して天平勝宝元年（七四九）に帰国したことになる。霊亀二年（七一六）には、滞京が八年に及んでいることを訴えて、六年相替の原則が成立した。これからすれば、一四年に及ぶ滞京を命じていたという理解には無理がある。また、天平十五年に交替があったとすれば、この年から天平勝宝元年まではちょうど六年であり、六年相対の原則にかなう。したがって、天平十五年には交替が行われたと考える。しかしこれに対しては、六年相替の原則からすると天平十五年では二年遅れていること、また天平十五年の記事は朝貢とも交替とも判断できない記事であるとの批判も当然予想できよう。

さて、広嗣軍に組織された隼人について、朝貢のために大宰府に集められていた隼人の一部が広嗣軍の先鋒とされたと理解するが、問題は、大宰府に集められた隼人は、その後どうなったのか、大隅や薩摩に帰国させられたのか、あるいは上京したのかという点である。『続日本紀』天平十三年（七四一）閏三月乙卯（五日）条には、

> 天皇臨朝。授㆓従四位上大野朝臣東人従三位㆒。従五位上大井王正五位下。従四位下巨勢朝臣奈弖麻呂従四位上。正五位上藤原朝臣仲麻呂・従五位上紀朝臣飯麻呂並従四位下。正五位下佐伯宿祢常人正五位上。従五位下大伴宿祢兄麻呂・従五位上阿倍朝臣虫麻呂並正五位下。正六位上多治比真人犢養・阿倍朝臣子島並従五位下。正六位上馬史比奈麻呂・外正六位上曽乃君多理志佐・従七位上栝田勝麻呂・外正八位上額田部直広麻呂並外従五位下。

とあって、広嗣の乱関係者に対する行賞が知られるが、このなかに、降伏隼人であった曽乃君多理志佐がみえる。多理志佐は、乱の時点で外正六位上の位階をもっており、これは隼人の朝貢を引率する郡司層にふさわしい位階であった。この叙位は、恭仁宮で行われたが、曽乃君多理志佐は、叙位のために単独で上京してきたのではなく、大宰府に

集められた隼人とともに征討軍の帰還に合わせて上京したのではないだろうか。しかし、上京した後も朝貢儀礼を行う機会はなかなか巡ってこなかったと思われる。

天平十二年（七四〇）末には、恭仁京の造営が始まり、十三年の元日朝賀は恭仁宮で行われたものの、宮の大垣も大極殿も未完であった。八月に東西の官市が平城京より移され、九月には京内の宅地の班給が始まったが、翌十四年二月の段階でも、宮室が未完という理由で、新羅使の入京を行わず、大宰府で饗させた。「天皇御二大極殿閤門一。隼人等奏二風俗歌舞一。」（『続日本紀』天平元年六月癸未〔二十四日〕条）や、「饗二大隅薩摩隼人等於朝堂一。其儀如レ常。天皇御二閤門一而臨観。詔進レ階賜レ物各有レ差。」（延暦二年〔七八三〕一月乙巳〔二十八日〕条）などの記事から、隼人の朝貢儀礼は朝堂院で行われていたようであり、隼人の朝貢儀礼が行われる条件は整っていなかった。この後、平城宮から移築した大極殿が完成し、ようやく条件が整った。その正確な時期は不明であるが、八月に秦下島麻呂が大宮の垣を築造した功によって従四位下と大秦公の姓を賜ったことから、この頃までには、恭仁宮の造営はほぼ完了したらしい。しかし、八月以降、聖武天皇はしばしば紫香楽宮への行幸を開始し、翌十五年には、畿内を中心に旱天が続いた。

先ほど、天平十二年（七四〇）に集められたのが、大隅・薩摩両国の隼人なのか、あるいは贈唹君多理志佐を含む大隅隼人だけであったのか明らかではないとしておいたが、薩摩国の隼人も天平十五年の前半までには上京したと考えられる。天平十五年七月三日に石原宮で叙位された隼人たちのなかに前君乎佐が含まれている。前君乎佐は「天平八年薩麻国正税帳」に薩摩郡の少領として署名を残していて、天平八年段階で在国していることが確認でき、前君乎佐はこの後天平十五年七月までの間に上京したと考えられるのである。

天平七年（七三五）に上京してきた隼人たちの滞京は八年に達していた。霊亀二年（七一六）に滞京期間が八年に及んだことを訴えて、六年相替制が定められたことから考えれば、滞京は限界に近づいていたと理解して良い。一般に、隼人の交替については、

朝貢隼人の上京→朝貢（服属）儀礼→賜饗→叙位→滞京していた隼人の帰郷

という流れがあったが、石原宮で行われたのは、賜饗・叙位に当たる。ただし、これが通常行われる隼人に対する賜饗・叙位と同じ規模であったかどうかについては明らかではない。この時昇叙された佐伯清麻呂は山背守であり、行幸に従ったことへの褒賞かともされており(72)、隼人司の職掌として行幸に供奉し吠声を行うことが知られているから、この時饗されたのは行幸に供奉した隼人ということになる。その一方で、天平十五年（七四三）正月十一日には石原宮で、百官と有位の者を饗しており、ある程度規模の大きな饗宴ができたとすれば、通常の賜饗であったとも考えられる。

以上から、天平十五年（七四三）に大隅・薩摩両国隼人の朝貢は行われたと考える。

第一〇節　国郡制施行と隼人の位置づけ

七世紀末に成立した令制日向国から、大宝二年（七〇二）に薩摩国が分出され、和銅六年（七一三）には大隅国が分出され、国郡制の基調が南九州を覆うことになった。こうしたなかで、隼人の位置づけがどのように変化していくかについてみていくことにしたい。

養老賦役令辺遠国条は、

凡辺遠国、有㆓夷人雑類㆒之所、応㆑輸㆓調役㆒、随㆑事斟量、不㆑同㆓必華夏㆒。

という条文であり、隼人はここにみえる夷人雑類に含まれているという理解がながらくなされていた。これに対して、伊藤循は、隼人を夷狄と明言するのは賦役令集解辺遠国条所引の古記に限られ、同じ古記でも在京夷狄を問題にする職員令集解玄蕃寮条には、堕羅・舎衛とともに蝦夷を夷狄の例にあげながら、隼人を夷狄の例にあげていないことから、隼人＝夷狄説の根拠は脆弱であり、律令制下において中華思想にもとづく夷狄身分としてとらえられていたのは、蝦夷・南島人であるとしている(73)。

賦役令集解辺遠国条に引用されている大宝令の注釈書である古記は、

夷人雑類、謂二毛人・肥人・阿麻彌人等一。問。夷人雑類、一二。答。本一、末二。仮令、隼人・毛人、本土謂二之夷人一。此等、雑二居華夏一、謂二之雑類一。一云、一種無レ別。

としており、確かに隼人を夷人雑類の一例として理解している。ただし、別無しという理解を紹介するものの、古記では、本土に住むものと、華夏に住むものを区別しようとしていることは明らかであり、また、隼人・毛人を並記していることが注目される。また、賦役令集解没落外蕃条でも古記は毛人と隼人を並記している。

八世紀段階で隼人が夷狄ではなかったことを示す多くの史料がある。まず、職員令集解隼人司条にみえる令釈は、隼人司管下の隼人について「畿内及諸国有二附貫一者、課二調役一、及簡二点兵士一」としており、古記にも、これと同じ記載がある。また朱説は「凡隼人良人也」としている。賦役令集解没落外蕃条の古記には「問、外蕃投化者復十年、未レ知、隼人、毛人、赴レ化、若為二処分一。答、隼人等其名帳已在二朝庭一、故帰レ命而不レ復、但毛人合レ復也」とあって、隼人の名帳がすでに政府の手許にあるとしている。正倉院に伝わる山背国綴喜郡大住郷のいわゆる「隼人計帳」には、差科に合い、調銭を納めている隼人が知られるから、少なくとも畿内近国に移住していた隼人（移配隼人）が、天平期に良人とされていたことは確実である。

以下、隼人が夷狄であったか否かに関して考えていくことにするが、最初に『日本書紀』『続日本紀』にみえる隼人・南島人と蝦夷が並記される史料を列記しておく。

清寧四年八月癸丑条　天皇親録二囚徒一、是日蝦夷、隼人並内附。

欽明元年三月条　蝦夷、隼人、並率レ衆帰附。

斉明元年（六五五）是歳条　高麗、百済、新羅、並遣使進調、（中略）蝦夷、隼人率レ衆内属、詣レ闕朝献。（下略）

（以上『日本書紀』）

和銅三年（七一〇）正月壬子朔条　天皇御二大極殿一受レ朝、隼人蝦夷等亦在レ列、左将軍正五位上大伴宿祢旅人、副将軍従五位下穂積朝臣老、右将軍正五位下佐伯宿祢石湯、副将軍従五位下小野朝臣馬養等、於二皇城門外朱雀路東西一、分頭陳二列騎兵一、引二隼人蝦夷等一而進。

同年正月丁卯条　天皇御二重閣門一、賜二宴文武百官并隼人蝦夷一。奏二諸方楽一。従五位已上賜二衣一襲一。隼人蝦夷等亦授レ位賜レ禄、各有レ差、

霊亀元年（七一五）正月甲申朔条　天皇御二大極殿一受レ朝、皇太子始加二礼服一拝朝、陸奥出羽蝦夷并南島奄美、夜久、度感、信覚、球美等来朝、各貢二方物一、其儀、朱雀門左右、陣二列皷吹騎兵一、元会之日、用二鉦鼓一自レ是始矣。

同年正月戊戌条　蝦夷及南島七十七人、授位有差、

（以上『続日本紀』）

これらをみると、隼人は和銅三年（七一〇）までは蝦夷と並記され、霊亀元年（七一五）以降南島人が、隼人にかわって蝦夷と並記されるようになるとすることができる。もちろん、すでにみておいたように隼人の呼称が用いられるようになるのは天武朝とされるから、斉明元年（六五五）までの記事にみえる隼人の内附・帰附・内属記事をその

まま歴史的事実として考えるわけにはいかないが[74]、『日本書紀』の編纂段階で、隼人が蝦夷と並記されるべき存在として認識されていたとすることはできる。

天武十一年（六八二）の隼人の朝貢開始記事によれば、隼人たちは「方物」を貢じている。『続日本紀』文武元年（六九七）十月壬午条には陸奥蝦夷が、同二年（六九八）六月壬寅条には越後国蝦狄が、方物を献上したという記事がある。また、同三年（六九九）辛未条は、多褹・夜久・菴美・度感などの人が、朝宰（覓国使）に従って来朝し、方物を貢じたとする。隼人の貢納物が「調」とされたことについては、『類聚国史』巻百九十隼人の延暦十一年（七九二）八月壬寅条に「隼人之調」とみえること、延喜式民部下に「隼人之調」の系譜を引くと思われる「隼人調布」がみえることから八世紀末以降については明らかであるが、『日本書紀』編纂時点で、隼人の貢納物が、蝦夷や南島人のそれと同じように「方物」と認識されていたことも確かである。

隼人と蝦夷・南島人の違いに関しては、大平聡によって、その服属儀礼のなかに風俗歌舞の奏上が含まれるか否かの違いがあることが指摘されている。すなわち、隼人については風俗歌舞の奏上が記録されているのに対し、蝦夷・南島人についてはそれが確認できないという。しかし、すでに大平自身が明らかにしたように、『日本書紀』天武十一年（六八二）七月戊午条の「饗㆓隼人等於飛鳥寺西㆒。発㆓種々楽㆒。仍賜㆑禄各有㆑差。道俗悉見㆑之。」という記事については、「種々楽を発す」の主語を隼人とすることはできず、主語となる天武が隼人に「演じさせた」と解釈することもできないという[75]。とすれば、史料上、隼人による風俗歌舞奏上が確認できるのは、『続日本紀』養老元年（七一七）四月甲午条の、

天皇御㆓西朝㆒。大隅薩摩二国隼人等。奏㆓風俗歌舞㆒。授㆑位賜㆑禄各有㆑差。

という記事が最初となる。

以上のように考えれば、隼人が、蝦夷・南島人と明らかに区別される扱いを受けるようになるのは和銅三年（七一〇）から養老元年（七一七）の間ということになり、大宝律令が制定された時点で、隼人は夷狄ではなかったとは言い切れないのである。

隼人は天武十一年（六八二）に朝貢を開始したが、伊藤循の言うように、この時期の夷狄は、「蝦夷国」「隼人国」「多禰国」「東国」のような独立的性格をもつ「国」を基盤として、集団ごとの単独朝貢を原則とし、それらの集団には、抽象的な礼的秩序に基づく差別的構造は欠如していた。伊藤は、飛鳥浄御原令制によって化内・化外の対立構造が法的に体制化されるとしている[76]。

飛鳥浄御原令には、大宝令制下の隼人司につながる「前隼人司」的官司についての規定が存在し[77]、この時点で、隼人は基本的に化内人として位置付けられたと考えられる。しかし、和銅三年（七一〇）ころまで隼人は蝦夷と並記されるし、隼人による風俗歌舞奏上が確認できるのが養老元年（七一七）からであるように、隼人＝夷狄という見方が一挙に変わったわけではなかった。この時期、文武三年（六九九）の覓国使剽刧事件（処罰は翌年）や大宝二年（七〇二）の薩摩・多褹地方における抵抗などが起こっており、大宝令のなかにも日向国守の特殊任務として「鎮捍、防守」が規定された。

実態としての隼人の位置付けに変化が現れるのは、和銅三年（七一〇）から養老元年（七一七）の間と考えられる。ちょうどこの間に大隅国が成立し、内実は措くとしても一応国郡制が南九州全域をおおうことになった。これ以降、隼人が、蝦夷と対になる形で儀式に姿を現すことはない（少なくとも記録されることはなくなる）。しかし、隼人が「昏荒野心、未ㇾ習二憲法一」の状態（『続日本紀』和銅七年〔七一四〕三月丁酉条）であることは続いており、養老四年（七二〇）の隼人による大隅国守殺害を発端とする最大規模の隼人と政府の軍事衝突が起こるなど、隼人＝夷狄という見方を大きく変化させる状況にはなかった。天平十年（七三八年）に完成したとされる古記の著者の隼人認識は、これと大きく隔たってはいない。律令の注釈書のなかで唯一、隼人＝夷狄を説き、畿内に移住させられた隼人と、南九州居住の隼人とを区別した理解を示す背景には、このような状況があったと考えられる。

その後の律令国家の隼人認識の変遷を細かく跡づけることはできないが、第五章で述べるように九世紀初頭に隼人の朝貢が終了し、南九州の隼人が「消滅」した。九世紀半ばの段階でも隼人の子孫たちを「野族」視する傾向（『日本文徳天皇実録』仁寿三年〔八五三〕七月十七日条）が続いていたとはいえ、南九州の居住者が隼人とよばれることはなくなった。

一方、すでに八世紀段階で良人とされ、種々の儀式に参加していた衛門府管下の隼人司の隼人たちの子孫は、九世紀に入るとまもなく、兵部省管下の隼人司の隼人として、引き続き種々の儀式に参列した。延喜式兵部省隼人司条にみられるように、隼人司の隼人たちには、異民族的呪能が期待されていたが、隼人司で教習を受け再生産されていく隼人たちの呪能は弱まっていった(78)。

八世紀末以降につくられた養老令の注釈書から、隼人＝夷狄を読みとることは難しくなっていく。

政府は、七世紀末南九州に三野・稲積城を置き、令制国である日向国を設置した。南九州では、文武三年（六九九）・大宝二年（七〇二）・和銅六年（七一三）・養老四年（七二〇）に隼人による抵抗が起こり、これらを排除しつつ、肥後や豊前・豊後からの移民を行って、大宝二年には薩摩国、和銅六年には大隅国を成立させた。抵抗の原因は、郡司の任用に関する問題や、戸籍作成に際する名のタブーに触れたことによると思われる。

和銅六年（七一三）の大隅国の成立は、隼人の位置づけにも変化を与えた。蝦夷とともに諸儀式に参列するのは、隼人にかわって南島人となり、また隼人による風俗歌舞の奏上が始まった。

『続日本紀』養老元年（七一七）四月甲午条の

　天皇御二西朝一。大隅薩摩二国隼人等、奏二風俗歌舞一。授レ位賜レ禄各有レ差。

が、隼人の風俗歌舞の初見記事となるが、『続日本紀』天平勝宝元年（七四九）八月壬午（二十一日）条には、

　大隅・薩摩両国隼人等貢二御調一、并奏二土風歌舞一。

とあるから、「風俗歌舞」と「土風歌舞」は同じ意味で用いられていると考えられる。隼人の風俗歌舞初見記事と同年の『続日本紀』養老元年（七一七）九月戊申（十二日）条に、

　行至二近江国一、観二望淡海一。山陰道伯耆以来、山陽道備後以来、南海道讃岐以来、諸国司等詣二行在所一、奏二土風歌舞一。

『続日本紀』養老元年（七一七）九月甲寅（十八日）条には、

　至二美濃国一。東海道相摸以来、東山道信濃以来、北陸道越中以来、諸国司等詣二行在所一。奏二風俗之雑伎一。

とあって、「土風歌舞」と「風俗之雑伎」もほぼ同様の意味で用いられていると考えて良い。これらからすれば、隼人の「風俗歌舞」の場合、六年相替の朝貢儀礼に際して行われるものであったが、その位置づけは、六道諸国の「土風歌舞」「風俗之雑伎」と大差ないものとなっていたと考えられる。

注

（1）鐘江宏之「『国』制の成立」（『日本律令制論集』上巻、吉川弘文館、一九九三年）。

（2）新川登亀男「国と評の成立」（『大分県史　古代編1』第二章、一九八二年）一一一―一一二頁。

（3）市大樹「大宝令施行直後の衛門府木簡群―藤原京跡左京七条一坊出土木簡の基礎的考察―」（『木簡研究』二九号、二〇〇七

年）。

（4）柴田博子「藤原京跡出土『日向久湯評』木簡」（宮崎県地域史研究会『宮崎県地域史研究』第一七号、二〇〇四年）。

（5）江平望は、「衣」がア行のエであるのに対して「頴」はヤ行のエであり、『和名類聚抄』が成立した十世紀の半ばころまでア行のエとヤ行のエはきちんと区別されていたので、衣評は薩摩国頴娃郡につながらず、むしろ現在の鹿児島県薩摩川内市に比定されている可愛山陵との関係を重視すべきとする（江平望「頴娃と贈於」（知覧町立図書館編『知覧文化』三〇号、一九九三年）。可愛山陵は薩摩国府に近く、薩摩国成立以前この一帯は薩麻君氏の本拠地であったと考えられるが、覓国使剽劫事件には、薩末比売・久売・波豆という薩麻君氏に連なると考えられる人物が登場しており、この地が衣君の本拠地と重なっているということは考えにくいので、衣評の位置については通説に従っておく。

（6）井上辰雄「隼人の叛乱」（『隼人と大和政権』学生社、一九七四年）。

（7）この両城が、北部九州を中心にみられる朝鮮式山城タイプのものか、あるいは東北地方にみられる城柵官衙タイプのものか、興味の惹かれるところであるが、南部九州への律令制度の浸透という役割も担っていると考えられるので、城柵官衙タイプのものであった可能性が高いと考える。

（8）中村明蔵「南島覓国使と南島人の朝貢をめぐる諸問題」（『古代隼人社会の構造と展開』岩田書院、一九九八年）一八一頁。

（9）中村注8論文。

（10）田中聡「隼人・南嶋と国家―国制施行と神話―」（『日本史論叢』一一号、一九八七年）、小林茂文「隼人の敗北と社会」（『続日本紀研究』二五二号、一九八七年）、簑島栄紀「倭王権段階の南海社会との交流」（『国史学』一七〇号、二〇〇〇年）、竹森友子「南島と隼人―文武四年覓国使剽劫事件の歴史的背景―」（『人間文化研究科年報』第二二号、奈良女子大学大学院人間文化研究科、二〇〇七年）。

（11）髙梨修「ヤコウガイ交易」（『ヤコウガイの考古学』同成社、二〇〇五年）。

（12）広田遺跡学術調査研究会編『種子島広田遺跡』（鹿児島県立歴史資料センター黎明館、二〇〇三年）、石堂和博他『広田遺跡』（南種子町埋蔵文化財発掘調査報告書　一五、南種子町、二〇〇七年）。

(13) 山田英雄「征隼人軍について」(『日本古代史攷』岩波書店、一九八七年)。
(14) 林陸朗「文武朝の隼人戦争」(『国学院雑誌』八〇―一一、一九七九年)。
(15) 中村明蔵「薩摩国の成立について」(『熊襲・隼人の社会史研究』名著出版、一九八六年)。
(16) 林注14論文。
(17) 井上注6論文。
(18) 中村明蔵「隼人の反乱をめぐる諸問題」(『隼人の研究』学生社、一九七七年)。
(19) 選叙令集解応選条に引用される古記より復元できる。仁井田陞著・池田温編集代表『唐令拾遺補』(東京大学出版会、一九九七年)。
(20) 坂上康俊「日・唐律令官制の特質」(土田直鎮先生還暦記念会編『奈良平安時代史論集』上巻、吉川弘文館、一九八四年)。
(21) 坂上注20論文。早川庄八「選任令・選叙令と郡領の『試練』」(『日本古代官僚制の研究』岩波書店、一九八六年)。
(22) 早川庄八「律令制の形成」(岩波講座『日本歴史』2、岩波書店、一九七五年)。
(23) 養老戸令造戸籍条の規定によるが、大宝令でもほぼ同内容であった(仁井田・池田注19書)。
(24) 岸俊男「造籍と大化改新詔」(『日本古代籍帳の研究』塙書房、一九七三年)。また、鎌田元一は、大宝二年(七〇二)度の西海道籍に国印が押捺されていることから、それが書かれたのは早くとも大宝四年の四月下旬以降になるとしている(鎌田元一「律令制国名表記の成立」門脇禎二編『日本古代国家の展開　上巻』一九九五年、思文閣出版)。
(25) 大町健「律令制的国郡制の特質とその成立」(『日本古代の国家と在地首長制』校倉書房、一九八六年)。
(26) 南部九州に対する支配に関して「首長」層の掌握がいかに重要な意味をもっていたかは、八世紀を通じて政府がたびたび郡領層への叙位を行ない懐柔につとめていたことからも理解できる(中村注18論文、永山修一「八世紀の位階をもつ隼人について」(『薩琉文化』二三号、一九八四年))。
(27) 義江彰夫「『旧約聖書のフォークロア』と歴史学」(『UP』七七号、東京大学出版会、一九七九年)。
(28) 山田注13論文。松本春政「征隼人軍の構成と軍団」(『奈良時代軍事制度の研究』塙書房、二〇〇三年)。

(29) 山田注13論文。
(30) 松本注28論文。
(31) 井上注6論文。
(32) 中村注15論文。
(33) 横小路雅子「唱更国の語源について」(『鹿児島中世史研究会報』四二号、一九八四年)、中村注15論文
(34) 濱口重国「践更と過更」(『秦漢隋唐史の研究』下巻、東京大学出版会、一九六六年)。
(35) 横小路注33論文。
(36) 谷森本『続日本紀』には、「唱更」に「ハヤヒト」との朱の傍訓が附されているが、これは、先にみたような論理に立って「薩摩国」の分註から導き出された可能性が強いと考える。
(37) 『続日本紀』には全部で三五の記事に分註がほどこされている。その巻ごとの分布を示せば左表のようになる。

巻数	1	2	3	6	9	10	12	13	15	16	17	18	19	20	25	31	40
記事数	1	7	6	2	2	2	1	1	2	2	1	2	1	1	2	1	1

前半の二〇巻に三一、後半二〇巻に四というように、分註は前半二〇巻に集中しているといってよい。『続日本紀』の編纂過程に注目すれば、現在の四〇巻の形にまとめる際、すでに完成していた前半二〇巻については分註をもって補足し、後半二〇巻については分註を不要とするような記述につとめたと言えそうである。
(38) 村尾次郎「出雲国風土記の勘造と節度使」(『律令財政史の研究』吉川弘文館、一九六一年)三二五頁、北啓太「天平四年の節度使」(『奈良平安時代史論集』上巻)五四一頁。
(39) 竹尾幸子は、登美・板櫃・京都の三鎮を防人の守備地として理解し(「広嗣の乱と筑紫の軍制」『古代の日本3 九州』角川書店、一九七〇年)、平川南は、この三鎮を「大陸・半島に対する消極的な守備のための防人の守備地という意味で、一応、中国の鎮戍制にならったものと理解できる」とした(「鎮守府論I」『東北歴史資料館研究報告』六、一九八〇年)。広嗣の乱

に際して、三鎮の軍士一七六七人が捕獲されているから、一つの鎮には数百名以上の軍士がいた可能性が高い。一方、中国の鎮戍の防人の定員は数十ないし一〇〇名程度であったようであり、その規模は鎮の方が戍より大きかった（菊池英夫「府兵制度の展開」岩波講座『世界歴史』5、岩波書店、一九七〇年）。さて、筑紫に派遣されていた防人の数についてであるが、『続日本紀』天平九年（七三八）九月癸巳条に「停二筑紫防人一帰二于本郷一、差二筑紫人一令レ戍二壱岐・対馬一」とあり、この結果本郷に帰ることになった東国防人の数は約二三〇〇人と推定されている（岸俊男「防人考」『日本古代政治史研究』塙書房、一九六六年）から、東国防人にかわって差発されることになった筑紫人の数もその数と大きく隔ることはないと考えられる。また、『続日本紀』天平神護二年（七六六）四月壬辰条にみえる防人の定数は三〇〇〇人であるから、広嗣の乱当時防人の総数は、多くて三〇〇〇人程度とすることができよう。こう考えると、登美・板櫃・京都の三鎮の規模は、防人の守備地とするには大きすぎると考えられ、また比定地から言って登美と板櫃の鎮はあまりに近接しているようであるから、筆者は、この三鎮がもともと防人の守備地であったことは否定せぬものの、広嗣の乱を契機として規模の拡大されたものと考える。

(40) 平川注39論文。
(41) 『唐六典』巻之三十。
(42) 『続日本紀』霊亀二年（七一六）五月辛卯条。
(43) 『続日本紀』養老元年（七一七）四月甲午条。
(44) 鎌田注24論文。
(45) 『大宰府史跡出土木簡概報（二）』（九州歴史資料館、一九八五年）。
(46) 奈良国立文化財研究所『平城宮発掘調査出土木簡概報（二十二）　二条大路木簡　一』一九九〇年。
(47) 中村明蔵「律令制と隼人支配について―薩摩国の租の賦課をめぐって―」（中村注18書）。
(48) 熊田亮介「古代国家と蝦夷・隼人」（『岩波講座　日本通史　第4巻古代3』岩波書店、一九九四年）。
(49) 熊本市教育委員会の網田龍生氏の御教示による。
(50) 行頭の数字は、林陸朗・鈴木靖民編『復元天平諸国正税帳』（社会思想社、一九八五年）による。

(51) 中村明蔵「律令制と隼人支配について」(中村注18書)一八七頁。
(52) 井上注6論文。
(53) 今泉隆雄「律令国家とエミシ」(『新版「古代の日本」⑨東北・北海道』角川書店、一九九二年)一七五頁。
(54) 中村明蔵「隼人の豪族、曽君についての考察」(中村注18書)。
(55) 松本注28論文。
(56) 都城市文化財調査報告書第二七集『上ノ園第2遺跡』(都城市文化財報告書第二七集、一九九四年)。
(57) 正倉院に伝来する「豊前国戸籍」には「秦」姓の人が多数みえる。この他、豊前国関係として朽網南塚遺跡(北九州市小倉南区)では「秦部竹村」の人名を記した木簡が出土している。また豊後国についても、飯塚遺跡(大分県国東町)では「秦宮沢」の木簡が出土している。肥後国では、鞠智城跡(熊本県山鹿市菊池市)で「秦人忍」の木簡が出土しており、豊前国・肥後国からの移民の可能性も考えられる。
(58) 『都城市史 通史編1』第三編第三章六(執筆永山修一 都城市、一九九七年)。
(59) 竹田享志・今塩屋毅行・藤木聡・高木裕志・福田光宏『宮ノ東遺跡』(宮崎県埋蔵文化財センター発掘調査報告書第一七三集、二〇〇八年)。なお、今塩屋毅行氏の御教示によれば、下耳切第三遺跡(宮崎県児湯郡高鍋町上江)でも、企救型甕が出土しているという。
(60) 永山修一「鹿児島市横井竹ノ山遺跡出土の墨書土器について」(鹿児島県立埋蔵文化財センター発掘調査報告書第六七集『横井竹ノ山遺跡』二〇〇四年)。
(61) 『日本後紀』延暦十八年(七九九)八月丙戌条。
(62) 新川登亀男「豊国氏の歴史と文化」(同編『古代王権と交流8 西海と南島の生活・文化』名著出版、一九九五年)。
(63) 『鹿児島県の地名』(平凡社、一九九八年)六五七頁、韓国宇豆峯神社の項。
(64) 青木和夫「飛駅の速度」(『日本律令国家論攷』岩波書店、一九九二年)によれば、大宰府と都との馳駅の所用日数は通常五日程度という。

(65)　山田注13論文。
(66)　山田注13論文。
(67)　傍点を付した文字は、古記により大宝令文に存在したことが確認できる。養老令文には、〔還〕字は存在せず、古記により大宝令文に〔還〕字の存在したことが確認できる。
(68)　松本政春「広嗣の乱と隼人」(『律令兵制史の研究』清文堂出版、二〇〇二年)。
(69)　上京した隼人の人数は、一七四人(持統三年〔六八九〕)、一八八人(薩摩のみ、大隅の人数不明。和銅二年〔七〇九〕)、六二四人(大隅・薩摩。養老七年〔七二三〕)、二九六人(大隅・薩摩。天平七年〔七三五〕)などが知られる。六二四人は、養老四年の隼人の戦い直後に、隼人の服属を再確認するために行われたもので、特別な例と考えられる。
(70)　井上辰雄「薩摩国正税帳をめぐる諸問題」(『正税帳の研究』塙書房、一九六七年)、中村注26論文、岩波新古典文学大系『続日本紀　二』(岩波書店、一九九〇年)同日条の脚注(執筆岡田隆夫)も同様の考えを示す。
(71)　松本注68論文、二二八頁。岩波新古典文学大系『続日本紀　二』(岩波書店、一九八九年)の補注4—五〇も「藤原広嗣の乱のため朝貢も交替も中断したらしく、それらが行われた記事は残されていない」とする(執筆早川庄八)。
(72)　『続日本紀　二』(新日本古典文学大系、岩波書店、一九九〇年)天平十五年(七四三)七月庚子条の注一五、四二八頁。
(73)　伊藤循「古代王権と異民族」(『歴史学研究』六六五号、一九九四年)。
(74)　南九州の人々、たとえば大隅直氏などが服属の儀礼を行った事を否定するものではない。
(75)　大平聡「古代国家と南島」(『沖縄研究ノート』6　宮城学院女子大学キリスト教文化研究所、一九九七年)。
(76)　伊藤循「古代王権と異民族」(『歴史学研究』六六五号、一九九四年)。
(77)　中村明蔵「隼人司の成立とその役割」(『熊襲・隼人の社会史研究』名著出版)、永山修一「隼人司の成立と展開」(隼人文化研究会編『隼人族の生活と文化』雄山閣出版、一九九三年)。
(78)　かなり時代が降るが、『小右記』長和元年(一〇一二)十一月二十二日条には、「諸卿入レ自二会昌門一、隼人不レ発二吠声一。諸卿一両相催。纔吠。不レ似二例声一。(下略)」とあって、吠声の教習が十全に行われなくなっている状況を伝えている。

第四章　隼人支配の特質

養老四年（七二〇）の隼人の戦い以降、政府と隼人の軍事衝突は起こっていない。しかし、隼人に対する律令制の完全適用は八世紀の末年を待たなければならない。この間、政府はどのようにして隼人への支配を浸透させていこうとしたのか。「天平八年薩麻国正税帳」の分析を通して、その支配の特質について考えてみる。その際、「天平八年薩麻国正税帳」は天平八年（七三六）段階における、政府の薩摩国統治のあり方を伝える史料であること、それは密接に隼人支配と関わるが、八世紀を通じて政府が採用した隼人支配の政策と等値ではない点に留意していきたい。

第一節　「天平八年薩麻国正税帳」の会計年度について

「天平八年薩麻国正税帳」は、天平八（七三六）年の薩摩国の収支決算報告書であり、これに関する研究は、井上辰雄の一連の正税帳研究のなかで着手され、今日の隼人研究の基礎が固められた(1)。以来、隼人に関する研究は、数多くの研究者の手によって深化されてきたが、いずれの研究においても「天平八年薩麻国正税帳」の内容の分析・検討が非常に重要な意義をもっており(2)、「天平八年薩麻国正税帳」は正倉院に伝来した天平期の二七通の正税帳の一つとして、天平期の財政研究の面から多く言及される史料でもある。

さて、当時の会計年度は、一月一日から十二月末日までとされており、(3)延喜式によれば、正税帳は、二月三十日までに太政官に、大宰府管内は二月三十日までに大宰府に提出し、大宰府で審査した後五月三十日までに太政官に送ることになっていた。但し、奈良時代前期には、明確な提出期限はなく、先に示した日付が一応の基準とされていた程度であったようである。

「天平八年薩麻国正税帳」には、

33　当国僧一十一躯【一十躯三百八十四日　一躯一百一十三日】惣単参仟玖伯伍

34　拾参人供養料稲壱仟伍伯捌拾壱束弐把【僧別四把】

とあって、当国の僧一一人中一〇人については各三八四日分が支給されていた。天平八年（七三六）には閏月がないから、一年三五四日であり、三〇日分多く支給されている。この三〇日分の解釈について、僧に対する特別の優遇措置とする説と、(4)この三〇日は天平七年に閏十一月があるからこの月を含む一年間の経費であるとする説(5)の二様の説があるが、前者ではなぜ僧に特別の優遇措置がとられたのか明らかではなく、後者の方が妥当といえる。後者の説は、さらに薩摩国の会計年度が何月に始まるかについて、①基本的には一月から始まり、僧の供養料のみ別の開始月になっている、②この「天平八年薩麻国正税帳」全体が、天平七年の閏十一月をさかのぼるある月を開始月としているという二つの可能性があるので、以下これについて考えてみたい。

さて、この正税帳には新任国司に関する記述として次のようなものがある。

62　新任国司史生正八位上勲十二等韓柔受郎従一人并二人

63　起七月廿七日尽十月廿九日合玖拾弐日単壱伯

64　捌拾肆人　食稲漆拾参束壱把【自㆓七月廿七日㆒至㆓八月廿九日㆒合三十三日、依㆓国司部内

65　巡行食法一日別充二七把一九月十月并二箇月依二公廨食法一日別充二廿五把一】酒弐斗陸升肆合

これにより、食稲七三束一把と酒二斗六升四合の支給が、七月二十七日から八月二十九日までは国司部内巡行食法、九月・十月は公廨食法という、二つの支給基準によって支給されたことがわかる。(6) 養老八年（七二四）正月二十二日格（令集解田令外官新至条所引）には「凡新任外官、五月一日以後至レ任者、職分田入二前人一、其新人給粮、限二来年八月三十日一。（下略）」とあって、翌年八月末まで支給が続くはずであるが、この正税帳には十一月・十二月分の支給は記されていない。この正税帳が、養老七年十一月から八年十月までの支出を載せていると考えれば、先の僧の供養料に関する理解とも整合する。さらに、正税帳の河辺郡には、次のような記載がある。

119　酒漆斗弐升参合【高城郡酒者】
120　依天平七年閏十一月十七日恩　勅賑給寡惸等徒人

この天平七年（七三五）閏十一月十七日恩勅による賑給の記載に関して、高井佳弘は「天平八年の正税帳の中に出てくるのは、遠国のために実施が遅れ、次年度の正税帳に記載された」としたが、(7) この正税帳に天平七年十一月から一年間の支出が載せられると考えれば、この点も無理なく理解できる。

以上から、この「天平八年薩麻国正税帳」は、天平七年（七三五）十一月一日から天平八年十月末日までの一年間の収支決算を記録したものとすることができる。

第二節　「天平八年薩麻国正税帳」からみる隼人支配

「正倉院文書」中の「天平八年薩麻国正税帳」は、五断簡から成り、出水、高城、薩摩、阿多、河辺の五郡の記載

表５　薩摩国の財政状況

	高城郡	出水郡	薩摩郡	河辺郡
不　動　穀（斛）	1294.82	0	0	0
不　動　倉	1	0	0	(0)
動　用　穀（斛）	0	665.128	355.455	0
動　用　倉	1	1	1	(0)
頴　　稲（束）	39666.05	50840.8	17614.9	2690.4
頴　稲　倉	a	13	5	e
粟　　穀（斛）	397.2091	103.7273	0	0
頴　　粟（束）	3326.61	755.39	0	0
頴　粟　倉	b	0	0	0
糒　　（斛）	1261	1504.31	0	(0)
糒　　倉	1	1	0	(0)
塩　　（斛）	7.7309	0	0	(0)
酒（次年度繰越分）	46.28	10.743	0	(0)
酒（年度使用量）（斛）	16.277（当郡 9.359）	c	d	0.723
酒（補充量）	17.0	8.743	0	(0)

ａ＋ｂ＝７　ｃは８前後　ｄは０ではない。　ｅは１以上。

表６　薩摩国及び諸国の正税帳にみえる国司巡行目的別所要日数

巡行目的	薩摩国	諸　国
検校百姓損田（水田）	７日	2.3 日（但馬）～ 4.5 日（周防）
正税出挙（春）	７日	2.5 日（豊後）～ 5.5 日（和泉）
正税出挙（夏）	６日	2.5 日（豊後）～ 5.5 日（和泉）
収納正税	５日	2.6 日（但馬）～ 10.7 日（和泉）
検校庸席（調庸）	２日	2.6 日（但馬）～ 4.0 日（駿河）
責計帳手実	１日	2.4 日（但馬）～ 3.3 日（周防）
賑　　給	19+5+1 日	2.0 日（駿河）～ 9.0 日（豊後）

がある。ただし、阿多郡については、末表示分で郡司名が列記されているのみであるから、この「天平八年薩麻国正税帳」は、出水、高城、薩摩、河辺の四郡の財政状況を伝えるものである。「天平八年薩麻国正税帳」には、「隼人一十一郡」の語がみえており、『和名類聚抄』の郡名を参考にすると、先の四郡のうち薩摩・河辺の二郡が「隼人

一十一郡」に含まれ、出水・高城の二郡は「非隼人郡」のものと考えられる。幸いにも「天平八年薩麻国正税帳」には、二つの「隼人郡」と二つの「非隼人郡」の財政に関する情報が伝えられており、前章第五節で述べたA地区・B地区・C地区のそれぞれの財政状況を分析することが可能になる。表5はこの正税帳のみえる四郡の財政状況をまとめたものである。以下、いくつかの点にしぼって、七三〇年代における隼人および「隼人郡」支配の持徴をさぐってみたい。

(1)穀稲について

倉庫に関する記載に注目すると、高城郡には不動倉・動用倉各一、出水・薩摩両郡には動用倉が一つずつあり、河辺郡には不動倉も動用倉もなかった。動用穀は、出水・薩摩両郡にみえ、高城郡にはみえないが、渡辺晃宏によれば、不動倉は動用倉が「不動」の認定をうけることにより成立するというから[8]、高城郡の不動倉に納められている一三〇〇斛弱の不動穀は、天平八年(七三六)の何年か前までは、動用穀であったと考えられる。以上から、七三〇年代に、出水、高城、薩摩の三郡では穀稲の収取が行われ、河辺郡では行われなかったことがわかる。

出水、高城、薩摩の三郡において穀稲はどのようなかたちで収取されたのか。隼人に対する租の賦課に関して、井上辰雄・伊藤循・奥野中彦らは租が賦課されていたことを説き[9]、一方、中村明蔵・宮原武夫は、「隼人郡」に対する租の賦課はなかったとし、中村明蔵は、それが「隼人一十一郡」の「非律令的性格」を示す重要な要素の一つであるとしている[10]。「隼人郡」に対する田租の賦課を否定する立場に立てば、薩摩郡の穀稲は出挙によるものとしなければならない。しかし、一般に出挙を穀で行う例は稀であり、一郡内で穀稲と穎稲による出挙が同時に行われるとも考えにくい。やはり、薩摩郡の穀稲は田租によるものとすべきであろう。これに関して、宮原武夫は隼人に対する田租賦課を否定する立場から、薩摩郡の穀稲は同郡内に置かれていた田尻駅の駅家から徴収されたものとしたが[11]、三郷からなる「隼人郡」である薩摩郡の穀稲の量は五郷からなる「非隼人郡」である出水郡のそれの過半であり、これを駅家のみの田租とみることはできない。薩摩郡の場合、隼人からも田租を徴収していたか、あるいは同郡内に駅家より大きな規模で「非隼人」が居住していたかのいずれかを想定しなければならない。いずれにしても、「隼人郡」のなかで、薩摩郡では田租の徴収が行われており、河辺郡で行われていないことが確認できる。

（2）高城郡と河辺郡の財政規模

高城郡と河辺郡の管郷数は、『和名類聚抄』によるとそれぞれ六郷と二郷である。『和名類聚抄』は薩摩国の郡郷を一三郡三五郷とし（表4）、一方『律書残篇』は一三郡二五郷としている。『律書残篇』段階では、高城郡は肥後からの移民の四郷、河辺郡は一郷であった可能性も考えられる。この管郷数のちがいを考慮に入れても、両郡の財政規模には大きな差異がある。出挙に用いられたと考えられる穎稲数でみると、河辺郡は高城郡のわずかに六・八%、雑用稲は四・〇%にすぎない。酒の量は七・七%であるが、河辺郡で消費される酒は、

29　酒壱拾陸斛弐斗漆升漆合【充二隼人一十一郡一六斛九斗一升八合　当郡九斛三斗五升九合】

という記載により、必要な量をその都度高城郡が支給していたことがわかる。

また、同じ「隼人郡」である管郷数三の薩摩郡と比較しても、河辺郡の穎稲量は、薩摩郡の一五%にしかならない。以上から、薩摩郡はひとまず措くにしても高城郡と河辺郡の財政の差異は、単に量的なものではなく、質的なものに及ぶ可能性が高い。

（3）国司巡行について

薩摩国内に於ける支配のあり方の差異に関して、国司巡行を手がかりに検討を加えたのは宮原武夫であったが[12]、この視点に立ってさらに「天平八年薩麻国正税帳」を検討してみたい。

「天平八年薩麻国正税帳」からわかる国司巡行の目的と所要日数を列記すると、検校百姓損田七日、正税出挙（春）七日、正税出挙（夏）六日、収納正税五日、検校庸席二日、責計帳手実一日、賑給二五日となる。さて、天平期の諸国正税帳から、上記の各目的の国司巡行の一郡あたりの平均所要日数を調べると、表6のようになる。これを参考にして薩摩国の国司巡行のあり方を検討してみる。

田租の賦課と密接な関係をもつ検校百姓損田（検校水田）について、薩摩国は七日要しているが、一郡あたりの所要日数を諸国の場合より低く見積って二日と考えた場合でも、検校百姓損田を目的とする国司巡行の行われた範囲は三〜四郡にしかならない。次に正税出挙と収納正税についてみると、諸国では出挙よりも収納に日数をかけている傾向が読みとれるのであるが、薩摩国の場合はわずかとはいえ収納の所要日数の方が出挙のそれを下まわっている。これも、一郡あたりの所要日数を諸国の場合より低く見積って二日とした場合、薩摩国においては三〜五郡の範囲でしか出挙・収納のための国司巡行は行われなかったことになる。以上から、薩摩国における田租徴収と正税出挙は「非隼人郡」たる出水郡・高城郡とそれに隣接する一〜二郡、多くても三郡程の範囲に限られたものであったことがわかる。このように考えると、先に河辺郡における出挙の存在を推定しておいたが、薩摩半島南端部に位置する河辺郡における出挙は、国司が関与しないもので、一般の正税出挙とは質的に異なるものであったと考えられる。次に検校庸蓆についても、薩摩国での所要日数はわずか二日であって、庸蓆の徴収された範囲が一〜二郡でしかなかったことを示している。

責計帳手実の所要日数は薩摩国全体でわずかに一日となっている。これは、薩摩国における籍帳による個別人身支配がどの程度のものであったかを推測する上でも重要な数字である。前章でみたように、『続日本紀』大宝二年（七〇二）八月丙申条には、「薩摩・多褹、隔レ化逆レ命、於レ是発レ兵征討、遂校レ戸置レ吏焉」という記事がみえており、これは隼人の戦いを鎮圧した政府が、戸籍作成と薩摩・多褹の国嶋司を置いたことを伝える記事である。この記事は、あたかも両地域での造籍作業に大きな前進があったかの印象を与えるが、実際にはそうでなかったことを多褹嶋のケースから知ることができる。

『続日本紀』天平五年（七三三）六月丁酉条に、「多褹嶋熊毛郡大領従七位下安志託等十一人、賜二多褹後国造姓一、益救郡大領外従六位下加理伽等一百三十六人多褹直、能満郡少領外従八位上粟麻呂等九百六十九人、因レ居賜二直姓一」という記事がみえる。天平五年は造籍年にあたっており、この造籍を機に姓が定められた。造籍作業が定姓機能をもつ点を考えれば[13]、天平五年まで郡領を含む一〇〇〇人以上の人々が無姓のままであったことは、この年まで多褹嶋では造籍が行われていなかったことを意味している。政府の多褹嶋に対する支配は、首長層を郡司に任ずることにより、首長層の在地支配を郡という単位で支配関係に組み込んだ段階と言えるのであり、個別人身支配とは異質のレベルにあったのである。したがって、大宝二年（七〇二）にみえる「遂校レ戸置レ吏」の語句は、事実を述べたものではなく、多分に政府側の期待をこめた言辞であったと言える。

七四〇年代に至っても南九州において、戸籍が政府の支配にとってどれほどの効果を果たし得たかについては、大いに疑問とせざるを得ない。『続日本紀』天平十七年（七四五）五月乙未条の「筑前・筑後・豊前・豊後・肥前・肥後・日向七国无姓人等賜二所レ願姓一」とする措置は、戸籍が一定程度以上機能しているからこそ実効性があったのであり、その実効性が疑問である二国三島は最初から適用が除外されていたとする竹中康彦の指摘は首肯さるべきものと思われる。[14]

さらに『続日本紀』天平勝宝七年（七五五）五月丁丑条に、「大隅国菱刈村浮浪九百卅余人言、欲レ建二郡家一、詔許レ之」という記事がみえるが、ここにみえる浮浪は未編戸の隼人であると考えられ、[15]一〇〇〇人に近い未編戸隼人集団の存在から、八世紀の半ばをすぎても、造籍制の基調が大隅国を完全に蔽っていたとは言い難い。

これに関連して、『令集解』所引の「古記」にみえる隼人の「名帳」についてみておく。賦役令集解没落外蕃条所引の「古記」には「問、外蕃投化者復十年、未レ知、隼人、毛人赴レ化者、若為二処分一。答、隼人等其名帳已在二朝庭一、故帰命而不レ復、但毛人合レ復也」という問答がみえ、蝦夷と異なり、隼人の名帳がすでに朝廷の手元にあることから、隼人を外蕃＝化外とみなすことはしないとしている。中村明蔵は、令制的戸の編成による戸籍の作成は、隼人社会では容易に進まず、小家族による名帳に近い形でしか南九州に居住する隼人は掌握できず、その「名帳」は出挙・調賦課・朝貢者選定・班田の準備資料とされ、郷単位の記載の欠落した「名帳」が大宰府経由で朝廷に提出されたとしている。[16]これは、古記成立段階で南九州における人口調査が令制的戸への編成を残してほぼ完了していたともうけとれる見解であるが、すでに述べてきたように、政府による隼人支配がその段階まで達していたとは考えられない。「名帳」の実態は不明とせざるを得ないが、せいぜい出挙帳・賑給帳あるいは朝貢者歴名の如きものであったと思われる。中央政府のもとには、戸籍をはじめとする膨大な量の文書が天皇の御覧に供するために集められたが、それは全国支配の頂点に天皇が存在することを示すためであった。[17]隼人の「名帳」は、それに記載された内容如何よりも、「名帳」が政府に提出され、天皇の御覧に供されたという事実に意味があると思われ、したがってこうした「名帳」でも、「内附」「帰化」の証としては充分に機能し得るものであったと考える。

以上から、天平八年（七三六）段階の薩摩国内で籍帳支配の及んでいた範囲はやはり「非隼人郡」を大きく超えるものではなかったとすることができる。

次に、賑給についてみていく。賑給は、三度にわたり各一九日・五日・一日の巡行が行われている。先にみたように河辺郡でも高城郡からもたらされた酒が天平七年（七三五）閏十一月十七日の恩勅による賑給に用いられていることが「天平八年薩麻国正税帳」から確認できるので、日数的な問題から言って、天平七年閏十一月十七日の恩勅による賑給は、三回のうちもっとも所要日数の多い一九日の回に対応していると考えられる。

『続日本紀』には、天平七年（七三五）閏十一月戊戌条と天平八年七月丁亥条に賑給を命ずる記事があり、薩摩国における三度の賑給とどのように対応するかが興味を引く。賑給には、天皇の即位、改元、立太子、天皇・皇后・皇太子の病気、祥瑞等政府側の事情によって行われるもの（A型）と、疫病、地震、旱や霖雨による不作とそれを原因とする飢饉等民衆側の事情によって行われるもの（B型）とがあった。[18]天平七年閏十一月の賑給は天然痘の流行にともなうものであるからB型、天平八年七月の賑給は元正太上天皇の病気を契機とするものであり、A型とすることができる。

さて、三度というのは、賑給のための国司巡行が三度行われたという意味であって、必ずしも賑給の実施命令が三度出されたということを意味しない。高井佳弘が指摘するように、諸国正税帳に賑給の記事があるものの、それに対応する『続日本紀』の記事のないものもあるので、薩摩国の正税帳の三度という記事の方を生かすこともできそうであるが、少なくとも、所用日数一日という賑給は、独立して一回と数えるよりも、五日かけている賑給と対になり、分担して行われていると考える方がよい。

さて、高井佳弘は、この正税帳の賑給の記載に関して、

ア、天平七年（七三五）閏十一月十四日の賑給の支出が、天平八年の正税帳のなかに出てくるのは、遠国のために

実施が遅れ、次年度の正税帳に記載された。

イ、天平八年の正税帳に、同八年七月の賑給が記載されていないのは、賑給を記した断簡は天平七年の賑給の直後で切れているためで、「おそらくこの次に七月十四日の賑給が記されていたと思われる。」

と述べている。アに関しては、すでに指摘しておいたように、この薩麻国正税帳の会計年度は天平七年十一月に始まって、翌八年十月に終わると考えられるので、とくに遠国という事情を考える必要もないようである。イに関しては、結論から言えば、河辺郡の断簡には、天平七年の賑給のみが記され、翌八年七月の賑給に関する記載はなかったと考える。そもそも、天平七年閏十一月の賑給は、この年の天然痘の流行を契機としたものであった。その意味で、医師が一九日かけて行った賑給は、天然痘の流行の実態調査の意味合いももっていたと思われ、薩摩国内のすべての郡で行われたはずである。しかし、同八年七月の賑給に費やされた日数は、六日でしかなかった。一郡あたり一・五日かかるとしても賑給の対象は四郡でしかない(19)。

以上のように考えれば、A型賑給の実施は「非隼人郡」二郡と「隼人郡」の二郡程度で、先述した検校百姓損田や出挙等の実施された範囲と大差がなく、一方のB型賑給はすべての「非隼人郡」と「隼人郡」を対象としていることになる。多くの「隼人郡」に居住する隼人は、政府側の事情による賑給の対象にならず、民衆側の事情による賑給の対象にはなるという中間的な位置づけになっていたことがわかる。

第三節　「隼人之調」について

前節では、七三〇年代の薩摩国において律令制の根幹をなす籍帳制度・租庸調制度・出挙制度や賑給制度が適用された範囲は、「非隼人郡」とわずかの「隼人郡」であり、政府は「隼人郡」に対して律令制度の諸原則の完全適用が留保されている状況を容認していることを確認できた。これによって、隼人という「擬似民族集団」が、律令制を適用されているか否かによって区別されているものではないということは明らかである。

さて、平川南は、王化に服していない者が公民となるプロセスについて、

化外人↓王民↓公民

という理解を示した(20)。隼人の場合、このプロセスをどのように考えればよいかについて、蝦夷と比較しながら考えてみる。

まず、蝦夷について見ていく。

『続日本紀』霊亀元年(七一五)十月丁丑条に、

蝦夷須賀君古麻比留等言、先祖以来、貢二献昆布一、常採二此地一、年時不レ闕。今国府郭下、相去道遠、往還累レ旬、甚多二辛苦一。請三於閇村便建二郡家一。同二百姓一、共率二親族一、永不レ闕レ貢。

とある。ここにみえる百姓の語は編戸民と同義で用いられているから、内附し昆布を貢献し続けてきた王民段階の須賀君古麻比留らが、編戸民になることを申請した記事である。ただし、古麻比留らが編戸民になっても、直ちに貢納物に変化があったわけではない点に注意しておきたい。これに関連して、『類聚国史』巻百九十の弘仁七年(八一六)十月辛丑条には、

勅、延暦廿年格云、荒服之徒、未レ練二風俗一、狎馴之間、不レ収二田租一、其徴収限、待二後詔一者、今夷俘等、帰化年久、漸染二華風一、宜レ授二口分田一、経二六年已上一者、従収二田租一。

とあり、蝦夷の場合は、帰化・内附し、年月を経て王化に馴れ親んだところで、口分田を授けられ、その後一定の猶

予期間を経て、田租の徴収に至ることがわかる。この措置は、翌年九月田租徴収が貧窮化をもたらすことを理由に撤回されることになったが、その際口分田を授けられ田租を納めていた者に対しても夷俘あるいは夷狄という呼称が用いられている点に、注意を払う必要がある。

次に、隼人の場合について、朝貢と「隼人之調」の問題にしぼってみておくことにする。後述するように（第五章第二節）、隼人の呼称が天武朝の隼人の朝貢開始にともなって使用され始めた点、また南九州においては九世紀初頭の朝貢停止の後、隼人の呼称が用いられなくなる点からすると、隼人の呼称は、朝貢とかかわって用いられた、あるいは、南九州に居住する朝貢すべき人々を隼人とよんだと考えられる。さて、隼人がいわゆる「隼人之調」を貢納していたことは著名な事実であるが、この「隼人之調」の性格如何についてはいくつかの見解が対立している。

「隼人之調」に関する基本的な史料は、『類聚国史』巻百九十　隼人の延暦十一年（七九二）八月壬寅条にみえる、

　制、頃年隼人之調、或輸或不レ輸、於二政事一甚渉二不平一、自今以後、宜レ令二偏輸一。

という記事である。宮原武夫は、これを延暦十一年の新制として、六年相替の朝貢にともなう「隼人之調」が毎年の公民の調庸に変更される契機になったものとの理解を示した[21]。伊藤循は、八世紀の大隅・薩摩隼人は在地で田租・調庸が収取され、それ以外に六年一替の朝貢が強制され、服属の証として「隼人之調」をも貢納しなければならなかったとし、隼人は令制的な調庸とは別に「隼人之調」をも貢納したとの理解を示した[22]。また中村明蔵は、『続日本紀』天平神護二年（七六六）六月丁亥条の日向、大隅、薩摩三国の柵戸に対する大風を理由とする調庸免除記事をもとに、「隼人郡」の調は免除されていないから、「隼人之調」は大風の影響をうけない品目であり、その調は朝貢年には京へ、それ以外の年は大宰府へ送られたとし、その証左として大宰府不丁地区出土の大隅・薩摩関係木簡をあげ、大隅・薩摩両国の各郡が調を輸納していたとの理解を示した[23]。中村の理解は、隼人が令制的調を輸納しており、朝貢年にはそ

れが「隼人之調」とよばれたとも解し得るものである。

以下、隼人に対して令制的調が賦課されていたか否かについて検討してみる。ただし、その際畿内に移住している隼人と、南九州に居住する隼人に分けて考えてみる必要がある。まず、畿内に移住している隼人についてみると、令義解職員令隼人司条に、

正一人【掌、検二校隼人一〈謂。隼人者、分番上下。一年為レ限。其下番在レ家者、差二科課役一、及簡二点兵士一、如二凡人一〉及名帳、教習歌舞、造作竹笠事一。】佑一人。令史一人。使部十人。直丁一人。隼人。

とある。これによれば、隼人司に属する隼人は、二つに分けられ、一年交替で上番することになっており、上番時には、元日・即位・蕃客入朝などの儀式に参列したり、あるいは行幸に従うなどした。そして下番で家にある時には、課役を負担し、兵役にも就いて凡人と変わるところはないとされている。下番では凡人と変わりなく、上番時には隼人司の隼人としての任務に就くというのであるから、下番の隼人が令制の調を輸納していたことは間違いない。「正倉院文書」のいわゆる「隼人計帳」（山背国綴喜郡大住郷計帳）にみえる隼人たちは、調銭等を納めており、良人と変わるところはない。

次に、南九州に居住する隼人に対する令制的調の賦課についてであるが、その存在を主張する上で最も重要な論拠は、大宰府不丁地区出土の大隅・薩摩関係木簡であろうと考えられる。不丁地区出土の木簡群のなかには、「麑嶋六十四斗」「薩麻穎娃」「桑原郡」「大隅郡」など薩摩・大隅両国の郡名を記したものが含まれているが、同地区からはこのほかに「掩美嶋」「伊藍嶋」など令制に含まれそうもない貢進物付札も出土していることから、(24) 薩摩・大隅両国関係の木簡が令制的調の付札であったと速断することはできない。さらに、「隼人之調」の一部が大宰府で消費された可能性も少ないながら存在する。というのは、延喜式民部下に「凡大宰府毎年調絹三千疋、附二貢綿使一進レ之、

又隼人調布、除二府家二箇年雑用料一之外、付レ使進上」とあって、「隼人之調」の系譜をひくであろう隼人調布が二年以上の間隔をおいて大宰府に送られ、大宰府がそのなかから必要な分を差し引いて京に送っているからである。(25)こうした制度がいつごろまでさかのぼれるか明らかではないが、八世紀前半にまでさかのぼる可能性がないわけではない。すでに前節の国司巡行に関する結論で得られたように、薩摩国内では庸の収取ならびに籍帳による支配の行われた範囲は「非隼人郡」を大きく出るものではなかった。したがって、同時期に令制的調だけは「隼人郡」でも収取されていたと考えることはできないし、令制的調が収取されていた範囲も、庸のそれと同様に「非隼人郡」を大きく出るものではなかったと考えられるのである。以上から、ほぼ八世紀前半の段階で隼人に対して令制的調は賦課されていなかったと考える。

八世紀後半の状況に関しては、明らかにし得ないが、賦役令辺遠国条の立法趣旨からして隼人に対する令制的調の賦課は行われていなかったのではないかと考えている。賦役令辺遠国条の立法趣旨については第五章第一節で述べるが、筆者は、同条の適用対象が通説の如く夷人雑類そのものではなく、夷人雑類の居住する辺遠国の公民を対象にしたものであると考えている。すなわち、辺遠国の公民の負担を、一般の公民に比して軽減することを根拠づける条文と考えるのであるが、辺遠国に居住する「夷人雑類」の負担が辺遠国に居住する公民のそれよりも軽かったと考える点については異論はない。伊藤循の理解に立てば、隼人は田租・調・庸・朝貢・「隼人之調」を課せられていたことになり、その貢納の量は問題であるものの、一般の公民よりも重い負担であったと考えられる。したがって、これは賦役令辺遠国条の趣旨と相容れない理解と考えられ、隼人が、公民の負担である田租・調・庸に加えて「隼人之調」を負担し朝貢も行ったとする理解には左祖しかねる。また『続日本紀』天平神護二年（七六六）六月丁亥条の三国柵戸に対する調庸免除記事は、むしろ隼人に対して令制的調が賦課されていなかったことを示す史料として評価できるものである。

次に、宮原武夫のいう延暦十一年（七九二）の新制の理解の当否についてみていきたいのだが、八世紀後半の隼人の朝貢のあり方について諸先学の理解に混乱がみられるので、この点についての整理から始めたい(26)。

『続日本紀』『類聚国史』から確認できる八世紀後期の隼人の朝貢年は、天平宝字八年（七六四）、神護景雲三年（七六九）、宝亀七年（七七六）、延暦二年（七八三）、延暦十二年（七九三）である。このあと朝貢を示す記事はないが、「永停㆓大替隼人風俗歌舞㆒」の措置がとられた延暦二十四年（八〇五）が、確認できる最後の朝貢年の一二年後、すなわち六年相替の原則でいくと二回あとの朝貢年にあたっていることから、延暦十二年のあと延暦十八年前後に朝貢の行われた可能性が高いと考える。そしてその翌年に当たる延暦十九年の大隅・薩摩両国での班田制全面導入をうけて、さらにその翌年大宰府に対して隼人の朝貢停止指令が出され、延暦二十四年所定の滞在期限の満了した隼人たちが南九州に帰還することで、朝貢が最終的に終了したと想定できそうである。いま一度、隼人が朝貢した年を西暦で並べてみると、

七六四年　七六九年　七七六年　七八三年　七九三年　七九九年?　八〇五年

となり、七八三年と七九三年の間に一〇年間あいているのを除けば、五〜七年間隔で朝貢を行なっていたことがわかる。それでは、延暦二年（七八三）のあと一〇年間にわたって朝貢が行われなかったのは何故だろうか。朝貢間隔を最大の八年とみても、延暦十年（七九一）ころまでに朝貢が行われるはずだが、それを妨げた要因は何だったのだろうか。『続日本紀』延暦九年八月乙未条に「大宰府言、所部飢民八万八千余人、請㆑加㆓賑恤㆒、許㆑之」、翌延暦十年五月辛未条に「大宰府言、豊後、日向、大隅等国飢、又紀伊国飢、並賑㆓給之㆒」とあり、延暦二年の次の朝貢年にあたる時期、大宰府管内で飢饉が発生し、この傾向は南九州で翌年も続いていたことがわかる。この飢饉が、朝貢を延

引させていた最大の原因だったのではないかと考える。こうした飢饉などのために本来朝貢して貢納すべき「隼人之調」が輸納されていない点を咎め、「隼人之調」を規定通りに貢納するように命じたものが、延暦十一年の「制」であったと考えられる。そして翌年早々隼人は入朝し、引率してきた大隅国曽於郡大領曽君牛麻呂が昇叙された(27)。「隼人之調」の本質は、隼人の政府への服属の証としてのミツキなのであり、たとえ飢饉があっても、「隼人之調」の貢納や朝貢は免除される性格のものではなかった。こうした性格は、天平七年（七三五）天然痘の流行によって大宰府管内百姓の調が免ぜられ、また「隼人郡」で賑給が行われているにもかかわらず、隼人が予定通り朝貢を行っていることからもうかがえる。

隼人の存在と「隼人之調」および朝貢は、まさに密着したものだったのであり、朝貢が停止された後、南九州の居住者に対して隼人の呼称が用いられた例は確認できない。朝貢の停止は、隼人の公民化を最終的に実現したものと言える。

第四節　辺遠国としての薩摩国・大隅国と隼人支配の特質

賦役令集解同条所引の「古記」は、夷人雑類として毛人・肥人・阿麻彌人・隼人をあげており、隼人が居住している薩摩・大隅両国は辺遠国であったということができる。ただし、薩摩国と大隅国には、隼人居住国としての共通性はあるものの、異なる点も多い。これについてまずみていくことにする。

『和名類聚抄』に載せる薩摩国と大隅国の郡郷について、その一郡あたりの郷数をみると、薩摩国の「隼人郡」では二・二郷（一郷の郡が三あるいは四ある）、「非隼人郡」では五・五郷、大隅国（旧多褹嶋を除く）では五・三郷となる。

壱岐・対馬両嶋を除く西海道諸国の平均は五・四郷であるから、薩摩国の「非隼人郡」と大隅国の郡の規模は他の西海道諸国とほぼ同じであり、薩摩国の「隼人郡」の規模の小ささが際だっている。郡は、その郡域にいくつかの在地首長を抱えながらも、郡司へと登用された在地首長たちの在地への支配権を梃子に、支配を実現する単位として設定された。このように考えれば、大隅国の在地首長及び郡は、西海道の他の諸国と大きく変わるところはなく、薩摩国の「隼人郡」は、その性格を異にすると言うことができる。そして、性格の大きく異なる郡を抱え込んでいる薩摩国は、同じ隼人居住国である大隅国とも異なった様相を帯びることになる。この点を、薩摩国の財政の問題からみてみたい。

延喜式主計上には、

薩摩国【上十二日　下六日】

調　塩三斛三斗。自余、輸㆓綿、布㆒。

庸　綿、紙、薦。

中男作物　紙。

とあって、薩摩国の調は塩・綿・布、庸は綿・紙・薦《むしろ》、中男作物は紙であったことがわかる。これらはいつ頃までさかのぼれるのだろうか。このうち、庸の薦は、「天平八年薩麻国正税帳」のなかで、国司巡行の目的の一つとして「検校庸薦」の項目があるため、七三〇年代の段階での収取が確認できるが、塩・綿・紙については確認できない。調の布については、『日本書紀』持統三年（六八九）正月壬戌条に、

筑紫大宰粟田真人朝臣等、献㆓隼人一百七十四人、并布五十常、牛皮六枚、鹿皮五十枚㆒。

とあるが、ここにみえる布・牛皮・鹿皮などは方物にあたる「隼人之調」であると考えられ、令制の調とは質的に異

なるものである。ちなみに、延喜式民部下には、大宰府からの年料別貢雑物に「隼人調布」がみえ、これが「隼人之調」たる「布」の系譜を引くものと考えられる。

八世紀前期の段階で薩摩国内では「非隼人郡」においても令制の調・庸としての綿、布、紙の収取はほとんど行われていなかった可能性が高いと考える。その論拠は、次のように考えられる。養老禄令には、

凡在京文武職事、及大宰、壱伎、対馬、皆依二官位一、給レ禄。

とあって、在京文武職事ばかりでなく大宰府の官人、壱伎、対馬の嶋司にも季禄が与えられていたことが知られるが、『続日本紀』天平四年（七三二）五月乙丑条には、

対馬嶋司、例給二年粮一。秩満之日、頓停二常粮一、比レ還二本貫一、食粮交絶。又薩摩国司停二止季禄一、衣服乏少。並依レ請給レ之。

また、『続日本紀』天平十四年（七四二）八月丁酉条には、

制。大隅・薩摩・壱岐・対馬・多褹等国官人禄者、令下筑前国司以二廃府物一給上。公廨又以二便国稲一依レ常給レ之。其三嶋擬郡司、并成選人等、身留二当嶋一、名附二筑前国一申上。仕丁国別点二三人一。皆悉進レ京。

とあって、大隅、薩摩、多褹の国嶋司に対しても季禄が与えられていたことが確認できる。

また、『続日本紀』天平八年（七三六）五月丙申条には、

先レ是有レ勅。諸国司等除二公廨田事力借貸一之外、不レ得二運送一者。大宰管内諸国已蒙二処分一訖。但府官人者、任在二辺要一禄同二京官一。因レ此別給二仕丁公廨稲一。亦漕送之物、色数立レ限。又一任之内不レ得レ交二関所部一。但買二衣食一者聴レ之。

とあって、国司が必要な衣食を任地で購入することが認められていた。(28)しかし、天平四年五月乙丑条は、薩摩国司の

場合、与えられる季禄だけが衣服を入手する唯一の方途だったことを示しており、天平十四年八月丁酉条は、その季禄に充当する分すら、自国では調達できなかったことを示している。これは、天平段階で薩摩国内において綿、布の生産及びその収取がほとんど行われていなかったことを示すものではないだろうか。

これに関連して、『続日本紀』和銅二年（七〇九）六月癸丑条には、

> 勅、自二大宰率一已下至二于品官一、事力半減。唯薩摩・多祢両国司及国師僧等、不レ在二減例一。

さらに、『続日本紀』霊亀二年（七一六）八月壬子条には、

> 大宰府言。帥以下事力、依二和銅二年六月十七日符一、各減レ半給レ綿。自レ此以来、駈使丁乏。凡諸属官並為二辛苦一。請停レ綿給レ丁、欲レ得二存済一。許レ之。

とあって、和銅二年に大宰府管内の官人に与えられていた事力が半減された際、薩摩、多褹が半減の対象から除外されたことが知られる。その除外の事情に関して辺境国嶋司の優遇策の可能性も考えられるが、それに加えて事力を半減する代わりに与えられることになった綿を薩摩・多褹の両国嶋内では充分に調達できない状況にあったことも背景にあるのではないかと思われる。以下、これについてみておく。

平城京出土の西海道からの調綿貢進木簡から筑前、筑後、肥前、肥後、豊前、豊後の六国からの貢進が確認される[29]。日向国の調綿貢進については、現時点で確認できないが[30]、八世紀前半の段階で調綿の収取が行われていたらしいことは、『続日本紀』天平十八年（七四六）十月癸丑条の、

> 日向国風雨共発。養蚕損傷。仍免二調庸一。

という記事から推測できる。それに対して、貢進木簡等から、八世紀前半段階での薩摩、大隅からの綿の貢進が確認できないことも、この時期、両国における綿の生産とその収取がほとんど行われていなかったことを示すものではな

いかと考えられる。

すでに「天平八年薩麻国正税帳」の分析を通じて天平段階で薩摩国内の調・庸収取の範囲は「非隼人郡」の二郡とせいぜいそれに隣接する一～二郡でしかないとの結論を述べておいたが、こうした状況からすれば、八世紀前半の段階で「隼人郡」は言うまでもなく、「非隼人郡」における調・庸収取も十全ではなかったと考えられるのである。

次に「紫草」関係の木簡についてみてみる。従来は「天平九年（七三七）豊前国正税帳」から豊前国内に三カ所（球珠郡・直入郡・不明）の紫草園があったことが知られているだけであったが、これに加えて、一九八五年までに大宰府不丁地区の発掘調査で発掘された一五点の「紫草」関係の木簡によって、筑前国（怡土郡・糟屋郡・岡賀郡・加麻郡）、肥後国（合志郡・山鹿郡）、豊後国（海部郡）という栽培地がわかった。その後、平城京のいわゆる二条大路木簡のなかに、大宰府管内からの「紫草」の貢進に関係する木簡が七点出土した。これによって、「紫草」の栽培地として筑前国（嘉麻郡・穂波郡）、肥後国（託麻郡）、豊後国（大野郡）、そして薩摩国が付け加えられた[31]。ここで注目したいのは、大宰府不丁地区出土木簡・二条大路木簡ともに、基本的には「紫草」の貢進の単位が郡であるという点である。合計二二点の「紫草」貢進木簡のうち二一点までが明確に郡名を記している。そして唯一の例外が薩摩国であった。その木簡には、「筑紫大宰進上薩麻国殖」とあり、下部が欠損しているものの、「薩麻国」と「殖」の間に郡名が入る可能性は皆無であり、薩摩国の場合、少なくとも「紫草」に関しては「郡」ではなく「国」が貢進単位となっている。

大宰府不丁地区出土木簡のなかには、「薩麻頴娃」「麑島六十四斗」「桒原郡」「大隅郡」「薩麻国枯根」などの薩摩・大隅関係の木簡がみられるが、枯根についても薩摩国が貢進単位になっていることが確認でき、頴娃・麑島には「郡」という単位が表記されていない。同様に本来「郡」が貢進単位であるものが薩摩国では「国」として貢進されたもの

としては、舎人がある。『続日本紀』和銅三（七一〇）年正月戊寅条には、

日向国、貢二采女一。薩摩国、貢二舎人一。

とあって、日向国が采女を、薩摩国が舎人を貢上することになっている。養老軍防令兵衛条には、

凡兵衛者、国司簡二点郡司子弟、強幹便於弓馬者一、郡別一人貢レ之。若貢二采女一郡者、不レ在下貢二兵衛一之例上。

とあって、令制では各国の郡を三分して、三分の二の郡が兵衛（舎人）を、残り三分の一の郡が采女を貢上することになっていたが、薩摩国の舎人は「国」単位で簡点・貢進されたと考えられる。薩摩国の舎人が、大舎人であったことについては、次節で述べる。

【三二分一国一、二分兵衛一分采女】

わずかな事例ではあるが、先に述べたように性格の異なる郡を抱え込んだ薩摩国は、当然のことながら均一な支配を行うことができず、なおかつ「非隼人郡」の状況も十全ではなかったため、令制では「郡」が単位となるべきところを「国」を単位としてかろうじて律令的負担を貢進し、体裁を整えたものと考えられる。言い換えれば、薩摩国は、国内に律令支配の貫徹しない地域を抱え込んでいるために、「国」として律令制的諸負担を貢納して、律令制の外皮をまとった状況にあったのであり、その意味で「薩摩国」は律令制的諸負担貢納の単位として重要な意義をもっていたと言える。

政府による隼人支配は、薩摩国と大隅国を比較した場合同一であったわけではなく、薩摩国に対する支配の方が、よりその特質が現れていると考えられる。

薩摩国で「隼人一十一郡」とよばれるように小規模の郡が分立していた点について、先学の理解は律令国家のとった分断支配という側面に重きを置いている。(32) この理解に異論があるわけではないが、小規模の郡の成立は、一方では

当時の薩摩国の隼人社会の持質を反映したものである可能性も高い。隼人が独自の政権を樹立していなかったことは、賦役令集解没落外蕃条所引の古記が「不レ足レ称レ蕃」としていることからも明らかであるが、第一章で述べたように南九州の隼人社会が首長を頂点とする階層化された社会を形成していたことは、種々の考古学的調査成果から明らかである。大隅地方には国分平野・肝属平野など比較的広い平野が広がり、そこに曽君、大隅直など卓越した首長が出現したが、薩摩半島南部には小河川の下流に狭い平地が広がるにすぎない。大隅地方と比較すると、薩摩地方では「首長」の支配領域が地理的条件等から狭かったが故に、その「首長」およびそれに連なる有力者を郡司に任命することによって成立した所謂「隼人郡」も小規模のものたらざるを得なかった。「首長」やそれに連なる有力者を掌握するためにも、郡司の員数が多いことは好都合であったと思われる。こうした郡設定のあり方をうけて、先にみたように河辺郡のような国衙の関与しない出挙が行われたのであり、「隼人郡」の経営は、そうした郡司に委ねられていた可能性が高いと言えよう。

さて、唐の辺境支配の形態として著名な羈縻《きび》政策に関して、大津透の所説に導かれてその特徴を箇条書きにすると(33)、次のようになる。

1　辺境地に都護府という出先機関をおく。
2　その下に鎮・戍などの辺防機関をおく。
3　都護府の下に羈縻州・県をおき、
4　異民族の首長・有力者を州の刺史以下の官人に任命する。
5　羈縻州は形の上では内地であった。
6　庸調とは異質の賦税が貢上された。

7 羈縻州では、戸籍等は作られないことが多かった。
8 羈縻州では、律令法が完全に施行されたとは考えられず、実質上は自治が認められた。
一方、八世紀の隼人支配の特徴を、これにならって整理すると次のようになる。
a. 国司のもとに柵・戍等の辺防機関をおく。
b. 隼人の「首長」・有力者を郡司に任命する。
c. 「隼人郡」は、形式上は内地である。
d. 隼人に対しては、調庸とは異質の負担が存在した。
e. 「隼人郡」内では、籍帳がつくられたとしても有効に機能したとは考えられない。
f. 「隼人郡」では、律令法が完全に施行されたとは考えられず、実質上は自治的支配が認められていた。
1〜8とa〜fとは一致する点が多い。言うまでもなく、日唐の行政機構の差異等により、単純に比較することには慎重とならざるを得ないが、日唐の辺境支配を比べると相似的であると言うことはできそうである。日本律令には、唐律令にみられる羈縻州に関する規定に相当する条文を見出すことはできないが、実態としては「隼人郡」は唐の羈縻州に相似した支配の行われた地域だったとすることができる。

第五節 「隼人郡」の郡司をめぐって

隼人たちに対して律令制度の諸原則の完全適用を留保することが、政府の隼人支配の特質であることをみてきたが、一方で、隼人たちに律令制的諸原則を完全に適用し、公民とすることも政府の目標であった。ここでは、薩摩国内に存在した律令支配の貫徹しない地域にどのようにして律令制が浸透していくかという問題を、薩摩郡と阿多郡の郡司の分析を通してみていくことにする。

「天平八年薩麻国正税帳」には薩摩郡の郡司として、大領薩麻君福志麻呂・少領前君乎佐・主政薩麻君宇志々・主帳肥君広龍・主帳曽県主麻多の五人が記されている。薩摩郡は、『和名類聚抄』によれば、三郷から成る小郡であり、郡司構成は令制によれば領一人、主帳一人の計二名のはずであるが、実際には五人の郡司が任用されていた。また阿多郡の郡司としてこの正税帳には、少領薩麻君鷹白・主政加士伎県主都麻理・主帳建部神島・主帳薩麻君須加の四人が記されているが、当然大領もいたはずである。阿多郡は『和名類聚抄』段階では四郷から成る下郡であったが、天平期には三郷以下の小郡であった可能性も高く(『律書残篇』によれば薩摩国は一三郡二五郷から成っていたが、『和名類聚抄』では薩摩国は一三郡三五郷となっている)、阿多郡の郡司構成も薩摩郡と同様であった。このように「隼人郡」の郡司が増員されている理由として、「隼人郡」の郡司は所謂「隼人の朝貢」を引率するためあらかじめ増員されていたとか(34)、首長やそれに連なる者を掌握するためにも好都合であったとされるが(35)、律令制度浸透の側面からも評価できるのではないかと考える。これについて二点ほど触れておく。

まず、薩摩郡と阿多郡のそれぞれ主帳に任用されている二人の「肥後系」の人物についてである。薩摩郡の主帳肥君広龍は勲十二等を帯びているが、これは神亀元(七二四)年二月の聖武天皇即位にともなう一斉叙勲に際して、最低の勲位である十二等を得たものであるから、この直前には主帳ではあったが勲位をもっていなかったことになる。そして、その後の一〇年余に及ぶ主帳としての勤務によって外少初位上に叙されていたと考えられる。高城郡への計画的移民が行われた時期を八世紀初頭とすれば、それから二〇年ほどの間に、さらに「隼人郡」内に入り込んだ地域で、在地に相当な勢力を確立できたとは考えがたい。また、もし相当な勢力をもっていたとすれば養老四年(七二〇)

の「隼人の戦い」にもそれなりの形で関与し、勲位を得ることができたと想像されるが、実際には勲位を得ていない。もう一人の「肥後系」の人物阿多郡主帳建部神島は、天平八年（七三六）の段階で勲位をもっていないから、神亀元年（七二四）の時点では、主帳ではなかった。

さて、郡司の職掌などをみてみると、同じ郡司でも大領・少領と主政・主帳とでははっきり異なっていることがわかる。養老職員令によれば大領の職掌は「撫二養所部一、検二察郡事一」で少領はこれに準じるのに対し、主政は「糺二判郡内一、審二署文案一、勾二稽失一、察二非違一」ことを職掌とし、主帳は「受二事上抄一、勘二署文案一、検二出稽失一、読二申公文一」を職掌とした。また、養老選叙令郡司条によれば、「性識清廉、堪二時務一者」を大領・少領とし、「強幹聡敏、工二書計一者」を主政・主帳とすることになっている。すなわち大領・少領が郡の行政全体に責任を負うのに対し、主政・主帳は行政のなかの文書部門を中心に処理することになっていた。また、大領・少領が終身官であったのに対して、主政・主帳は終身官ではなかった。したがって、肥君広龍・建部神島が任じられていた主帳とは、郡レベルの文書行政の実務を担当するものであった。先述したように「天平八年薩麻国正税帳」の国司巡行の所要日数などから、「隼人郡」の多くで律令制の諸原則の適用が留保されていた状況をうかがうことができるが、そのような地域でも律令的文書行政と無縁ではなかったことは、薩摩郡・阿多郡・河辺郡の「隼人郡」に関する正税帳が存在することから明らかである。だとすれば、「昏荒野心」（『続日本紀』和銅七年〔七一四〕三月壬寅条）とされる隼人のなかにあって文書行政に通じた「公民」こそ必要とされたはずである。こうした、任務を担ったのが、肥君広龍や建部神島ではなかったかと考える。

ここで薩摩・阿多両郡の他の主政・主帳についてもみておくことにする。薩摩郡主帳の曽県主麻多、阿多郡主政の加士伎県主都麻理は、いずれも大隅国を本拠とする一族である。両者とも勲十等を帯びており、聖武の即位にともなう一斉叙位が行われた神亀元（七二三）年二月以前の段階ですでに勲十一等を帯びていたはずであるから、それ以前に両者が勲位を得る機会としては、養老四年（七二〇）の対隼人戦争が考えられる。その際論功行賞の対象となる働きをなし、叙勲とともに郡司に任用されたとも考えられる。この戦いは、大隅国守殺害事件に発端し、薩摩国にも広がったが、大隅国にはこの段階で五郡しかなく、郡司のポストも限られていた。それに比して、薩摩国は一三郡あったから、論功行賞として与えるポストには薩摩国の方が余裕があったと考えられる。

次に、大領について二点ほど指摘しておく。まず、阿多郡の大領氏族についてである。薩摩郡では大領に薩麻君福志麻呂、主政に薩麻君宇志々、阿多郡では少領に薩麻君鷹白、主帳に薩麻君須加がおり、両郡とも薩摩君一族が大きな勢力をもっていることを示している。これに関して中村明蔵は、薩摩君が阿多郡で絶大な力をもつに至っており、七世紀代に薩摩半島を代表する氏族であった阿多君は、畿内への移配などにより勢力を失っていたとする理解を示している。(36)しかし、当時、大領と少領に同姓のものを任用することが認められていなかったことからすると、(37)阿多郡の大領は薩摩君ではあり得ず、阿多郡の大領は、阿多君であったとするのが自然であろう。

次に、薩麻君福志麻呂が薩摩郡大領に就任した時点を推定すると、神亀元年（七二四）二月の一斉叙勲の対象となっておらず、この段階で郡司でなかったものがその一二年後の天平八年（七三六）には外従六位下となっているから、この位階については隼人の朝貢に関して叙位されたと考えてよいと思う。この期間の隼人の朝貢は、養老七年（七二三）、天平元年（七二九）、天平七年に行われており、朝貢を引率した郡司であれば「隼人の酋帥」として叙位にあずかったはずである。「天平八年薩麻摩国正税帳」に署名している以上、天平八年の段階で薩摩国に在国していたはずであるから、六年相替制度のもとでは、養老七年に上京して天平元年の帰国に際して外従六位下に叙位され帰国後郡司となったか、天平元年に郡司として上京して天平七年に帰国したかのいずれかである。神亀五年四月二十三日付格（『類聚三代格』巻七　延暦十六年〔七九七〕十一月二十七日付太政官符所引）によって少領が大領に進むことが認められたから、(38)前者のケースすなわち天平元年の帰国後郡司となったとすれば、神亀元年二月の一斉叙勲の前の段階で勲九等を帯びており、あるいはその直前のいわゆる養老四年の「隼人の戦い」で勲功をあげたものと思われる前君乎佐の頭を飛び越すかたちで薩麻君福志麻呂が大領に就任していることになり、薩摩郡地域における薩摩君の勢力の大きさを示しているようである。また、薩麻君福志麻呂の大領就任が、神亀元年二月から神亀五年四月での間であったとした場合も、薩摩郡地域における薩摩君の伝統的な力を示しているとみて良い。しかし、薩麻君福志麻呂の大領就任には、こういった薩摩郡地域における薩摩君の伝統的な力とは異なった事情も存在するように思われる。憶測にわたる面も多いが、この点についてさらに述べておく。

薩麻君福志麻呂については、その「福志麻呂」という名に注目したい。すでに述べておいたように、概して隼人の名が一般の公民の名に比して異質な感じを抱かせるのに対して、「福志麻呂」とはいかにもヤマト的な名である。隼人の豪族がヤマト的な名を帯びた例としては、これ以前には和銅三年（七一〇）に外従五位下を与えられた曽君細麻呂がいるが、彼の叙爵の理由が隼人の教化に尽くしたとされている点は、こうしたヤマト的な名を帯びた郡司を考える際重要である。また、これに関連して、「天平十（七三八）年周防国正税帳」に登場している「隼人」でありながらヤマト的な名をもった二人の人物についてもみておきたい。それは、同年六月二十六日に大隅国へ向かう途中に周防国を通過し食料の提供を受けた无位の左大舎人大隅直坂麻呂と、同じく薩摩国へ向かう途中であった无位の右大舎人である薩麻君国益である。この二人が大舎人であった点に興味を引かれる。

広い意味でのトネリには、内舎人・大舎人・東宮舎人・中宮舎人・兵衛・使部などがあった。その任用については軍防令に規定されている。

これによれば、たとえば位子のなかでは「工二於書算一」というような文官的素養に恵まれた人物が大舎人に振り向けられたのであり、井上薫の言うように「大舎人寮は下級官人の養成機関であり、他の官司に下級官人を送る供給源であっ」て、「朝廷に出身する者をまず大舎人寮に仕えさせ、天皇に近侍し、宿直・遣使をつとめる間に忠節をつくす習慣を養わせ、このように養成させたトネリを他の官司の史生や官人に任じ、天皇の支配を令制の官司に浸透させる仕組み」をとっていた。さらに、舎人を務めることは、「官人への道をたどり、あるいは地方に帰って郡司などに任用される資格をつく」るものでもあった(39)。大隅直坂麻呂・薩麻君国益の両人がそれぞれの出身国に向けての任務を帯びているらしいことは、律令行政に慣れ親しんだ「隼人系」の郡司として活動させるための伏線だった可能性もあると考えられる。律令支配の浸透が十分でない八世紀の前期の段階で、律令政府が「隼人郡」の律令化のために両人を大舎人として任用し訓練を施していたとも考えられるのである。そして、こうしたトレーニングを受けた者たちが、ヤマト的な名を名乗るようになったと考える(40)。

以上の例を参考にすれば、いかにもヤマト的な名をもった薩麻君福志麻呂の場合も、「隼人郡」のなかに着々と律令政府の支配を浸透させることを期待されて、大領に任用されたとの推測が成り立つ。この後も『続日本紀』には、加志公島麻呂、曽公足麻呂、曽公牛養、薩摩公豊継などヤマト的な名を帯びた隼人の首長が登場する。彼らが「隼人郡」に律令制的諸原則をもち込むのに重要な役割を果たしたことは想像に難くなく、こうした首長の存在を前提にして初めて、延暦十九（八〇〇）年の班田制導入とそれに引き続く隼人の朝貢停止および隼人に対する律令制の諸原則の完全適用が、ほとんど抵抗らしい抵抗もなく円滑に実現されていくと考える。その点、基本的に兵衛・舎人を貢じなかった陸奥・出羽両国における律令支配の浸透に対する蝦夷の激しい抵抗と、好対照をなすと言えよう。

第六節　隼人への仏教教化策

本章の最後に、政府の南九州支配に、仏教がどのような役割を担ったかについて、薩摩国を中心にみていく。

『日本書紀』持統六年（六九二）閏五月乙酉（十五日）条には、

詔二筑紫大宰率河内王等一曰、宜遣三沙門於大隅与二阿多一、可レ伝二仏教一。

とあって、この年、大隅と阿多に僧侶が送られたことが知られる。阿多は後の薩摩国阿多郡（万之瀬川の下流域）、大隅は後の大隅国大隅郡（志布志湾沿岸）と考えられるが、この僧侶がこの時具体的にどこに滞在したか、またその後永く大隅・阿多に留まったものかは明らかでない。

薩摩国成立後の『続日本紀』和銅二年（七〇九）六月癸丑条には、

勅、自二大宰率一已下至二于品官一、事力半減。唯薩摩多祢両国司及国師僧等、不レ在二減例一。

とあって、薩摩国に国師僧がいたことが確認できる。国師僧とは、国内の僧尼を管理・教導し、寺院の財物を検校することをつかさどる僧であり、延暦十四年(七九五)八月十二日太政官符により、名称が講師と改められることになった。薩摩国に国師僧の存在が確認できることから、和銅二年の段階で、薩摩国内に管理・教導の対象となる僧尼がおり、また寺院も存在したことがわかる。

「天平八年薩麻国正税帳」の高城郡の部分には、薩摩国内に居住した僧に関して次のような記載がみえる。

30　依例正月十四日読八巻金光明経并十巻金光明
31　最勝王経仏聖僧及読僧一十一躯合一十三

32　躯供養料稲弐拾束伍把拾分把之肆【躯別一束五把八分】
33　当国僧一十一躯【一十躯三百八十四日　一躯一百一十三日】惣単参仟玖伯伍
34　拾参人供養料稲壱仟伍伯捌拾壱束弐把【僧別四把】

正月十四日に行われた八巻金光明経並びに十巻金光明最勝王経を読む法会、すなわち御斎会は、天平期の多くの正税帳に確認される。御斎会は、護国経典である「金光明経」「金光明最勝王経」への帰依を示す法会であり、薩摩国内に居住した僧は、まずもって鎮護国家の役割を果たすことを期待された。

さて、第一節で述べておいたようにこの正税帳は天平七年（七四八）十一月から翌年十月までを会計年度としているが、これより一〇人の僧侶は、一会計年を通じて薩摩国に居住しており、その食料は薩摩国によって支出されていたことが確認できる。

天平八年（七三六）段階でまだ国分寺建立の詔は出ていないから、彼らの生活していた寺院が国分寺であったはずはない。一一名の僧たちはどこに居住していたのだろうか。「天平九年和泉監正税帳」には「依レ例正月十四日弐寺読二金光明経捌巻最勝王経拾巻一」とあって、正月十四日の御斎会が国内の二つの寺院で行われているから、薩摩国でも国庁近辺の寺院で行われたとするのが自然であろう。一般には、七世紀後半に諸国の部内に寺院が建立され始めており、そのうちの一部が国司の仏教行事を担った、すなわち、国府・国庁にあった国司とその付近の寺院は、国分寺・国分尼寺成立以前から密接な関係をもち、この関係は国司が民衆に対して行う仏教政策を推進するための、地方での中心的な役割を担ったとされている。(41)

さて、薩摩国に隣接する肥後国では、白鳳期の寺院址が複数確認されており、奈良時代の寺院址もかなりの数が存在したと考えられている。玉名郡の立願寺廃寺・詫磨郡の渡鹿A遺跡・益城郡の陳内廃寺・八代郡の興善寺廃寺などでは白鳳期の瓦が出土している。渡鹿A遺跡は、通説的には詫摩郡家とされているが、鴟尾が出土していることから、[42]八世紀代の寺跡とされる渡鹿B遺跡（渡鹿廃寺）に先行する寺院とする説も示されている。[43]また宇土郡大宅郷の額田部真島を優婆塞として貢進する天平勝宝二年（七五〇）四月五日付の解文が存在し、石山寺瑜伽師地論巻三十八の天平勝宝六年八月十九日付け奥書に書写者として飽田郡建部君虫麻呂の名がみえる。熊本県宇城市（旧下益城郡豊野村）にある浄水寺の石碑群は延暦～天長という平安時代のごく初期のものであり、また『日本霊異記』巻十九には、八代郡豊服郷出身の舎利菩薩とよばれた尼僧の説話もみえていて、肥後国にはかなり早い段階から仏教文化が流入し、定着していたことがわかる。[44]

先述したように、薩摩国には肥後国からの移民が行われていた。高城郡の合志郷・飽多郷・託万郷・宇土郷の四郷は、肥後国の合志郡・飽田郡・託麻郡・宇土郡からの計画的移民によってつくられた。また、八世紀前半の「律書残篇」と比較すると、薩摩国全体では一三郡二五郷から一三郡三五郷へと、一〇郷の増加がみられる。したがって、移民を中心として成立したと考えられる高城郡は、当初四郷であった可能性もあり、こうした郷の成立は高城郡の成立および大宝二年（七〇二）とされる薩摩国の成立にほぼ一致すると考えられる。このなかで注目したいのは、託万郷である。肥後国託万郡には、国府がおかれ、先述した渡鹿A遺跡は白鳳寺院跡とも考えられており、早い段階での仏教文化の流入が知られる。一方、薩摩国高城郡託万郷は、現在の薩摩川内市の中郷に所在した宅満寺という寺院によって、国府推定地から一キロメートル《キロメートル》ほどのきわめて近い位置に比定されている。八世紀初頭の薩摩国府推定地に関しては、屋形ケ原説もあり、この説も無視できないが、この場合でも距離的にはそれほど離れているとはいえない。[45]宅満寺自体は戦国時代の創建とされているが、天保十四年（一八四三）に完成した薩摩藩の総合地誌『三国名勝図会』は、その名を「宅満島《たくましま》」という地名に由来するとしており、一般にはその地名が託万郷の遺称とされている。現在は水田や住宅が広がり、その面影はないが、「タクマシマ」の「シマ」は、川内川の流域にある微高地を意味しており、集落の立地としてはふさわしいと言える。

現在、旧薩摩国内で奈良時代にさかのぼりうる寺院址は薩摩国分寺以外は知られていないが、これは、現在の国府推定地自体の調査が充分に行われているとは言い難い状況のなかで、あるいは現在国府域とされている地域内に寺院が存在し、判別ができない可能性もある。ちなみに、薩摩国内における古代瓦の出土遺跡・採集地は、薩摩国府跡・薩摩国分寺跡・鶴峯窯跡・天辰廃寺跡（窯跡の可能性がある）・泰平寺・麦之浦貝塚・外川江遺跡・植平遺跡・大園遺跡・弥勒寺・計志加里遺跡・川骨遺跡（以上薩摩川内市）・高橋貝塚・上水流遺跡（以上南さつま市金峰町）であり[46]、奈良～平安中期の寺院は国府周辺にごくわずか想定されるにすぎない[47]。

さて、薩摩国の国府近傍の寺院の存在意義の第一は鎮護国家にあり、第二には、国府近くに移民した人々及びその子孫を支える役割を果たすことにあった。これは、国府が肥後国からの移民によって支えられたことからすれば当然のことといえる。しかし、従来指摘されてきたように隼人の居住する国に仏教を広め、仏教による教化を果たすこともまた、重要な任務とされたことは間違いない。

どのような人物が僧侶になったかについて、明確に伝える史料はないが、『日本書紀』の持統天皇三年（六八九）正月壬戌（九日）条の「賜㆓越蝦夷沙門道信、仏像一躯・潅頂幡・鍾鉢各一口・五色綵各五尺・綿五屯・布一十端・鍬一十枚・鞍一具㆒。」という記事や、「天平十年（七三八）筑後国正税帳」の「得度者遷㆓帰本嶋㆒、多褹嶋僧弐躯【廿五日】単伍拾人、食稲弐拾束【人別四束】」などから、蝦夷の沙門や多褹嶋出身の僧が確認できるので、隼人出身の僧がいた可能性も高い。隼人への教化という面からすれば、むしろ隼人出身の僧侶の存在が必要とされる状況にあったとも言える。

表7　『弘仁式』（主税）にみえる諸国の国分寺料

国分寺料	国　名
60000 束	陸奥　肥後
50000	近江　上野　越前
40000	美濃　信濃　下野　出羽　丹波　但馬　出雲　播磨　美作　備前　讃岐　伊予
30000	越中　因幡　伯耆　備中　安芸
20000	能登　越後　丹後　石見　備後　周防　紀伊　筑後　肥前　壱岐*　薩摩**　豊前　大隅***
14000	阿波
10000	若狭　佐渡　長門　土佐　日向
5000	飛弾　隠岐　淡路

*壱岐の出挙は肥前。　**薩摩の出挙は肥後。
***大隅の出挙は日向。

表8　西海道諸国の財政規模と国分寺料の割合（単位は束、比率は％）

国名	弘仁式			延喜式		
	財政規模	国分寺料	比率	財政規模	国分寺料	比率
筑前	550000 超	不明		790063	32293	4.1
筑後	520000	20000	3.6	623581	13394	2.1
肥前	590000	20000	3.4	692589	16697	2.4
肥後	1230000	60000	6.1	1579117	47887	3.0
豊前	520000	20000	3.6	609828	20000	3.3
豊後	570000	20000	3.5	743842	20000	2.7
日向	330000	10000	3.0	373101	10000	2.7
大隅	120000	20000 *	16.7	242040	20000	8.3
薩摩	120000	20000 *	16.7	242500	20000	8.2
壱岐	65000	20000 *	30.8	90000	16697**	18.6
対馬	3920	0	0	3920	0	0
多褹	2080	0	0			

*大隅・薩摩・壱岐の出挙はそれぞれ日向・肥後・肥前。
**壱岐の出挙は肥前。

大隅国の仏教については、隣国の日向国内で白鳳寺院は確認されていないから、[48]日向国との関係は明確ではない。すでに指摘されているように、『続日本紀』和銅七年（七一四）三月壬寅（十五日）条にみえる豊前国二〇〇戸の移民記事や『和名類聚抄』にみえる大隅国桑原郡大分郷などから、大隅国には豊前・豊後からの移民が行われていたことが知られるが、このうち豊前国からの移民について、菅原征子は、当時豊前国に広がっていた法蓮の仏教運動の影

饗下にあった人々であるとしている。(49)

薩摩・大隅国分寺の創建時期に関しては、『続日本紀』天平勝宝八年（七五五）十二月己亥条に二六国の国分寺に仏事荘厳具を頒布する記事があり、この二六国のなかに薩摩・大隅国が含まれていないので、薩摩国分寺はこの年をさかのぼらないとするのが通説である。(50) 西海道諸国でこの二六国に入らなかったのは、筑前・薩摩・大隅の三国であるが、筑前国はこの年までには成立していたと考えられており、(51) 薩摩・大隅についても、この年までに成立していたと考えることは、不可能なことではない。(52)「弘仁主税式」によれば、表7のように、薩摩・大隅国の国分寺は、全国的にみれば、中位の規模であったと考えられる。

また表8から、「弘仁式」段階では、財政規模と国分寺維持財源の比率が、他国に比べて桁違いに大きいことがわかる。とくに、日向国と比較すると、日向国は自国の国分寺料の二倍に当たる大隅国分寺料の出挙を行っているのであるから、これは、政府の政策として大隅国における国分寺をこうした規模で完成・維持することが重視されていたことを示している。

養老四年（七二〇）の対隼人戦争後、政府の採った隼人支配は、一言で言えば、律令的諸制度の完全適用を留保するというものであった。「天平八年薩麻国正税帳」からは、「隼人一十一郡」のなかに、籍帳制・租調庸制がほとんど及んでいない郡の存在することが確認できる。

こうしたなかで、政府は、郡領層の子弟を舎人に任用し、トレーニングを施し、しかる後に郡司に任用するなどして、律令制を徐々に浸透させる政策を採った。郡領のなかにみられるヤマト的な名をもった者は、おそらくこのような役割を果たした者であった可能性が高い。そして、八世紀後期には、律令制全面適用を可能にする前提が整備されていき、延暦十九年（八〇〇）の律令制の完全適用に至る。東北地方と違い、南九州に於いて、こうした政府の動きに対する抵抗の存在は確認できない。これは何よりも、八世紀代の状況によるものと思われる。

注

（1）井上辰雄「天平八年薩麻国正税帳に関する諸問題」（『正税帳の研究』塙書房、一九六七年）、『隼人と大和政権』（学生社、一九七四年）、同『熊襲と隼人』（教育社歴史新書、一九七九年）。
（2）代表的なものを列記しておく。中村明蔵『隼人の研究』（学生社、一九七七年）、『熊襲・隼人の社会史研究』（名著出版、一九八六年）、『熊襲と隼人―南九州の古代社会―』（評論社、一九七三年）、『隼人と律令国家』（名著出版、一九九三年）、『隼人の楯』（学生社、一九七八年）、伊藤循「隼人支配と班田制」（『千葉史学』四号、一九八四年）、同「律令国家と蝦夷支配」、宮原武夫「律令国家と辺要」（ともに田名網宏編『古代国家の支配と構造』東京堂出版、一九八六年）、永山修一「八世紀隼人支配の特質について―薩摩国を中心に―」（『古代文化』四四―七、一九九三年）。
（3）山里純一「地方財政の予算編成と運営単位」『律令地方財政史の研究』（吉川弘文館、一九九一年）。
（4）本蔵久三「天平期にみる薩摩国―正税帳をとおして―」（『地方史研究』二二―一、一九七二年）。
（5）竹内理三「僧尼の経済生活」『奈良朝時代に於ける寺院経済の研究』（『竹内理三著作集　第一巻』角川書店、一九九八年）。山里純一「仏教関係費」（『律令地方財政史の研究』吉川弘文館、一九九一年）。
（6）薗田香融「郡稲の起源」（岸俊男教授退官記念会編『日本政治社会史研究　中』塙書房、一九八四年）。
（7）高井佳弘「賑給の制度と財源」（『史学論叢』一〇号、一九八二年）。以下、高井の見解は本論文による。
（8）渡辺晃宏「平安時代の不動穀」（『史学雑誌』第九八巻第一二号、一九八九年）一〇―一一頁。
（9）井上辰雄「薩摩国正税帳をめぐる諸問題―隼人統治を中心として―」（『正税帳の研究』塙書房、一九六七年）、伊藤循ａ「隼人支配と班田制」（『千葉史学』四号、一九八四年）、同ｂ「律令制と蝦夷支配」（田名網宏編『古代田家の支配と構造』東京堂出版、一九八六年）、奥野中彦「薩摩国正税帳をめぐって―律令制と薩摩―」（『鹿児島県立短期大学地域研究所年報』一二号、一九八三年）。

(10) 中村明蔵「律令制と隼人支配について―薩摩国の租の賦課をめぐって―」（『隼人の研究』学生社、一九七七年）、同「隼人国の租の賦課についての再論」（『熊襲・隼人の社会史研究』名著出版、一九八六年）、宮原武夫「律令国家と辺要」（田名網宏編『古代国家の支配と構造』東京堂出版、一九八六年）。

(11) 宮原注10論文。

(12) 宮原注10論文。

(13) 石母田正「古代の身分秩序」（『石母田正著作集』第四巻、岩波書店、一九八九年）。

(14) 竹中康彦「大宰府管内諸国の区分に関する考察―とくに日向国の位置付けに付いて―」（『古代文化』第四三巻第七号、一九九一年）。

(15) 小林敏男「南九州の村落」（『日本村落史講座、第二巻、景観一』雄山閣出版、一九九〇年）が諸説の整理を行っている。小林は、この浮浪人を隼人の戦いの際この地方に避難した柵戸として理解したが、浮浪をどのようにとらえるかは、小林も述べているように「南九州における律令制の貫徹度をどう解するか、浮浪人による建郡という特殊事情をどう理解するか」にかかっているのであり、筆者がかつて「天平勝宝七年菱刈建郡記事の周辺」（『隼人文化』第一〇号、一九八二年）で示した未編戸隼人説を改める必要はないと考えている。

(16) 中村明蔵「天平期の隼人」（『隼人と律令国家』名著出版、一九九三年）。

(17) 橋本義則「朝政・朝儀の展開」（『日本の古代』第七巻『まつりごとの展開』中央公論社、一九八六年）。

(18) 寺内浩「律令国家と賑給」（『日本史研究』二四一号、一九八二年）。

(19) 因みに、「天平十年（七三八）度駿河国正税帳」によれば、一郡あたり二日、合計一四日、同年度「周防国正税帳」では、一度の賑給に一七日、同国は六郡なので一郡平均二・七日、天平九年度豊後国正税帳では三度の賑給に、一度につき各郡二日～三日を費やしている。したがって、一郡あたり二日が最低ラインとなろうが、先にみたように薩摩国の場合、一九日ですべての郡の賑給が行われたと考えた場合、一三郡で割ると、一郡平均一・五日となる。

(20) 平川南「俘囚と夷俘」（青木和夫先生還暦記念会編『日本古代の政治と文化』吉川弘文館、一九八七年）。

(21) 宮原注10論文。

(22) 伊藤注9a論文。

(23) 中村注16論文。

(24) 山里純一は、「律令国家と南島」（『古代日本と南島の交流』吉川弘文館、一九九九年）のなかで、「掩美嶋」「伊藍嶋」木簡が南島産の赤木貢進に用いられたものと推定したが、これが令制的調と異質のものであったことは明らかであろう。なお、これらの木簡については、「大宰府史跡出土木簡概報（二）」（九州歴史資料館、一九八五年）による。

(25) 「隼人之調」「隼人調布」の淵源は、『日本書紀』持続三年（六八九）正月壬戌条の「筑紫大宰栗田真人朝臣等、献₂隼人一百七十四人并布五十常・牛皮六枚・鹿皮五十枚₁。」という記事中の「布五十常」に求められる。

(26) なお、隼人の朝貢に関して、天平勝宝元年（七四九）から天平宝字八年（七六四）の間、『続日本紀』には記事がみえない。朝貢隼人の交替は、政府にとって王権の荘厳のために必要であったし、また帰郷を望む隼人にとっても必要なことであった。朝貢隼人の滞京はおよそ八年が限度と考えられるので（霊亀二年〔七一六〕五月辛卯条）、おそらく天平勝宝七年（七五五）～天平宝字元年（七五七）に隼人の交替が行われたと考える。この期間は、『続日本紀』巻一九・二〇に当たるが、『続日本紀』の編纂過程で、隼人の交替記事が省略された可能性もあると考える。ちなみに、笹山晴生「続日本紀と古代の史書」（岩波新古典日本文学大系『続日本紀　二』岩波書店、一九八九年）によれば、巻二〇は、『続日本紀』全四〇巻のなかでも編纂過程が特殊であり、また巻一九もかなりの記事が省略されているという。

(27) 『類聚国史』巻百九十、風俗、隼人の延暦十二年二月己未条。

(28) 栄原永遠男「奈良時代の流通経済」（『奈良時代流通経済史の研究』塙書房、一九九二年）三六頁。

(29) 岡藤良敬「大宰府財政と管内諸国」（『新版　古代の日本　九州・沖縄』角川書店、一九九一年）。

(30) 日向国については、正倉院に調綿の紙箋が伝来するとされていたが（東野治之「調墨書銘二題」〔『正倉院文書と木簡の研究』

塙書房、一九七七年）三六〇―三六一頁）、近年これを否定する調査結果が示された（杉本一樹「いわゆる日向国計帳について」〔『正倉院紀要』二〇号、一九九八年〕）。

(31) 岡藤注29論文。

(32) 井上辰雄「隼人十一郡」（『隼人と大和政権』学生社、一九七九年）。

(33) 大津透「唐律令国家の予算について―儀鳳三年度支奏抄、四年金部旨符試釈―」（『日唐律令制の財政構造』岩波書店、二〇〇六年）、同「律令収取制度の特質―日唐賦役令の比較研究―」（『律令国家支配構造の研究』岩波書店、一九九三年）。

(34) 中村明蔵「隼人の朝貢をめぐる諸問題」（『隼人の研究』学生社、一九七七年）二二〇頁。

(35) 井上注32論文。

(36) 中村明蔵「大隅と阿多」（『隼人の研究』学生社、一九七七年）八一頁〜。

(37) 郡司、なかでも大領・少領を同一氏族が独占することは、郡の政治に大きな弊害を生じる可能性があると考えられたため、いくつかの例外を除いて大領・少領を同一氏族が独占することは禁止されていたおり、『続日本紀』天平七（七三四）年五月丙子（二十一日）条によれば、他姓のなかに適当な候補者がいない場合に限り、少領以上に限り連用を認めるとした。このとき、南九州では、多褹嶋の郡司だけがこの例外規定の適用を受けており、したがって、薩摩国では、大領と少領は異姓であったとしなければならない。

(38) 直木孝次郎「郡司の昇級について」（『奈良時代史の諸問題』塙書房、一九六八年）三六三頁。

(39) 井上薫「トネリ制度の一考察―大舎人・坊舎人・宮舎人・職舎人―」（『日本古代の政治と宗教』吉川弘文館、一九六一年）。

(40) 薩摩半島南部の南さつま市金峰町や南九州市知覧町などで、八世紀代にさかのぼる可能性のある蔵骨器が出土しており、あるいは都の文化に慣れ親しんだ隼人の郡領層が、こうした葬法で葬られた可能性がある。

(41) 鬼頭清明「国府・国庁と仏教」（『国立歴史民族博物館研究報告第二〇集』一九八九年）一二五頁。

(42) 網田龍生「大江遺跡群（渡鹿Ａ遺跡）」（『新熊本市史　史料編　第一巻　考古史料』一九九六年）九八九頁。

(43) 鶴島俊彦「肥後における歴史時代研究の現状と課題」（『交流の考古学』三島格会長古希記念号、一九九一年）。

(44) 板楠和子「浄水寺の歴史的背景」(国立歴史民俗博物館企画展示図録『古代の碑』一九九七年)。

(45) 『三国名勝図会』は、屋形ケ原を国府遺称地としてあげる。薩摩国府跡の発掘調査によって屋形ケ原説は顧みられなくなったが、国府の移動の問題を考えれば、屋形ケ原説は薩摩国府跡に先行するものとして考えることも可能である。なお、屋形ケ原付近では二カ所から蔵骨器が出土している。

(46) 鹿児島県埋蔵文化財センターの池畑耕一・上床真氏、鹿児島県歴史資料センター黎明館の東和幸氏・薩摩川内市教育委員会の中島哲郎氏の御教示による。なお、南さつま市金峰町の二遺跡に関して、この近傍に中岳古窯跡群があり(未調査)、あるいはこの窯で焼かれた瓦である可能性も考えられる。

(47) 南さつま市金峰町は、古代の阿多郡にあたり、先述したように『日本書紀』持統天皇六年(六九二)閏五月条に、沙門を阿多に派遣するとの記事があることから、この地域に早くから仏教が伝わっていた可能性はある。また、南さつま市金峰町白樫野遺跡からは、木炭を敷いた方形の石組みの中央に宝珠型のつまみの付いた蓋をもつ蔵骨器を置き、四隅に一個ずつの土師器坏(うち三個には「山」の墨書)を配した墓が出土しており(宮下貴浩「白樫野遺跡」『先史・古代の鹿児島　資料編』鹿児島県教育委員会、二〇〇五年)、これは八世紀後期から九世紀前半とされているから、この地方への仏教の流入が早かったことを示しているとも考えられる。

(48) 宮崎県西都市上妻遺跡で、豊後国の白鳳寺院である金剛宝戒寺と同笵の軒丸瓦が一点出土しているだけである。

(49) 菅原征子「養老の隼人の反乱と八幡放生会の由来」(『日本古代の民間宗教』吉川弘文館、二〇〇三年)。

(50) 田村圓澄・小田富士雄「観世音寺と国分寺」(『古代の日本　3九州』角川書店、一九七〇年)二五〇頁。

(51) 田村・小田注50論文、二四九頁。森田勉「筑前」(『新修国分寺の研究　第五巻』吉川弘文館、一九八七年)二一一―二一二頁。『太宰府市史　考古資料編』(一九九二年)四五六・四六八頁。ただし、筑前国には観世音寺があったため、しばらくは観世音寺が国分寺の役割を担っており、筑前国分寺の創建は天平勝宝八(七五六)年以降とする説もある。

(52) 薩摩国分寺の創建瓦は、肥後国分寺系複弁八葉軒丸瓦と老司系(豊前国分寺系)軒平瓦、都府楼系鬼瓦が用いられており、瓦当資料の示す年代は八世紀後半か末ごろとされる（小田富士雄「薩摩国分寺跡出土の瓦当資料」『国指定史跡薩摩国分寺跡』二八八頁）。また、創建瓦を焼いた鶴峯窯跡から発見された須恵器は八世紀代の古い頃より下らない（『薩摩国府跡・国分寺跡』一五四頁、小田富士雄氏執筆分）とされており、遺構・遺物から天平勝宝八年（七五六）以降の創建とされているわけではない。

第五章　隼人の「消滅」

前章では、「天平八年薩麻国正税帳」の分析を通して、八世紀代に、政府は隼人に対する律令制的諸原則の適用を留保していたことを述べておいた。周知のように、延暦十九年（八〇〇）に、大隅・薩摩両国で班田制が実施され、律令制の完全適用が行われ、翌延暦二十年には隼人の朝貢停止が決定され、延暦二十四年に朝貢隼人が帰郷することで、薩摩・大隅隼人による朝貢は最終的に停止された。本章では、隼人に対する律令制適用の留保政策がどのような過程を経て、九世紀初頭の完全適用に至るのかをみていきたい。その際、政府の対蝦夷政策の動向にも注意を払うことにしたい。

一方、南九州の隼人が「消滅」した後も、畿内近国には隼人の姿を確認できる。大宝令では、衛門府の管下に隼人司が置かれ、九世紀初頭、隼人司はいったん廃止され、程無く兵部省の管下に再置されることになった。あわせて、隼人司が成立し展開していく様子を、その前身官司の問題や、南九州の隼人支配の進展、および中央の政治情勢とも関わらせながらみていくことにしたい。

『続日本紀』天平神護二年（七六六）六月丁亥（三日）条に、

日向、大隅、薩摩三国大風、桑麻損尽、詔勿レ収二柵戸調庸一。

という記事がある。日向・大隅・薩摩の三国に柵戸が置かれていることを伝えるもので、八世紀後期にさしかかろうとする時点でも、隼人との軍事的緊張関係は完全に解消されていたわけではなかった。

ところが、その状況はほどなく変化していった。薩摩・大隅への配流記事をみると、神護景雲三年（七六九）宇佐八幡宮神託事件で和気清麻呂が大隅国へ配流されている。情勢がきわめて緊迫している国への配流は考えにくいので、軍事的緊張状態は大きく薄らいでいると評価できる。

また、『類聚三代格』巻十九　弘仁六年（八一五）八月十三日付太政官符には、

太政官符

応三日向国加二軍毅一人一事

右得二大宰府解一称、国解称、謹案下太政官去宝亀十一年十一月廿三日下二兵部省一符上称、肥前国兵士五百人、豊後国兵士六百人、軍毅各二人者。今当国兵士見有二五百人一、所レ領之毅唯此一人、如有二身故一者、誰備二非常一、安レ治之思不レ可二暫忘一、〔　〕加二置一員一、以備二不虞一者、〔　　　〕

弘仁六年八月十三日

とあって、引用されている宝亀十一年（七八〇）十一月二十三日付太政官符によれば、同年、大宰府管内の軍団兵士

の定員が削減されるに際して、日向国全体の軍団兵士数が五〇〇人に減らされたらしい[1]。これは一般の軍団一団＝一〇〇〇人の半分でしかなく、この程度の軍事力で良しとする背景には、隼人との緊張関係がほとんど消滅しているという状況を想定しなければならない。隼人に対する政府の支配が順調に進展していることを示している。

さて、『類聚三代格』巻八　調庸事に載せる以下のような延暦四年（七八五）十二月九日付太政官符は、当時の南九州の情勢をうかがわせる重要な史料である。

太政官符

応レ徴下大宰管内九国百姓互浮二浪九国一調庸上事

右、右大臣宣、奉レ勅承前之例、大宰所管百姓、浮二浪管内国一、不レ輸二調庸一、唯徴二他界浪人課役一。由レ是日向国百姓規二避課役一、逃二入大隅薩摩国一、本郷為レ墟、遂闕二公政一。然則逃亡固是奸詐、応レ徴二課役一者。府宜下承知、管内之国百姓浮宕、精加二督察一、令上レ輸二調庸一。如有二疎漏一府官并国司科二違勅罪一、解二却見任一、不レ在下会二赦降一限上。

延暦四年十二月九日

この太政官符からは、当時大宰府管内で百姓の浮浪が問題となり、なかでも日向国から大隅・薩摩両国への浮浪が多かったこと、その浮浪たちに他界浪人課役に加えて課役を課すことを命じたことがわかる。ここでは、なぜこの時点でこのような措置が発令されたのか、そしてなぜ日向国から大隅・薩摩国への浮浪が起こっているのかという二点についてみていきたい[2]。

まず、なぜこの時点でこのような措置が発令されたのかについて、他界浪人課役がどのようなものであったかを手がかりにして考えてみる。延暦四年（七八五）六月二十四日には次のような太政官符が出されていた。

太政官符

一　応㆔畿内七道諸国括㆓責戸口㆒事

右頃年之間、不課増益、課丁損減。郡司等撫養乖㆑方。課口損減、姦詐多端、不課益増。授田之日、虚注㆓不課㆒、多請㆓膏腴之土地㆒、差科之時規㆓避課役㆒。常称㆓死逃之欺妄㆒。庸調減損、国用闕乏。職㆓此之由㆒。今宜㆑令㆘撿㆓括所部百姓浮宕国中㆒、厳加㆓捉搦㆒、勘㆗注妄死逃走除帳之輩㆖。又依㆓宝亀十一年格㆒、下㆑符括責。具注㆓事由㆒、并載㆓附大帳内目録㆒申上。不㆑得㆓逗留疎漏㆒。

一　応㆑勘㆓他国浮浪㆒事

右無頼之徒規㆓避課役㆒。容㆓止他郷㆒巧作㆓方便㆒。彼此共撿括同科㆓課役㆒。戸口不㆑減、調庸増益。而国郡司顔面阿縦。并私隠没為㆓己利㆒。又依㆓去宝亀十一年格㆒編㆓附当処㆒。因㆑茲国司触㆑途欺妄。今年編附給㆓口田㆒。来歳逃亡不㆑還㆑地。遂致㆓人田共隠没㆒。自今以後、停㆓編附之格㆒、依㆓天平八年二月廿五日格㆒。但先給㆑田逃亡人分還㆑公。

以前右大臣宣、奉㆑勅、国以㆓百姓㆒為㆑本。国非㆓一人独理㆒。委㆓之牧宰㆒。輯㆓寧兆庶㆒。若考㆓論政績㆒、在㆓戸口存亡㆒。不㆑有㆓甄明㆒。何憑㆓賞罰㆒。自今以後、依㆓前件㆒施行。有㆓減少及増加㆒随㆑事褒貶。以旌㆓善悪㆒。

延暦四年六月廿四日

これは、浮浪人を発見した際その所在地で戸籍に登録することとした宝亀十一年（七八〇）十月二十六日格を変更し、浮浪人を戸籍とは別の名簿に登録して調庸を全輸させ、その上当所に於て苦使するという天平八年（七三六）二月二十五日格にもどすという内容であり、(3) 延暦四年十二月九日付太政官符が、この延暦四年六月二十四日付太政官符をうけて出されていることは明らかである。このように考えれば、延暦四年十二月九日付太政官符にみえる「他界浪人課役」が、浮浪として把握された土地で納めるべき調庸＋苦使を意味することは明らかであろう。ところが、浮浪人から「他界浪人課役」を徴収するだけでは、日向国から大隅・薩摩両国への浮浪を減少させることができなかった。そこで、浮浪は本来犯罪行為なのであり、本貫地が「墟」になるとして、さらに調庸を課す措置をとったのである。これを日向・大隅・薩摩国でみると、大隅・薩摩両国において日向国からの浮浪として把握された者たちは、大隅・薩摩に「他界浪人課役」を納めるとともに、日向国の本貫地でも課役を納めるということになる。以上のように考えれば、浮浪人政策として発令された延暦四年六月二十四日付太政官符は、大宰府管内では充分な成果を得ることができず、とくに日向国から大隅・薩摩両国への浮浪を取り締まるために、延暦四年十二月九日付太政官符が出されたとすることができる。

次に、二番目の問題、なぜ日向国から大隅・薩摩国への浮浪が起こっているのかについてみてみる。これは、言い換えれば、なぜ延暦四年（七八五）六月二十四日付太政官符では、日向国から大隅・薩摩両国への浮浪を押さえ込むことができなかったのかという問題になる。大隅・薩摩両国において、浮浪たちに調庸を課しさらに苦使することでは、浮浪を抑止することができなかった二つの理由を考えることができる。一つ目は、土地の問題である。『続日本紀』養老五年（七二一）十二月辛丑条には、

　薩摩国人希地多。随レ便并合。

また、『続日本紀』天平二年（七三〇）三月辛卯（七日）条には、

　大宰府言、大隅薩摩両国百姓、建国以来、未二曽班田一。其所レ有田悉是墾田。相承為レ佃。不レ願二改動一。若従二班授一、恐レ多二喧訴一。於レ是随レ旧不レ動、各令二自佃一焉。

とあって班田が行われていない状況であり、延暦十九年の大隅・薩摩両国に班田制が施行される以前の段階では、百

姓の占有面積に制限がなく、日向国よりも広い土地を得られた可能性が高い。

二つめは、調庸の内容・量に関わる問題である。これは、賦役令辺遠国条の解釈とも関わる問題であるので、以下これについて、考えてみる。まず養老賦役令辺遠国条を掲げると、以下のようになる。

凡辺遠国、有二夷人雑類一之所、応レ輸二調役一者、随レ事斟量、不三必同二之華夏一。

この条文は、一般に辺遠国にすむ夷人雑類に負担についての規定として理解されているが、「有二夷人雑類一之所」は辺遠国を説明するための語句である。養老賦役令は、Ⅰ調庸・歳役・義倉等の基本税目についての規定、Ⅱ復除についての規定、Ⅲ丁匠の使役についての規定、Ⅳその他、という構成をもつ。(4) 養老賦役令辺遠国条は、水旱条・辺遠国条・蠲符条の順に排列されており、Ⅱ復除についての規定に分類できる。また天聖令によって復元された開元二十五年（七三七）令でも、水旱条・諸州豊倹条・辺遠州条・蠲符条の順に排列されており、同じくⅡ復除についての規定に分類できる。

一方、開元二十五年（七三七）令の唐賦役令辺遠諸州条は以下のようになる。

諸辺遠諸州、有夷獠雑類之所、応輸課役者、随事斟量、不必同之華夏。(5)

傍点をほどこした字以外は養老賦役令辺遠国条と同文である。賦役令集解辺遠国条に古記が引用されていることから、大宝賦役令にも辺遠国条が存在しており、大宝令の母法にあたる唐永徽令にも開元二十五年（七三七）令とほぼ同文の辺遠諸州条が存在したと推定される。(6)

さて、唐令には化外人が内附した場合の規定として、蕃胡内附条があった。これは、北方の遊牧民やソグド商人を対象としたもので、銀銭あるいは羊を納めさせる規定である。蕃胡内附条は、『通典』にみえ、宋の天聖令にはみえないから、開元二十五年令には存在せず、開元七年令として復元される。(7) この蕃胡内附条は、賦役令の構成からいえ

ば、Ⅰ調庸・歳役・義倉等の基本税目についての規定に分類される内容である。(8)

貞観二十一年（六四七）、鉄勒回紇等十三部が内附したので、六都督府・七州を置き、その酋長を都督・刺史に任じて貂皮を賦税に充てたが、(9)この貂皮は律令制の調庸とは全く異質の貢納物であった。(10)もしこれの法的根拠が辺遠諸州条とすれば、辺遠諸州条はⅠ調庸・歳役・義倉等の基本税目の規定として排列されていなければならないが、実際にはⅡの復除についての規定に位置づけられている。復除とは、律令制の賦税が何らかの事情で免除あるいは軽減されることを意味するから、その対象者は、本来的に化内人と考えるべきであろう。すなわちこの条文は、辺遠諸州に住む夷獠雑類を対象とするという属人法的理解ではなく、夷獠雑類が住む辺遠諸州を対象とするという属地法的理解に立たなければならないと考える。

さて、養老賦役令辺遠国条にみえる辺遠国が、具体的にどの国を指しているかについては、周知のように令集解同条所引の古記に、

夷人雑類、謂二毛人・肥人・阿麻彌人等一。問。夷人雑類、一二。答。本一、末二。仮令、隼人・毛人、本土謂二之夷人一。此等、雑二居華夏一、謂二之雑類一。一云、一種無レ別。

とあって、令制国でいえば、毛人の居住する陸奥・出羽両国、隼人の居住する薩摩・大隅両国、合わせて四国をあげることができる。すでに第三章で述べておいたように、これら四国は、

A地区＝律令制的公民支配が確立している地域
B地区＝A地区の外側にあって城柵を設置し柵戸の移民によって建郡し、公民支配が一応成立している地域
C地区＝B地区の外側にあって律令制的公民支配が未成立の蝦夷・隼人の居住地域

の三つの地区に分けられるが、辺遠国条が対象とするのは、このうちA地区・B地区に住む公民であったと考える。

薩摩国を例に取れば、辺遠国条の対象となるのは、先述したような本来肥後系の人々で、建国に際して薩摩国に編入されたと考えられる出水郡の住民や、肥後などからの移民を主として建郡された高城郡の住民が含まれており、彼らの負担は、夷人雑類が居住しない国に住む人々の負担よりも軽減されていたとすることができる。

以上を前提に、延暦四年（七八五）十二月九日付太政官符に載せる日向国から大隅・薩摩両国への浮浪に関してみれば、日向国から大隅・薩摩両国に浮浪した人々は、延暦四年六月二十四日付太政官符に従い、大隅国や薩摩国で「他界浪人課役」を負担することになったが、これは大隅・薩摩両国の公民たちが負担する調・庸に等しく、おそらく苦使を合わせても結果的に日向国に居住していた時よりも負担が軽減されることになった。したがって、延暦四年六月二十四日付太政官符の措置は、日向国から大隅・薩摩両国への浮浪を抑止する政策としては甚だ不十分であったため、そして浮浪により徴収すべき課役の量が減少してしまった日向国の税収を確保するため、延暦四年十二月九日付太政官符を出し、大隅国や薩摩国での「他界浪人課役」に加えて、日向国でも調・庸を納入させることにしたということになる。

さて、「隼人郡」支配という点については、「隼人郡」の郡家がどのようなものであったか興味を引かれる問題である。現時点で、郡家の遺構は確認されていないが、郡家に付属した厨に関わる墨書土器によって、これについて考えてみたい。薩摩国内で「厨」墨書土器は、八遺跡で一一点出土している。八遺跡については交通路の問題に関連して後述（第六章第六節）するが、ここでは「隼人郡」が存在した八世紀代に限ってみてみる。いちき串木野市市来町の安茶ケ原遺跡で出土した「日置厨」と墨書された須恵器坏は八世紀後半とされ、指宿市橋牟礼川遺跡出土の「厨」と墨書された土師器坏は八世紀後半～九世紀初頭とされている。これからみれば、「隼人郡」たる日置郡と揖宿郡には、八世紀後半の段階で、厨を併設した郡家がつくられていたと考えなければならない。とくに薩摩半島南端に位置する揖宿郡に厨をそなえた郡家があるということは、八世紀末の段階で、律令制の基調がほぼ薩摩半島を覆い、あとは律令制度の完全適用を待つばかりの状態になっていたことを示すと考えられる。

第二節　隼人の朝貢停止

『続日本紀』延暦七年（七八八）七月己酉（四日）条には、

大宰府言、去三月四日戌時、当大隅国贈於郡曽乃峯上、火炎大熾。響如二雷動一。及二亥時一、火光稍止唯見二黒烟一。然後雨レ沙。峯下五六里、沙石委積可二二尺一。其色黒焉。

とあって、曽乃峯の噴火が起こったことが知られる。この噴火の被害がどの程度のものであったか明らかではないが、八世紀後半から九世紀前半にかけて、南九州で数多く確認される天災・飢饉の一つとすることはできる。この時期の天災・飢饉をまとめると、次の表9のようになる。

すでに第四章第三節で述べておいたように、延暦九年（七九〇）・十年の飢饉は、隼人による朝貢の実施に影響を与えたと思われるが、隼人の朝貢は、飢饉があるからといって免除される性格のものではなかった。そして、その次の朝貢は、前章第三節でみたように延暦十八年（七九九）に行われたと考えられる。

『類聚国史』巻百五十九　口分田　延暦十九年（八〇〇）十二月辛未（七日）条には、

収二大隅・薩摩両国百姓墾田一、便授二口分一。

とあって、大隅・薩摩両国での班田制の完全実施を伝える。延暦十九年は、造籍と班田が同時に行われたとされる年であるが、班田は、その前に作成されていた戸籍に基づいて行われたはずである。先述したように延暦四年十二月九

表9　南九州の天災

年代	事項	対応策	
天平神護二（七六六）	日向、大隅、薩摩三国で大風	柵戸の調・庸を免除	同年六月丁亥条
宝亀元（七七〇）	大宰府管内で大風	被災者に賑給	同年正月甲申条
宝亀六（七七五）	日向・薩摩両国で風雨	調・庸を免除	同年十一月丁酉条
延暦七（七八八）	大隅国曽於郡曽乃峯が噴火	対応無し	同年七月己酉条
延暦九（七九〇）	大宰府管内で飢饉	八万八千人余りに賑恤	同年八月乙未条
延暦十（七九一）	豊後・日向・大隅で飢饉	賑給	同年五月辛未条 以上『続日本紀』
大同元（八〇六）	日向・大隅・薩摩、水害・日照りの害、および疫病の流行	筑前・肥前は二カ年の田租を、筑後・肥後・豊前・豊後・日向・大隅・薩摩・壱岐は一カ年の田租を免除	『類聚国史』八三免租税 同年十一月乙未条
弘仁三（八一二）	薩摩国で蝗害	未納の稲五千束を免除	『類聚国史』一七三蝗 同年六月甲申条
弘仁四（八一三）	大隅、薩摩国で蝗害	未納の税を免除	『類聚国史』一七三蝗 同年十月甲申条
弘仁六（八一五）	薩摩国で蝗害	租・調・庸を免除	『日本後紀』 同年五月甲申条
弘仁六（八一五）	大宰府管内諸国、凶作	三カ年の田租を免除	『日本後紀』 同年十二月乙丑条

弘仁十（八一九）	薩摩国で蝗害	租を免除	『類聚国史』八三免租税 同年十一月丁丑条
弘仁十三（八二二）	大宰府管内、疫病流行し凶作	疫病・飢饉で苦しむ百姓救済に私財を 提供した人物に位を与える	『類聚三代格』同年三月二十六日付太政官符
天長七（八三〇）	大宰府管内諸国で疫癘流行	国分寺で金剛般若経を転読	『類聚国史』一七三疾疫 同年四月己巳条
承和三（八三六）	薩摩国で飢饉	賑給	『続日本後紀』同年閏五月戊寅条
承和五（八三八）	大宰府管内で飢饉	賑給	『続日本後紀』同年四月辛丑条
承和十（八四三）	肥前・豊後・薩摩・壱岐・対馬の三国二嶋で飢饉	賑給	『続日本後紀』同年九月甲寅条
仁寿三（八五三）	大宰府管内で疱瘡が流行	賑給	『文徳実録』同年九月辛丑条
天安二（八五八）	大宰府管内で、暴風雨により、作物壊滅	対応無し	『文徳実録』同年六月己酉条

日付太政官符では、とくに日向国から大隅・薩摩両国への浮浪が問題とされていたが、これはとりもなおさず大隅・薩摩両国で日向国からの浮浪が把握されていたことを示している。八世紀前半の段階で、大隅・薩摩両国において籍帳制が充分に機能していなかったことは、先述しておいたが、八世紀後期の段階になると、この両国において籍帳制

がかなり機能するようになっている状況を知ることができる。このように、八世紀末隼人郡を含む大隅・薩摩全域で戸籍が作成されたことをうけて、それに基づき班田が行われた。

そして、翌延暦二十年（八〇一）に、大宰府に対して隼人の朝貢を停止する指令が出された。『類聚国史』百九十隼人　延暦二十年六月壬寅（十三日）条には、

停㆔大宰府進㆓隼人㆒。

とある。霊亀二年（七一六）に隼人の六年ごとの朝貢が制度化されており、曽於郡大領曽乃君牛養が引率した朝貢が延暦十二年（七九三）に行われていることから、記録には残っていないものの、延暦十八年（七九九）に朝貢が行われた可能性が高い。したがって、延暦二十年の指令は、次回の朝貢年に隼人を上京させるには及ばないという内容であり、これが大宰府に指令されている背景には、西海道諸国には大宰府を経由して文書が伝達されるという行政的な文書伝達上の仕組みの問題というよりは、筑紫大宰・筑紫惣領が隼人の朝貢に関わって以来の隼人と大宰府の関係が前提にあると考えられる。

そして、『日本後紀』延暦廿四年（八〇五）正月乙酉（十五日）条に、

永停㆓大替隼人風俗歌舞㆒。

という記事がみえる。これは、曽於郡大領曽乃君牛養が引率した延暦十二年（七九三）の朝貢から、ちょうど一二年後に当たっており、通常通りの風俗歌舞が奏上されたものと思われるが、そこには新たに南九州から上京してくる隼人の姿はなく、この時風俗歌舞を奏上した南九州出身の隼人たちがこの後帰国することで、大替隼人（南九州と都を行き来する隼人の意）による風俗歌舞は、以後行われなくなった。大隅・薩摩両国の隼人たちによる朝貢は最終的に停止されることになったのである。

朝貢を行わない人々はもはや「隼人」ではなくなった。これ以降、南九州の居住者を隼人とよぶ例は確認できなくなる。南九州の隼人は、この一連の措置によって、「消滅」したと評価することができる。

第三節　隼人司の変容

隼人の朝貢の停止は、隼人を統括するために設置されていた隼人司にも大きく影響を与えた。まず、隼人司の成立と展開について概観し、その後に平安初期に行われた隼人司の改変についてみていくことにしたい。

隼人司の成立年代については明らかでないが、養老職員令に規定されており、また古記が引用されているため、大宝令にはその規定があった。飛鳥浄御原令に規定があったか否かについては、不明であるが、天武十一年（六八二）に隼人の朝貢が開始されており、隼人たちは一定期間滞京することになっていた。また、天武十四年には大隅直氏に忌寸姓が与えられていて、これは隼人統括の任務に関わるものと思われる。したがって、隼人司につながる官司は、朝貢の開始後間もなく成立したと考える。

隼人司の職掌を、中村明蔵の成果を参考にしてまとめると、(11) 以下のようになる。

A　畿内隼人の統轄

　　A―a移配隼人

　　A―b朝貢隼人

B　軍事的任務

C　天皇の権威発揚

隼人司が六国史に初見する史料は、八世紀後期の『続日本紀』神護景雲元年（七六七）九月己未（十二日）条の、

隼人司隼人百十六人、不レ論二有位无位一賜二爵一級一。其正六位上者、叙二上正六位上一。

という記事であり、隼人司に関する記事は、称徳～光仁期に集中して現れる。八世紀中期まで何度も隼人による朝貢が行われ、数多くの行幸にも供奉したであろうから、まず神護景雲元年（七六七）になって隼人司が初出する理由が問われなければならない。また、この年隼人司の隼人に対して爵一級を与えた背景も問われなければならない。さらに隼人司に関する記事が、なぜ称徳～光仁期に集中して現れるかも考える必要がある。以下、こうした問題について考えていく。

まず、隼人司の正史における初見が意外に遅く、称徳・道鏡政権期までずれ込む理由の一つとして、隼人司の長官たる隼人正の相当位が正六位下であり、五位以上の任官を原則として載せる『続日本紀』の性格からして、総じて上位者の数が増え相当位より高い位階で任官する傾向が強まる八世紀後半に隼人正が確認できるようになるということをあげることができる。しかし、隼人正の初見はさらに遅く『続日本紀』宝亀六年（七七五）四月庚午条となるので、これだけでは隼人司に関する記事が称徳～光仁期に集中する理由にはならない。

称徳・道鏡政権期に、かなりの規模で人々に爵一級を授けた例が、『続日本紀』には一〇例みえる(12)。それを列挙すると左のようになる。

①天平神護元年（七六五）正月己亥条

宜レ改二年号一。以二天平宝字九年一、為二天平神護元年一。其諸国神祝宜各加二位一階一。其従二去九月十一日一至二十八日一、職事及諸司番上、六位已下供事者、宜三亦加二一階一。唯正六位上依レ例賜レ物。其京中年七十已上者賜二階一級一。

②同年二月乙丑条

是日、賜下与レ賊相戦及宿二衛内裏一桧前忌寸二百卅六人、守二衛北門一秦忌寸卅一人、爵人一級上。

③同年閏十月丁酉条

騎兵一等二百卅二人賜二爵人二級一。二等卌八人、三等廿八人一級。並賜レ綿有レ差。大和・河内国郡司十四人賜二爵人二級一。八十七人一級。其献レ物人等賜レ綿有レ差。

④天平神護二年（七六六）七月庚辰条

詔、賜下三衛衛士諸司直丁直本司而経二廿年已上一者、爵人一級上。

⑤同年十月癸卯条

宜レ可三文武百官六位已下及内外有位加二階一級一。但正六位上者、廻二授一子一。其五位已上子孫年廿已上者、亦叙二当蔭之階一。普告二遐邇一知二朕意一焉。

⑥神護景雲元年（七六七）八月癸巳条

又大神宮〈乃〉祢宜大物忌内人等〈尓波〉叙二一級一。但御巫以下人等叙二一級一。又伊勢国神郡二郡司及諸国祝部有位无位等賜二一級一。又六位以下及左右京男女年六十以上賜二一級一。但正六位上重三選以上者、賜二上正六位上一。

又孝子順孫義夫孝婦節婦力田者賜二一級一。

⑦同年九月己未条

隼人司隼人百十六人。不レ論二有位无位一、賜二爵一級一。其正六位上者叙二上正六位上一。

⑧神護景雲三年（七六九）九月丁卯条

始賜下任二諸国軍主帳一者爵一級上。

⑨同年十月甲子条

詔、以二由義宮一為二西京一、河内国為二河内職一。賜二高年七十已上者物一。免二当国今年調、大県・若江二郡田租、安宿・志紀二郡田租之半一。又当国犯二死罪一已下、並従二赦除一。仍賜二弓削御浄朝臣清人等、并供レ事国郡司軍毅爵一級一。

⑩宝亀元年（七七〇）五月壬申条

先レ是、伊予国員外掾従六位上笠朝臣雄宗献二白鹿一。（中略）伏望。進二白鹿一人叙二位両階一。賜二絁廿疋・綿卌屯・布五十端・稲二千束一。共捕二白鹿一五人、各叙二位一階一。牧長一人・挾抄二人各賜二稲四百束一。捕レ鹿処レ駈使三人・水手十三人、各三百束。進二白雀一人叙二位両階一、賜二稲一千束一。進レ瑞国司及所レ出郡司、各叙二位一階一。

このうち、①②は藤原仲麻呂の乱の論功行賞としての叙位、①⑤⑥⑩は改元あるいは祥瑞の出現にともなう恩叙に関する叙位、③⑨は河内への行幸に関する叙位である。④は三衛の衛士および二〇年にわたって諸司に勤仕している直丁を対象に、⑦は隼人司の隼人一一六人を対象に、また⑧は諸国軍団の主帳に任じられた者を対象に爵一級を授けるという内容なのであるが、④⑦⑧の叙位が直接的に何を契機としたものかは明らかでない。しかし、この④⑦⑧の叙位が、衛士・隼人・軍団主帳のように軍事との関わりの深いものを対象とされていることは注目される。

隼人司の職務について養老令・令義解・令集解・延喜式などは軍事的な内容が含まれていることを伝えていない。しかし、すでに中村明蔵が指摘したように[13]、隼人司が令制五衛府の一つである衛門府の管下にあった点、大同年間にいったん停廃された後兵部省のもとに再置された点、天平十二年（七四〇）の藤原広嗣の乱に際して広嗣側も政府側も隼人を軍事力として利用した点、さらに『続日本紀』宝亀二年（七七一）三月戊辰条に「停二隼人帯レ剣一」とあって隼人が剣を帯していたことを確認できる点などから、隼人司および隼人が少なくとも潜在的な軍事力たり得たことは確認できる。

藤原仲麻呂政権崩壊から称徳・道鏡政権成立にかけての時期に軍事面でいくつかの新制のとられたことが知られている。藤原仲麻呂の乱終熄後、年内に外衛府が設置され、授刀衛が組織的に拡大強化されて天平神護元年（七六五）二月に近衛府へと改組され、同年までに令制五衛府の上に近衛・中衛・外衛の三衛が並び立つという体制が成立した。そして、同年二月には内厩寮が設置され、さらに神護景雲元年（七六七）七月には軍事的性格をもつといわれる内豎省が成立した(14)。

また、すでに仲麻呂政権末期に、称徳・道鏡の勢力が授刀衛の兵権を掌握することに成功していたとの指摘もあり(15)、道鏡の実弟である弓削浄人の衛門督就任は、仲麻呂の乱鎮定の論功行賞の一つであると同時に、道鏡らの政治的ねらいを内在した抜擢であったということができる。弓削浄人は、従四位下というほぼ相当位で衛門督に就任し、その後従二位にまで昇進しながら衛門督はそのままであった。また弓削浄人は、内豎省が神護景雲元年（七六七）七月十日に設置されると、その卿に就任し、同年十一月二十九日に検校兵庫将軍となり兵器の出納を統轄するところとなった。弓削浄人がいかに軍事面で首導的な立場に立とうとしていたかがわかる。

称徳・道鏡政権期の軍事力についてみておくと、衛門府・左右衛士府の衛士の数は合わせて一六〇〇人、左右兵衛府・近衛府・中衛府・外衛府の舎人の数は合わせて二〇〇〇人となり、八衛府の総兵力は四〇〇〇名弱であった(16)。一方、隼人司管下の隼人の数についてみると、『続日本紀』神護景雲元年（七六七）九月己未条に「隼人司隼人百十六人」とあるが、朝貢隼人、下番の隼人なども合わせると数百名の規模になる可能性は十分である。以上のように考えるならば、潜在的軍事力であった隼人の存在は、軍事的基盤拡大の必要にせまられている道鏡らにとって、注目に値するものだったと考えられ、しかも先述したように、隼人司は衛門府の被官であり、その長官は道鏡の実弟弓削浄人であったから、隼人司への対応は容易であったと考えられる。

以上のように考えることができるとすれば、神護景雲元年（七六七）における隼人司の隼人に対する叙爵は、隼人司の隼人を優遇することによってこれを自らの軍事的基盤のなかにいっそう強固に組み込もうとする道鏡らの意図に発するものであったとすることができ、神護景雲三年十一月二十六日に奏された隼人の俗伎についても、新たな解釈が可能になる。井上辰雄は、この俗伎奏とその翌々日の新嘗の豊明宴との関係を指摘し、その宴に伊予から白祥鹿が献ぜられたことを考慮に入れて、「演出としてのこの『祥瑞』を考えるとすれば、わざとその二日前に隼人の俗伎を奏さしめたのは、隼人が王化を慕って俗伎を奏し、天下泰平を祝うという政治的なねらいがかくされていたのではないか」とした(17)。井上辰雄は、隼人の役割をもっぱら政権の荘厳にあったと考えているようである。また北山茂夫は、宇佐八幡宮神託事件以後の、由義宮を西宮としたこと等をあげて、「称徳天皇のまきかえし」ととらえたが(18)、この隼人の俗伎奏には、潜在的軍事力であった隼人を自らの権力を支える暴力装置として顕在化させることによって、自らの権威を再構築するというねらいも含まれていたと考えられる。後述するように、この朝貢にともなう俗伎奏に、初めて隼人司の関与が確認できることも、単なる史料残存の偶然によるものではなく、このようなねらいと関係があると考える。

称徳・道鏡政権は、宝亀元年（七七〇）八月、称徳天皇の死去により崩壊する（『日本紀略』宝亀元年八月癸巳条）。『続日本紀』は、それ以前の六月辛丑条に、

天皇自幸㆓由義宮㆒之後、不予経㆑月、於㆑是勅、左大臣摂㆓知近衛・外衛・左右兵衛事㆒、右大臣摂㆓知中衛・左右衛士事㆒。

という記事をのせる。左大臣は、自らの政治的勢力を伸張しようとする藤原永手、右大臣は、称徳天皇を介してでは

あるが道鏡の政権を支えた観がある吉備真備である。ここに七衛府しかみえないのは、残りの衛門府の長官が両人に次ぐ地位にあった従二位大納言弓削浄人であったからである。

藤原永手が摂知することになった近衛・外衛・左右兵衛府についてみると、近衛大将は藤原蔵下麻呂、右兵衛督は藤原雄田麻呂（のちの百川）で、両者とも称徳天皇の死後、光仁を後継者に推す上で永手とともに重要な役割を果たした人物である。また、外衛大将は、参議の藤原継縄、左兵衛督は欠員であった可能性もあり[19]、永手の摂知することになった兵力は反道鏡勢力を支える軍事力たり得たと考える。一方、吉備真備が摂知することになった中衛・左右衛士府について、中衛大将は称徳・道鏡政権発足時より真備自ら兼務しており、左衛士督は真備の長男の泉、右衛士督は称徳・道鏡政権期に異例の昇進を重ねた佐伯伊多智であったから、真備の摂知することになった兵力は、積極的とはいえぬまでも称徳・道鏡政権を支えるものであった。しかし、衛士の質の低下について従来多く指摘されているから[20]、永手の摂知することになった兵力のほうが、真備のそれよりも質的に勝っていたと考えられる[21]。

宝亀元年（七七〇）八月四日称徳天皇が死去すると、同二十一日には道鏡が造下野国薬師寺別当に左遷され、翌二十二日に弓削浄人がその三人の息子とともに土佐国に配流された。ここに、称徳・道鏡政権は全く崩壊する。その後二十八日には、左衛士督吉備泉が大学頭に転出し、皇太子決定をめぐって藤原永手・百川・蔵下麻呂らとの争いに敗れた右大臣吉備真備は、九月七日骸骨を乞い、十月八日中衛大将辞任のみを許されている。

天平宝字八（七六四）～天応元年（七八一）の兵部省と八衛府の長官任官者やその議政官兼務状況をみると、宝亀元年（七七〇）の吉備真備辞任後、約七年半にわたって中衛大将就任者を確認することができない。宝亀以降、天皇近侍の官としての近衛府の地位がしだいに中衛府より優位となる事態が進行していった[22]。また、衛門督についても弓削浄人失脚後約五年間任官者名を確認することができない。これは、中衛・衛門の両府以外では見出せないことであり、以上から、光仁朝において、中衛府・衛門府が称徳・道鏡政権期に保持していた政治的・軍事的意義を大きく減じていることは確実だといえる。すなわち、称徳・道鏡政権を支える上で大きな役割を果たしたと思われる中衛府・衛門府は、光仁朝に入るとその地位を低下させてくるのである。

『続日本紀』宝亀二年（七七一）三月戊辰条の、

停二隼人帯一レ剣。

という記事は、従来隼人の軍事的性格に関して言及される程度であった(23)。称徳・道鏡政権から光仁朝にかけての衛府制度の動向のなかに位置付ければこの措置が、隼人の軍事力削減という側面をもったものであることは明らかであろう。称徳・道鏡政権期に該政権の権威再構築をはかるために顕在化された隼人の軍事力は、その政権の崩壊後いわば武装解除され、隼人の軍事的無力化がはかられていった。

隼人司の軍事的任務は、八世紀半ば過ぎまで、隼人自体が動員された藤原広嗣の乱を除けば潜在的なものであり、称徳・道鏡政権のもとで顕在化され、光仁朝に至って姿を消すと考えられる。また、剣や大刀は単なる武器としての機能をもつにとどまらず、剣や大刀を帯すること自体が、それを帯した人物の衣服とあいまって、その人物を衣服制に依って律令制的身分秩序へ位置付ける面をもっていたから、帯剣停止の措置は、この意味でも隼人にとって抑圧的施策であったと考えられるのである。

さて、『続日本紀』宝亀六年（七七五）四月庚午条の、

外従五位下大隅忌寸三行為二隼人正一。

という記事は、こうした隼人・隼人司をめぐる動向のなかに位置づけると、重要な意味をもつ記載であるといえる。律令国家にとっての隼人の存在意義の一つに、日本版の中華思想を充足させる側面があったが、「化外」の民であり、

「夷人雑類」とされた隼人が王化の中心（天皇、地理的には京）に対して朝貢を行うことに対応して、王化の中心地に住む「化外」の民（として擬制された）隼人は、王化に内属する者、すなわち「化内人」によって統轄されねばならなかった。朝貢に際する天皇（律令国家の象徴）―魁帥（朝貢隼人を引率する首長・郡司層）―朝貢隼人という関係は、平時畿内における隼人司の官人―大衣（畿内隼人の教導に当たる）―畿内隼人という関係に相似するものであったのであり、[24]このことから隼人司の官人は本来的に隼人ではない「化内人」でなければならなかったといえよう。たしかに、大隅忌寸三行は「忌寸」姓をもち内位を得たこともある人物であったから、「化内人」であったとすることもできるが、大隅忌寸三行の『続日本紀』への登場の仕方は、この隼人正就任記事がなければ全く朝貢隼人と異なるところがない。[25]こう考えると、大隅忌寸三行の隼人正登用は、異例のことと考えられるのであって、大衣出身の隼人正が任用される傾向として一般化することはできない。[26]

とすれば、この大隅忌寸三行の異例の隼人正登用は、いかなる意図に発するものとすればよいだろうか。推測の域を出ないが、光仁朝初頭にとられた隼人司に対する抑圧的政策とのバランスを考えた融和的政策の一つとして理解できるのではないかと思う。先述したように、称徳・道鏡政権期にかけて、政権の思惑によってその政治的地位に大きな変化を受けた隼人司を安定させるための政策としてとらえることができると考えるのである。

隼人司の動揺はほどなくおさまったとみえて、大隅忌寸三行の隼人正就任記事のあと、六年相替を原則とする朝貢儀礼に関する記事をのせるのみとなり、延暦二十年（八〇一）の隼人の朝貢停止の布告に至るのである。

先述した隼人司の任務のうち、Bの軍事的任務は、光仁朝においてほぼ消滅し、また桓武朝の延暦二十年（八〇一）に隼人の朝貢の停止が布告され、延暦二十四年正月に朝貢が最終的に停止されたため、A―bの任務も消え、隼人司の任務はかなり限定されたものとなった。

そうしたなかで、まず、隼人司の隼人の定員が減らされた。

『日本後紀』延暦廿四年（八〇五）十二月壬寅（七日）条に、

公卿奏議曰、伏奉㆓綸旨㆒、営造未㆑已、黎民或弊。念㆓彼勤労㆒、事須㆓矜恤㆒。加以時遭㆓災疫㆒、頗損㆓農桑㆒。今雖㆑有㆑年、未㆑聞㆑復㆑業。宜㆓量㆑事優矜令㆑得㆓存済㆒者。臣等商量、伏望所点㆓加仕丁一千二百八十一人㆒、依㆑数停却。又衛門府衛士四百人、減㆓七十人㆒。左右衛士府各六百人、毎減㆓二百人㆒。隼人男女各卌人、毎減㆓廿人㆒。雅楽歌女五十人、減㆓卅人㆒。仕女一百十人、減㆓廿八人㆒。（下略）

とあり、『類聚三代格』巻四　延暦二十四年十一月十日太政官奏にも同内容がみえる。そして、平城朝の諸官司の整理統合の中で、大同三年（八〇八）正月隼人司は廃止され、衛門府がその機能を吸収することになった。しかし、同年七月衛門府が左右衛士府に合わされるにおよんで、再び隼人司のもっていた機能を分離・独立させ、兵部省のもとで隼人司とし再置された(27)。この経緯は、次の狩野文庫本『類聚三代格』巻四　大同三年七月二十六日太政官奏によって知ることができる。

太政官謹奏

隼人司

正一員。令史一員。使部四人。直丁一人。大衣二人。

隼人卌人【男廿人　女廿人】

右、准㆓今年正月廿五日詔書㆒、廃㆓省件司㆒、併㆓衛門府㆒。而今廃㆓衛門府㆒、混㆓於左右衛士府㆒。夫衛士府者、所㆑掌惟劇、不㆑須㆓兼領㆒。伏請、更置㆓件司㆒、隷㆓兵部省㆒。其隼人者、延暦廿四年十二月七日格、減㆓省旧数㆒、依㆑件定㆑之。又延暦十四年（閏）七月十日格、減㆓定使部六人㆒。凡十羊九牧、已非㆓政道㆒。亦請、省㆓除佑員㆒、

使部准レ此減定。臣等商量所レ定、具レ件如レ前。謹録二事状一。伏聴二天裁一。謹以申聞。謹奏。

大同三年七月廿六日

聞

隼人司は畿内隼人を統轄することによって、天皇の権威を発揚させることを任務とする官司として復活されたのであった。延喜隼人司式にみえる諸規定は、基本的に再置された隼人司に関する規定であって、必ずしも八世紀代にさかのぼるものではないと考えられる。これについて若干触れておく。延喜隼人司式には、

凡大衣者、択二譜第内一、置二左右各一人一。【大隅為レ左、阿多為レ右。】教二導隼人一、催二造雑物一、候時令レ吠。若有レ闕者申レ省。省即申レ官補レ之。

とあり、大衣が二人置かれ、左大衣は大隅から、右大衣は阿多から選ばれるとされている。この規定は、『日本書紀』天武十一年（六八二）七月甲午（三日）条の、

隼人多来貢二方物一。是日、大隅隼人与二阿多隼人一相二撲於朝廷一。大隅隼人勝レ之。

および『続日本後紀』承和三年（八三六）六月壬子条の、

山城国人右大衣阿多隼人逆足、賜二阿多忌寸一。

という二つの記事により、前隼人司段階からのものであるとする説がある。[28] しかし、八世紀代に阿多隼人が右大衣であったとの徴証を見出すことはできない。また、『続日本紀』神護景雲三年（七六九）十一月庚寅（二十六日）条に、

天皇臨レ軒。大隅薩摩隼人奏二俗伎一。外従五位下薩摩公鷹白・加志公島麻呂並授二外従五位上一。正六位上甑隼人麻比古・外正六位上薩摩公久奈都・曾公足麻呂・大住直倭・上正六位上大住忌寸三行、並外従五位下。自余隼人等、賜レ物有レ差。

とあるが、このなかで内位をもっているのが甑隼人麻比古と大住（大隅）忌寸三行だけであり、外従五位下に叙された五名が位階順に記されていない点を、薩摩隼人二名、大隅隼人三名という並びで記載されたと理解すれば、大住忌寸三行は宝亀六年（七七五）に隼人正になっているので、この両名は、左右の大衣としてこの儀式に加わり、叙位に与ったと考えて良い。右大衣を譜代の阿多隼人から選ぶとする延喜隼人司式の規定は、八世紀代にさかのぼらない可能性が強いと考える。とすれば、改めてこの「大隅為レ左、阿多為レ右。」という大衣規定がいつ頃成立したものか考える必要がある。延喜隼人司式には、

　凡元日即位及蕃客入朝等儀、官人三人、史生二人率二大衣二人、番上隼人廿人、今来隼人廿人、白丁隼人一百卅二人一、分二陣応天門外之左右一。（下略）

という規定があり、即位や蕃客入朝の儀式に際して、応天門の左右にそれぞれ大衣一人、番上隼人一〇人、今来隼人一〇人、白丁隼人六六人が陣することになっていた。このうち、今来隼人について、鈴木拓也は、「隼人の朝貢停止に際して、四〇人程度の隼人の男女が、一定額の時服や食料の支給を条件に畿内に定住させられ、儀式や行幸に奉仕」したとする。[29]首肯すべき見解である。

　隼人司の歴史的展開をみる上では、やはり隼人司の廃止と再置が一つの画期となる。『日本後紀』大同三年（八〇八）十二月壬子（五日）条に、

　勅、定額隼人、若有レ闕者、宜下以二京畿隼人一、随レ闕便補上レ之。但衣服・粮料、莫レ同二旧人一、特准二衛士一給レ之。

　其女者不レ在二補限一。

とあるように、朝貢隼人を欠いた状態で「隼人の朝貢」を移配隼人によって擬制する必要にせまられていた隼人司は、「隼人の朝貢」の原型ともいうべき天武・持統朝の朝貢のスタイルを参考にして、それを整備させていったと考える

ことができるのではなかろうか。この点に関連して、『日本書紀』の講読を内容とする講日本紀なる儀式の確実な例が、平安初期の弘仁期をもって初見とし、その講書の由来は平安初期の氏姓をめぐる紛争について『日本書紀』を援用することにあったとされている点は参考になる(30)。

隼人の朝貢停止、それに続く隼人司の停廃と再置の背景に、どのような事情があるのか。これについては、桓武・平城朝にみられる二つの政策基調を参照する必要がある。それは、辺境政策の見直し、官司の再編であるが、ここでは辺境政策の見直しについてみておく。蝦夷・俘囚政策の動向は以下のようになる。


延暦十三年（七九四）　征夷大将軍大伴弟麻呂、副将軍坂上田村麻呂ら、胆沢の蝦夷を征討。

延暦十七年（七九八）　俘囚・夷俘に対する調庸賦課開始。

延暦十九年（八〇〇）　一部の俘囚に対する乗田の班給。

延暦二十年（八〇一）　征夷大将軍坂上田村麻呂、胆沢の蝦夷を征討。

　　　　　　　　　　　俘囚に対する口分田班給の開始。

延暦二十一年（八〇二）　坂上田村麻呂、胆沢城を造営。

延暦二十二年（八〇三）　坂上田村麻呂、志波城を造営。

延暦二十四年（八〇五）　徳政相論により、蝦夷征討中止。

大同三年（八〇八）　胆沢城鎮守府成立。

弘仁二年（八一一）　三十八年戦争の終結。


桓武朝初期における劣勢から、延暦十年代に入ると、形勢を立て直し、二十年代には、胆沢城・志波城を築き、攻勢をかけた。このように東北地方の対蝦夷戦争が順調に推移するなか、俘囚・夷俘に対する政策変更が図られる。乗田や口分田の班給、調庸賦課の開始である。第四章第三節で述べておいたように、蝦夷は帰化・内附して夷俘とされ、年月を経て王化に馴れ親んだところで、口分田を授けられ、その後一定の猶予期間を経て、田租の徴収に至ることになる。延暦十九年（八〇〇）前後に行われた政策は、俘囚・夷俘の公民化をはかる政策であった。そして、南方の隼人に対しても、延暦十九年に班田制の適用が実現され、その翌年には朝貢停止指令が発せられたのは、本章第二節でみたとおりである。このように考えると、この時期、俘囚・夷俘と隼人に対する政策は、同一基調にあると評価することができる。

また、『日本後紀』弘仁三年（八一二）正月乙酉条に「夷外従五位上宇漢米公色男・外従五位下爾散南公独伎・播磨国印南郡権少領外従五位下浦田臣山人等三人、特聴二節会入京一。」、同六年（八一五）正月丁亥条に「制、摂津・美濃・丹波・播磨等国夷俘、身帯二五品一、願レ見二節会一者、与二国解一放レ之。自余不レ在二放例一。」とあって、三十八年戦争集結の直後から、蝦夷の正月節会への参加が復活する。これは、移配蝦夷を宮廷儀礼に参加させることによって、変質し矮小化した小帝国構造を、年中行事のなかで再生産するものと評価され、これは、南九州から切り離された畿内隼人が、儀式や行幸に供奉し、狗吠することと共通する。(31) 政府は、南北両「辺境」支配の進展に応じて、共通の政策適用を目指したと言うことができる。

注

（1） 坂上康俊「律令制の負担体系」（『宮崎県史　通史編　古代2』一九九八年）。

（2） 永山修一「賦役令辺遠国条と南九州」（『宮崎考古』〔石川恒太郎先生米寿記念特集号　上巻〕一九八九年）。

（3）延暦四年（七八五）六月二十四日格、宝亀十一年（七八〇）十月二十六日格、天平八年（七三六）二月二十五日格は、いずれも『類聚三代格』巻十二所収。なお、宝亀十一年十月二十六日格は、『続日本紀』宝亀十一年十月丙辰条に抄録されている。
（4）岩波日本思想体系『律令』（岩波書店、一九七六年）賦役令補注五八〇頁。
（5）仁井田陞『唐令拾遺』（東京大学出版会、一九八三年）六七九—六八〇頁、『天一閣蔵明鈔本天聖令校証』上・下（中華書局、二〇〇六年）。
（6）石上英一「日本賦役令における法と経済についての二、三の問題」（『歴史学研究』四八四号、一九八〇年）三頁。
（7）斎藤勝「唐代内附異民族への賦役規定と辺境社会」（『史学雑誌』第一一七編第三号、二〇〇八年）。
（8）石上注6論文、三頁。
（9）唐会要第七三安北都護府。
（10）大津透「律令収取制度の特質—日唐賦役令の比較研究」（『律令国家支配構造の研究』岩波書店、一九九三年）。
（11）中村明蔵「隼人司の成立とその役割」（『熊襲・隼人の社会史研究』名著出版、一九八六年）。
（12）このほか、神護景雲元年（七六七）二月には、釈奠に際し「賛引及博士弟子十七人、賜爵人一級」とある。
（13）中村注11論文。
（14）山本信吉「内竪省の研究」（『国史学』第七一号、一九五九年）。
（15）笹山晴生「中衛府の研究」（『日本古代衛府制度の研究』東京大学出版会、一九八五年）一二三頁。
（16）角田文衛「軍国と衛府」（『律令国家の展開』塙書房、一九六五年）四七二頁。
（17）井上辰雄「隼人の朝貢」（『隼人と大和政権』学生社、一九七四年）一六六—一六七頁。
（18）北山茂夫「終末の一年」（『女帝と道鏡』中公新書、一九六九年）一三四頁。
（19）神護景雲二年（七六八）十一月の段階で阿部息道が左兵衛督であったことを確認できるが、彼は宝亀二年（七七一）閏三月に無位より本位従四位下に復しているから、阿部息道は神護景雲二年十一月から称徳・道鏡政権の崩壊する宝亀元年八月の間には失脚していたと考えられる。

(20) 笹山晴生『古代国家と軍隊』(中公新書、一九七五年)一二八頁。
(21) 笹山晴生は、注20書で七六五年の時点で「衛府の兵力の主体は、農民兵である衛士から、下級官人・地方豪族層出身の舎人に完全に移行したといってよい」とした(一二六頁)。
(22) 笹山注20書、一二五頁。
(23) 直木孝次郎「隼人」(『日本古代兵制史の研究』吉川弘文館、一九六八年)一七一頁。
(24) 武田佐知子は、元日・即位・蕃客入朝などの儀式に際しての隼人の衣服の分析を通して、隼人の「統率者・上層部が、隼人でありながら、朝服を着用することですでに律令国家の身分秩序の中に組みこまれ、官僚体系の末端に位置づけられているること」を明らかにした(「日本古代における民族と衣服」〈朝尾直弘ほか編『日本の社会史』第八巻〉岩波書店、一九八七年)二七頁。
(25) 永山修一「八世紀に於ける位階をもつ隼人について」(『薩琉文化』第二二号、鹿児島短期大学附置南日本文化研究所、一九八四年)。
(26) 中村明蔵は、「隼人司の成立とその役割」(『熊襲・隼人の社会史研究』名著出版、一九八六年)で、大隅忌寸三行のような隼人出身の隼人正が三行以降に現われた可能性を指摘している。
(27) 隼人司の再置については、狩野文庫本の『類聚三代格』によって、その経緯を知ることができる(飯田瑞穂『類聚三代格』巻第四の復元に関する覚書」『中央大学文学部紀要』史学科第二九号通巻第一一二号、一九八四年)。
(28) 中村明蔵「大隅と阿多」(『隼人の研究』学生社、一九七七年)七七頁。
(29) 鈴木拓也「律令国家転換期の王権と隼人政策」(『国立歴史民俗博物館研究報告』第一三四集、二〇〇七年三月)二四三頁。
(30) 大田晶二郎「上代に於ける日本書紀講究」(史学会編『本邦史学史論叢』上巻、冨山房、一九三九年)。日本古典文学大系『日本書紀』上巻(岩波書店、一九六七年)解説の「研究・受容の沿革」の項。
(31) 鈴木注29論文。

第六章　平安時代前期の南九州

八世紀の南九州は、隼人が居住したことによって、その国司に特殊な任務が規定され、また律令的諸原則の適用も留保されていた。前章でみたように、延暦十九年（八〇〇）、大隅・薩摩両国で班田制の完全適用が実現し、また隼人の朝貢も停止されたことで、大隅・薩摩両国は、法制上は他の西海道諸国と変わりのない存在になった。本章では、九世紀から十世紀半ばころの南九州の歴史的展開をあとづけ、隼人「消滅」後の状況をみていく。そのなかで、嘉祥三年（八五〇）の年紀をもつ薩摩川内市京田遺跡出土木簡や貞観十六年（八七四）の開聞岳の噴火で被災した指宿市橋牟礼川遺跡をはじめとするいくつかの注目すべき遺物・遺跡を取り上げ、近年出点数が増加している墨書土器などにより、律令的祭祀の浸透の問題や、南九州の古代交通の問題についてみていきたい。

第一節　律令制度完全適用後の薩摩・大隅国

延暦十九年（八〇〇）の班田制適用から同二十四年の隼人の朝貢停止にいたる一連の措置の後、両国への律令制の適用はある程度順調に行われたと思われる。

『類聚国史』巻百五十九の大同二年（八〇七）十月丙子（廿三日）条には、

大宰府言、壱伎多褹両嶋、校二出隠田一百卌町一。須下准二諸国例一、賜中嶋司公廨田并郡司職田、以外悉班レ田百姓口分上云々者。許レ之。

とあり、多褹嶋での検田の実施が知られるから、大隅・薩摩両国でも、同様な作業が行われたものと考えられる。

さて、次の表10は、『律書残篇』と『和名類聚抄』にみえる各国の郡郷数を比較したものである。郷数をみると、肥前・肥後・筑後・豊前・豊後が減少しているのに対して、薩摩・大隅・日向三国は増加している。大隅国の場合、天長元年（八二四）の多褹嶋の併合という事情はあるにしても、薩摩・大隅両国の増加は著しい。これは、八世紀中期以降の両国における造籍の進展によるものと考えられる。

また、『続日本後紀』承和十三年（八四六）四月己丑（十九日）条に、

依二大宰府解一、置二大隅国桑原郡主政一員一。

とあり、これは行政事務の量が増えたことへの対応とも考えられる。

九世紀前期の両国の財政状況を伝える最も基本的な史料は、弘仁主税式の以下のような記載である。

筑前国。正税公廨各廿万束。国分寺料□万束。府官公廨十万束。
筑後国。正税公廨各廿万束。国分寺料二万束。府官公廨十万束。
肥前国。正税公廨各廿万束。国分寺料四万束【当国壱伎嶋各二万束】。府官公廨十五万束。
肥後国。正税公廨各矢十万束。国分寺料八万束【当国六万束。薩麻国二万束】。府官公廨三十五万束。
豊前国。正税公廨各廿万束。国分寺料二万束。府官公廨十万束。
豊後国。正税公廨各廿万束。国分寺料二万束。府官公廨十五万束。
已上六国出挙府官公廨惣一百万束。若不堪挙、随即減之。

表10　『律書残篇』と『和名類聚抄』の郡郷数の比較

国名	律書残篇		和名類聚抄		備考
	郡数	郷数	郡数	郷数	
肥前	一一	七〇	一一	五四	
肥後	一三	一〇六	一四	九八	
筑後	一〇	七〇	一〇	五四	
豊前	八	五〇	八	四三	
豊後	八	四〇	八	三九	東急本は四七
薩摩	一三	二五	一三	三五	
大隅	五	一九	八	三七	
日向	五	二六	五	二八	

日向国。正税公廨各十五万束。国分寺料三万束【当国一万束。大隅国二万束】。

大隅国。正税公廨各六万束。

薩摩国。正税公廨各六万束。

壹伎嶋。正税一万五千束。公廨五万束。

対馬嶋。正税三千九百廿束。

多褹嶋。正税二千八十束。

五畿内伊賀国地子混二合正税一。（中略）大宰府管内諸国地子充二対馬・多褹二嶋公廨一。


これによれば、大隅・薩摩は、ともに「正税公廨各六万束」とされていた。

天平十七年（七四五）の正税・公廨本稲の論定の段階では、『続日本紀』同年十月戊子（五日）条に「論二定諸国出挙正税一、毎レ国有レ数。但多褹対馬両嶋者、並不二入限一。」とあり、また同十一月庚辰（二十七日）条に「制、諸国公廨、大国卌万束、上国卅万束、中国廿万束。就中、大隅・薩摩両国各四万束。下国十万束。就中、飛騨・隠伎・淡路三国各三万束。志摩国・壱伎嶋各一万束。（下略）」とあって、おそらく、正税・公廨両本稲とも大隅・薩摩両国は四万束であったと考えられる。これが、弘仁式段階までに、各六万束に増えたわけだが、この本稲の増量は天平宝字四年（七六〇）ころに行われていたと考えられる。『続日本紀』天平宝字四年八月甲子（七日）条には、

（前略）又勅、大隅・薩摩・壱岐・対馬・多褹等司、身居二辺要一、稍苦二飢寒一。挙乏二官稲一、曽不レ得レ利。欲レ運二私物一、路険難レ通。於レ理商量、良須二矜愍一。宜下割二大宰所管諸国地子一各給二守一万束・掾七千五百束・目五千束・史生二千五百束一、以資二遠戍一、稍慰中羈情上。

とあって、大宰府管内の地子稲による大隅・薩摩・壱岐・対馬・多褹の二国三嶋司への給与支給が計画されたが、『類聚三代格』巻六の天平宝字四年（七六〇）八月七日付格には、

勅、対馬・多褹等司、身居二辺要一、稍苦二飢寒一、挙乏二官稲一、曽不レ得レ利、宜下割二大宰所管諸国地子一各給中守一万束・掾七千五百束・目五千束・史生二千五百束上。其大隅・薩摩・壱岐別有二公廨一、不レ給二地子一。

とあって、最終的に大隅・薩摩・壱岐の二国一嶋は支給対象から除外された。多褹嶋の場合、『類聚三代格』巻五天長元年（八二四）九月三日付の多褹嶋停廃を命じる太政官符によれば、大宰府からの地子稲支給額は三万六〇〇〇束余とされている。大隅・薩摩両国も多褹嶋と同じく等級は中国であり、この両国の国司構成は、守一人、掾一人、目一人、史生二人、博士・医師各一人あるいはいずれか一人となるから、天平宝字四年（七六〇）の地子支給規定を適用すると、一万束×一人＋七五〇〇束×一人＋五〇〇〇束×一人＋二五〇〇束×三～四人＝三万～三万二五〇〇束となり、両国司への支給額も三万数千束であったと考えられる。これを出挙で得るとなれば、その本稲は六万束以上が必要になる。したがって、天平宝字四年の段階で「其大隅・薩摩・壱岐別有二公廨一、不レ給二地子一。」とするからには、この頃までに、あるいはこれを契機に公廨本稲は四万束から六万束に増量されていたと考えられるのである。

さて、大宰府管内諸国は、大宰府との財政上の関係でみると、大きく三つのタイプに分けることができる。第一に、府官公廨出挙を行い、直接的に大宰府を支える筑前・筑後・備前・豊後・肥前・肥後（いわゆる三前三後）の六国、第二に、直接的に大宰府を支えることはないが、財政的には自立を果たしている日向国、第三に、大宰府や隣国

からの財政的支援を受けて運営される大隅・薩摩・多褹・対馬・壱岐の二国三嶋である。(1)

『続日本紀』天平十四年（七四二）八月丁酉（二十五日）条には、

制。大隅・薩摩・壱岐・対馬・多褹等国官人禄者、令下筑前国司以二廃府物一給上。公廨又以二便国稲一依レ常給レ之。
其三嶋擬郡司、并成選人等、身留二当嶋一、名附二筑前国一申上。仕丁国別点二三人一。皆悉進レ京。

とあって、これら二国三嶋司の禄は、八世紀前半の段階で大宰府から支給されていたことが確認できる。その後天平十七年（七四五）に正税・公廨本稲が論定されたが、八世紀段階において、大隅・薩摩両国では、いまだ律令制度の完全適用には至っておらず、律令制度の完全適用は九世紀初頭の一連の措置を待たねばならなかった。そしてようやく弘仁式段階で、大隅・薩摩両国は、国分寺料のみ隣国からの支援を受けながらも、ほぼ自立に近い状況に至っていることがわかる。

しかし、前章第二節の表9からわかるように、九世紀前半大宰府管内では天災地変が頻発していた。凶作・飢饉・疫病の流行は、税の減免等による歳入減少を招き、また困窮者等に対する賑給の実施は歳出の増大を招いて、大宰府および管内諸国の財政運営は深刻な事態に至った。その点を、薩摩・大隅・日向三国についてみていくことにしたい。

『類聚三代格』巻七弘仁十年（八一九）五月二十一日付太政官符によれば、賑給すべき飢民の数、破損した官舎や堤防の修理費用・損田数などを詐って多く申告した国司たちの公廨を奪うこととしたが、その際、損田の官への申告を、東海道の坂東、東山道の山東、北陸道の神済以北、山陰道の出雲以北、山陽道の安芸以西、南海道の土佐、大宰府管内の大隅・薩摩・日向・多褹・対馬などの国嶋については、九月に起こった風水の損を十月内に言上することを許可した。

『類聚三代格』巻十七 弘仁十三年（八二二）三月二十六日付太政官符によれば、政府は、大宰府管内諸国において、疫病の百姓を看護したり療養させる者および私財を用いて飢えた百姓を養う者には位を与え、また官人に取り立てるという措置を発している。これはいわば、在地の豪族のもつ富を導入して、危機的状況を回避し、次の年の収穫に期待しようというものであった(2)。こうした政策が出される背景には、政府の要請に応えることのできるような有力者が台頭している様子をうかがうことができる。

しかし、次の年も政府の期待は裏切られることになった。『類聚三代格』巻十五弘仁十四年（八二三）二月二十一日付太政官符によれば、政府は、大宰府の申請に基づいて公営田制の導入を決定した。この制度は、一万二〇九五町の公営田を六万二五七人の農民に耕作させ、収穫の三割を農民に与えて生計の助けとするとともに、残りを各国と大宰府に収めて、その財源の一部に充てようとする政策であった。公営田は、九国に設定されているから、日向・薩摩・大隅両国にも設置されたことは確実であるが、その面積がどの程度であったかは明らかでない。

さらに大宰府管内では、農民負担の軽減策がはかられた。天長三年（八二六）には、大宰府管内で兵士を廃し、統領選士制が実施された（『類聚三代格』巻十八　天長三年十一月三日付太政官符）。桓武朝の軍団兵士制廃止以降も、辺境である大宰府管内では軍団兵士制が維持されていたが、それにかわって採用された統領選士制は、地方の有力者の子弟から一七二〇人を選んで選士として、大宰府に四〇〇人、その他の九国二嶋に一三二〇人を配し、これを四つのグループに分け、一回につき三〇日ずつ、一年で九〇日間警備の任務に就かせ、これを四二人の選士統領に当番を決めて監督させる制度であった。選士統領は、大宰府に八人、筑前・筑後・豊前・豊後・肥前・肥後の六国には四人ずつ、残りの三国二嶋には二人ずつ配属された。この制度も在地の有力者に依拠する制度であり、日向・薩摩・大隅にもこの制度が導入されていることから、両国でも有力者が登場していることが想定できると同時に、すでに薩摩・

大隅両国では、八世紀代に隼人との間に存在した軍事的緊張状態がまったく消滅していることがわかる。これは、この両国に、弩師が置かれることがなかったことからもうかがうことができる。

弘仁主税式によれば、大隅・薩摩両国の正税出挙・公廨出挙の本稲数は各六万束で、下国の標準である一〇万束をも下回っている。したがって、大隅・薩摩両国の国分寺の維持財源は、それぞれ日向国と肥後国における出挙でまかなわれた。

南九州諸国の財政状況が自立に近づいたとはいうものの、依然として厳しかったことを伝える史料として、国厨田の拡大を許可する『類聚三代格』巻十五　貞観十八年（八七六）五月二十一日付太政官符をあげることができる。これによれば、仁寿二年（八五二）に学生や書生の食料に事欠く薩摩国が、食糧確保のために日向・大隅国にならって学生料五町、薬生料五町の勧学田一〇町と国厨佃一〇町の経営を申請し許可されていた。国厨佃は、穫稲三〇〇〇束から営料一〇〇〇束と地子四八〇束を差し引いた一五二〇束を書生四〇人の食料に充てていたが、三二三二束が不足するため、貞観十八年新たに薩摩国が、二一町三段の国厨佃の追加を求めたものである。

この国厨佃と何らかの関係をもつであろう遺物が、日向国府跡（寺崎遺跡）、薩摩国府跡から出土している。ともに底部外面に「国厨」と墨書された土師器の破片であり、日向国府跡のものは九世紀後半とされている。(3)厨は、本来調理施設であるが、食料品の収納を行い、また地子米・地子物一般の収納・保管・支出なども行ったようであり、(4)先の国厨田からの収穫米の保管や支出に国厨が関与したものと思われる。

南九州情勢の変化を象徴する出来事として、天長元年（八二四）の多褹嶋停廃をあげることができる。多褹嶋は、能満・馭謨・益救・熊毛の四郡を馭謨・益救の二郡にまとめた上で大隅国に編入されることになった（『類聚三代格』巻五　天長元年九月三日付太政官符）。

多褹嶋は、設置当初から財政的に弱体であったが、対隼人政策および遣唐使の入唐航路・南島人の朝貢ルートの確保の点から、薩摩・大隅国とは別の行政単位として中央政府から嶋司を派遣し、大宰府からの財政支援を行って存続されてきた。

弘仁主税式には「大宰府管内諸国地子充二対馬・多褹二嶋公廨一。」とあって、『類聚三代格』巻五　天長元年（八二四）九月三日付太政官符によれば三万六〇〇〇束に達する多褹嶋の公廨はすべて大宰府管内諸国の公田地子に依存していたことがわかる。正税出挙本稲についても弘仁主税式の「多祢嶋　正税二千八十束」の記載によれば利稲は六〇〇束余にしかならないから、おそらくはこれもかなりの量を大宰府管内諸国からの援助に依存したと思われる。九世紀になると、政府の対隼人政策は一段落し、遣唐使の入唐航路も南島路から南路に変化し、さらに南島人の朝貢もみられなくなるなど、多褹嶋の存在意義は小さくなっていた。こうしたなかで、大宰府管内のうち続く飢饉に対応するため弘仁十四（八二三）年に大宰府公営田制が導入されることになり、これよって多褹嶋の維持財源に充てていた公田地子が激減した。そのため大宰府財政の見直しが行なわれ、翌年政府は、存在意義の薄れていた多褹嶋を廃止したのである。(5)

隼人消滅後の南九州に居住する隼人の子孫たちについて、これを隼人とよんだ例は一例も確認できない。しかし、『日本文徳天皇実録』仁寿三年（八五三）七月十七日条には、

賜二薩摩国孝女掲前福依売爵三級一、復終二其身一、旌二表門閭一。福依売天性至孝。父母年皆八十、老病着レ床。無レ子、唯有二一女福依売一。扶二侍左右一、嘗薬二十余年。傭力致レ養。暁夕辛勤。容顔焦痩、観者憐レ之。福依売雖レ云二野族一、閑二於礼儀一、恭二敬父母一。有レ所二諮禀一。必正色作レ声、未二曽褻レ惰。

とあって、孝女として褒賞された掲前福依売を「野族」視していることがわかる。法制上、公民と何ら違わない存在

であったものの、隼人の子孫たちを「野族」視すること＝賤視は残っていたことが確認できる。

第二節　京田遺跡出土木簡について

二〇〇一年二月に鹿児島県川内市（現薩摩川内市）京田遺跡で、鹿児島県としては初めての古代木簡が出土した。この遺跡は、国史跡薩摩国分寺跡に隣接する低湿地に立地し、木簡出土地点と国分寺跡は直線距離にして一〇〇メートル弱である。木簡は、長さ約四〇センチメートル、幅約三センチメートルの断面方形に加工された杭状のものであり、四面に墨書されていた。本来の使用目的を達したのち、上部を尖らせて杭として利用されたらしく、天地を逆に地面に突き刺さった状態で出土した。土中に残存したのが約四〇センチメートルであるから、もともとは一メートルを超すものであったと思われる。

この木簡の釈文は以下の通りである。(6)

第1面　告知諸田刀祢等　勘取□田　二段九条三里一曽□□

第2面　右件水田□□子□□□□□□□

第3面　嘉祥三年三月十四日　大領薩麻公

第4面　擬少領

これは、「某郡の大領薩麻公と擬少領が、嘉祥三年（八五〇）三月十四日に、九条三里一坪の曽□□に所在する二段の水田が勘取されることを、諸々の田刀祢らに告知する」という内容の牓示木簡である。この木簡の出土によって、隼人の公民化が達成されて後の九世紀中期の薩摩国の在地情勢を理解する足掛かりが得られたということができる。

これによって明らかになった点をいくつか上げておく。

まず第一に、薩摩国内で古代において条里プランの実施が確認できることとなった。その表記法は、「条＋里＋坪＋固有地名」となっており、全国で行われていた表記法に一致している。(7) これに関連して、全国的には「田」と表記されるものが、なぜわざわざ「水田」とされていることについても重視すべきとの考えが示されている。(8) 確かに、『平安遺文』で七九四年～九〇〇年の範囲を調べてみると、「田」と表記した文書が一四九点であるのに対して、「水田」と表記した文書はわずか七点しかなく、この指摘は妥当と思われる。しかし一方で、後述するように、この木簡の内容との近親性を持つ貞観元年（八五九）十二月二十五日の「近江国依智荘検田帳」には「水田」の表記がみえることから、「堪取」の対象の地目を明確にするため「水田」と表記しているとみる余地も残されている。

第二に、この木簡によって、九世紀代の薩麻公が初めて確認された。薩麻公は、薩摩国の代表的な氏族であり、隼人として八世紀代の諸史料に登場していたが、九世紀初頭の隼人「消滅」後も大領を務めるほどの勢力を維持していたことが明らかになった。

第三に、この木簡は「告知」で書き出されており、いわゆる告知札木簡に含めることができる。告知札木簡の書式に関して、告知される物の属性が細字で割書されたという指摘があるが、(9)「□田」の下の「一段」と「九条三里一曽□□」がやや小さい字で割書されていることは、この指摘の妥当性を裏付けるものである。

第四に、田堵の語源について通説的理解を裏付ける知見が得られた。田堵の初見史料は、貞観元年（八五九）十二月二十五日の「近江国依智荘検田帳」にみえる「田刀」とされているが、その語源は「田刀祢」にあるとする指摘が林屋辰三郎・原秀三郎によってなされていた。(10) 田刀の初見を八年さかのぼる嘉祥三年（八五〇）の時点での「田刀祢」の用例は、鬲尾達哉・中村明蔵が言うように、(11) この指摘を裏付けるものと評価することができる。

第五に、鬲尾達哉は、「田刀祢」は在地居住の広義の官人であり、在地の田地・家地の権利関係を確認し、実地に勧農を行って郡司行政の補完的な役割を果たすような存在であったとし、独占的に識字能力を保持し、一般農民に対して隔絶した地位を占めていたとしている(12)。これから、南九州においても、在地に有力者が台頭しつつある状況を想定できる。

第六に、佐々木恵介は、この木簡が榜示木簡であると同時に、本来「標の杖」としての機能をもったものであると指摘した。それによれば、呪的・霊的な力をもつと信じられていた杖の形状を意識して作られ、それによって木簡に記された「告知」の効力を高めようとしたとする(13)。

さて、京田木簡にみえる「大領薩麻公」が何郡の大領だったかという点は、この木簡の意義を考える上で重要な論点の一つである。京田木簡の時代から約一世紀前の天平八年（七三六）の「薩麻国正税帳」段階で、薩麻君が大領を勤めていたのは、薩摩国薩摩郡であった。一方、木簡がみつかった京田遺跡は、現在の薩摩川内市中郷町に位置し、古代では薩摩国高城郡にあたる。薩摩郡と高城郡の郡境は川内川であったと考えられ、左岸が薩摩郡、右岸が高城郡である。高城郡は、先述したように肥後国からの移民を中心に建てられ、国府が置かれた郡であった。大領薩麻公が何郡の大領だったかについては、薩摩郡と高城郡のそれぞれの可能性を比較してみなければならない。

薩摩郡とした場合、当然木簡も最初は薩摩郡内で「告知」に用いられたはずであるから、その用途が終わって杭として転用される間に、川内川の右岸に運ばれたと考える必要がある。一方、高城郡とした場合、八世紀段階では「非隼人郡」である高城郡の大領の地位を、九世紀半ばの段階で隼人の子孫が占めるに至っていたと考えなければならない。このどちらが妥当か決め手には欠けるが、京田木簡の榜示木簡としての一次使用と杭としての二次使用が郡を越えて行われていると考えるのは、可能性が皆無ではないがやや不自然に感じられるので、後者の可能性が強いと考えておきたい。

次に、二段の水田を「堪取」した主体について考えておきたい。告知の主体となった郡司が、勘取も行っていたと考えるのが穏当なのであろうが(14)、それと異なる可能性も排除できない。勘取された面積は二段であり、これは良民男子一人の口分田に相当している。この勘取の主体については、二つの可能性がある。第一に「官」の可能性、第二に「私」の可能性である。第一の可能性は、何らかの理由で私有されていた二段の水田を、口分田とするために官が勘取し、それを郡司が告知したというものであり、第二の可能性は、本来私有地であったものが口分田になってしまっており、これを本来の持ち主が勘取した可能性である。所有権の移動の点からみると、前者は「私」→「官」、後者は「官」→「私」とすることができる。先述したように、告知したのは郡司であるから、前者の方が穏当とも言えるが、後者の可能性も決して低いわけではない。というのは、田堵の初見史料として知られる貞観元年（八五九）の「近江国依智荘検田帳」は、元興寺の僧延保が、本来元興寺のものでありながら、田刀らの行動によって口分田や百姓の家・治田などとされていた水田を「堪取」したという内容であり、「官」→「私」の所有権の移動を行うための文書であったからである。

ただし、この後者の可能性が成立するためには、本来の持ち主が「堪取」したということをなぜ郡司がわざわざ「諸の田の刀祢」に告知する必要があったのかについての説明も必要となろう。古代に土地の売買に際して作成された売券は、郡判・国判という郡司・国司の認可を得て初めて効力をもち、最終的に国・郡の保管する図籍に記載されることによって所有権の移動の手続きが完了することになっていた。また、九世紀代には、郡判のみによって完結する売券も登場するが、これは郡によって国の機能が代位されていくことによるとされており、土地の管理に関する郡の機能は重要になっていった(15)。したがって、「官」→「私」の所有権の移動についても、当然ながら郡司が関与し、田についての職権をもつ「諸の田の刀祢」に告知する必要があったのではないかと考えられる(16)。

第三節　南九州における国司と郡司・富豪

八世紀代の郡司は、伝統的な力を背景に地域において大きな力をもっていたが、九世紀に入ると、土地開発の進展などにともなって「富豪之輩」が台頭し、郡司の在地首長としての権威は動揺するようになり、また律令制度の浸透とともに行政実務に習熟した官僚としての機能が期待されるようになっていた。そして十世紀に入るといよいよ在地首長層は衰退し、国司が直接的に在地を支配するようになった。これは、十世紀以降、郡家が確認できなくなること(17)と対応している。

先にみたように、弘仁十三年（八二二）に政府は、蓄えていた米などを提供して疫病に苦しむ人々を救った大宰府管内の有力者たちを官人に取り立てたり位を授けるなどして、庶民の救済をはかったが（『類聚三代格』巻十七　同年三月二十六日付太政官符）、こうした措置が可能であった背景には、これに応じて米などを提供することのできる有力者（富豪層）が成長してきていたという状況をうかがうことができる。富豪には、奈良時代以来郡司を務めていた一族や、農業経営などを通じて新たに力を強めてきた一族がいたと思われる。

南九州の状況がどのようなものであったかは不明の点が多い。薩摩国については、前節でみたように、京田木簡にみえる郡司や田刀祢の存在が知られるが、日向国の郡司在任者を伝える史料は今のところ確認されていない。ただし、『日本三代実録』貞観八年（八六六）正月八日条に、

日向国人従七位上日下部清直授二借外従五位下一。

とあって、借外従五位下に叙された日向国人日下部清直の存在が知られる。『続日本後紀』『日本三代実録』には、借外

従五位下に昇叙、あるいは借外従五位下から昇叙した者が、日下部清直を除いて二一名みえるが、そのうち大領が一三名、権大領が三名、擬大領が二名、権少領・大毅・医師が各一名となり、官職がみえないのは日下部清直だけであるから、この昇叙の時点で日下部清直が郡司であった可能性は低いと思われる。しかしこの当時、借五位は、私物を提供して国の財政を助けたり、百姓にかわって調庸を納めたり、貧民救済に対する褒賞として授与されることが多かったから、日下部清直も、私物提供などを行ったことによって昇叙された可能性が高い。このように考えれば、日下部清直は「富豪之輩」であった可能性は高く、九世紀半ばの段階で日向国内に「富豪之輩」がいたとしてよい。

これに関連して、宮崎県都城市の金田では大島畠田遺跡が調査されている。九世紀第２四半期から十世紀前半の敷地面積七二〇〇平方メートル以上の豪族居館跡とされるもので、国の史跡に指定されている。遺跡はⅠ期〜Ⅴ期に分けられるが、Ⅰ期（九世紀第２四半期）は掘立柱建物七棟と柵列一基からなり、物資の輸送拠点であったと考えられる。Ⅱ期では七棟の掘立柱建物が検出されており、南側に溝と門による区画施設が作られ、何らかの「公的機関」が設けられた可能性がある。Ⅲ期（九世紀後半に相当）になると、二間×五間の四面に庇と孫庇が廻る大型建物（孫庇まで計測すると面積は約三〇〇平方メートルとなる）と三棟の掘立柱建物、四脚門および中の島をもつ池が作られ、多量の陶磁器の所有や寝殿造系庭園との類似性などから京との強い結びつきが指摘されており、有力者の邸宅として展開すると考えられている。Ⅳ期（一〇世紀前半）は四棟の建物と柵列一基からなる。[18]

また、都城市の横市川流域に所在する馬渡遺跡は、九世紀第２四半期〜十世紀初頭の遺跡で九世紀第３四半期を中心とする。約四八〇〇平方メートルの敷地に、四面庇の建物があり、越州窯青磁、京都・防長産の緑釉陶器、東海産の灰釉陶器や、石帯が出土している。しかし、馬渡遺跡を大島畠田遺跡と比較すると、規模や優品の出土点数で劣っているため、馬渡遺跡は、郷長クラスの下級官人の居宅跡ではなかったかとする説が示されている。[19] いずれにしても、日向国府から五〇キロメートル《キロメートル》以上離れた所に、九世紀後半の段階で有力者の居館が造られていたことがわかる。

規模は違うが、鹿児島県いちき串木野市の市之原遺跡第1地点においては、一二棟の掘立柱建物跡が確認され、そのなかには二間×三間の四面庇をもった建物、緑釉陶器、越州窯の合子、「厨」を含む二〇〇点にのぼる墨書土器などが出土している。これらは九世紀後半から十世紀前半の時期のものであり、有力者の居館の可能性が指摘されている(20)。

さらに、鹿児島県加治木町の高井田遺跡では、三棟の掘立柱建物跡と石敷の遣水状遺構が検出されている。これも九世紀後半から十世紀前半であり、この時期の遣水状遺構は全国的にも珍しいもので、中央とのつながりを想定する必要があるのではないかと考えられる。高井田遺跡は寺あるいは、国司の別邸、豪族の居宅、寺院の庭園等の可能性が考えられる(21)。

全国的にみると、九世紀には都から派遣された国司が、任期終了後も在住して大きな力をふるったり、国司と郡司の対立が深まり、郡司たちが国司を襲撃するような事件が起こっている。大宰府管内についてみると次のような事例がみえる。

『続日本後紀』承和九年（八四二）八月庚寅条によれば、前豊後介であった中井王が、日田郡に私宅を構え、豊後国内の諸郡で田を経営し、意に任せて郡司や百姓を打ち損じたので、吏民が騒動し、また筑後・肥後国にも勢力を伸ばして、百姓を脅し農業を妨げた。中井王は、農民の未納となっている調庸を代わって納め、農民たちから利息の分も合わせてその倍を取り立てていたという。

『日本文徳天皇実録』天安二年（八五八）閏二月庚申（二十八日）条・『日本三代実録』同年十二月八日条によれば、対馬嶋の下県郡擬大領下直氏成・上県郡擬少領直仁徳らが、百姓を率いて、対馬嶋守の立野連正岑を殺し、官舎や民宅を焼き払ったという事件が起こった。

また、『日本三代実録』元慶七年（八八三）七月十九日条によれば、六月三日の夜分に、現地で採用・任命された任用国司と提携した前司浪人らが、筑後国守の都宿祢御酉の館を囲んで、御酉を射殺し、財物を略奪するという事件が起こった。

日向国においても国司に関わる事件が起こっている。嗣岑王は嘉祥三年（八五〇）正月に従五位下で日向守に任じられ（『続日本後紀』同年正月甲午（十五日）条）、斉衡二年（八五五）正月、後任の日向守に藤原穎基が任じられた（『日本文徳天皇実録』同年正月丙申（十五日）条）。この後に事件が起こっている。

『日本文徳天皇実録』斉衡二年（八五五）閏四月丙午（二十八日）条によれば、日向守嗣峯王が兵を発して、推訴使の田口房富を殺そうとしたと、大宰府が馳駅して報告してきたので、有司の奏上に従って、嗣峯王の官爵を免ずる詔が出された。嗣岑王は、その後姿を隠したようであるが、『文徳実録』天安元年（八五七）正月乙卯（十六日）条によれば、密かに京に戻っていたところを捕らえられ、右京職に散禁された。この記事には「嗣岑王先被レ告将レ殺二詔使一。」とあることから、嗣岑王は訴えられて、その訴えについて派遣された推訴使（詔使）を殺そうとしたものであるが、誰に訴えられたかは明らかではない。

これに関連して、同じ日に散禁された前讃岐守の弘宗王は、讃岐国の百姓に訴えられ、派遣された詔使に捕らえられて、一旦讃岐国によって禁固されていたが、脱出して京に戻っていたところを、捕らえられたものであり、また『三代実録』貞観元年（八五九）十二月二十七日条によれば、前豊後守石川宗継が百姓の財物を奪ったことを、介の山口稲床等が証言している。このような例をみると、嗣岑王は、貢租・労役の集取、郡司や在地土豪との対立にあたって武力を行使したものと考えられ[22]、そのために日向国の百姓あるいは国司・郡司らに訴えられた可能性が高いと考えられる。

また斉衡二年（八五五）、大宰府の召しに応じない管内国司に対する罰則が定められ、使いを派遣して事実関係が明らかになった場合、五位以上はその位禄を奪うことになった（『類聚三代格』巻七 同年二月十七日付太政官符）。九世紀半ば以降、大宰府は管内諸国への介入を強めるようになり、必要に応じて管内諸国の国司を大宰府に出頭させるようになっていた。嗣岑王の事件は、この太政官符の直後の日付をもっているから、嗣岑王は、国内の諸勢力ばかりか大宰府とも対立していた可能性が考えられる。

『三代実録』貞観元年（八五九）十二月二十七日条によれば、政府は嗣岑王に対する処分の再検討を行ったが、最終的には先の決定を覆すことはせず、官位を剥奪することで刑に換える官当という措置により位を失うことになった。

第四節　貞観・仁和の開聞岳噴火と橋牟礼川遺跡

標高九二二メートルの開聞岳は、今から四〇〇〇年ほど前に火山活動をはじめ、度重なる噴火によって円錐形の山体（成層火山）が形成され、さらに平安時代の噴火で溶岩ドームが形成されたトロ＝コニーデ火山である。とくに規模の大きい噴火は五回ほどあったと考えられている。指宿市から南九州市一帯で確認される開聞岳から噴出したテフラは、黄コラ（約四〇〇〇年前）、灰コラ（約二五〇〇年前）、暗紫コラ（約二〇〇〇年前）、青コラ（約一三〇〇年前）、紫コラ（約一一〇〇年前）などとよばれる非常に固い地層を形成している。このうち、古代史を考える上できわめて重要な意義をもつのが、青コラと紫コラである。青コラは七世紀の第4四半期に形成されたとされ、紫コラは、『日本三代実録』にみえる貞観十六年（八七四）と仁和元年（八八四）の噴火によって形成されたとされており、ともにその直下の地面をきれいに覆っているために、これらを取り除くと噴火直前の状況を知ることができる。

貞観十六年（八七四）と仁和元年（八八四）の噴火に関しては、『日本三代実録』に詳細な記述があり、指宿市橋牟礼川遺跡や中島ノ下遺跡・敷領遺跡などの紫コラの堆積状況から、地質学的にこの時の噴火がどのように推移したかを推測することが可能である。このうち、指宿市十二町に所在する橋牟礼川遺跡は、大正七・八年（一九一八・一九一九）に浜田耕作・長谷部言人らによって発掘調査が行われ、層位学的に縄文土器と弥生土器の前後関係が確認されたことにより、大正十三年国の史跡に指定された遺跡である。正史の記述内容と、考古学・地質学の研究成果をつきあわせて検証することができるという意味で、全国的にみてもきわめて貴重な例とすることができる。

また、青コラの形成は、ちょうど南九州の隼人が朝貢を開始した時期に当たっており、青コラ・紫コラそれぞれの直下の様子を比較することにより、その二〇〇年ほどの間に、律令政府による支配がこの地域にどのような変化をもたらしたのか（あるいはもたらさなかったのか）ということについて考える手がかりにもなる。そこで以下、文献史料と考古学・地質学の面での研究成果を簡単にみていくことにする。

まず『日本三代実録』所載の開聞岳噴火関係記事を年代順に掲げておく。

貞観十六（八七四）年七月二日条

大宰府言、薩摩国従四位上開聞神山頂、有レ火自焼。煙薫満レ天、灰沙如レ雨、震動之声聞二百余里一、近レ社百姓震恐失レ精。求二之著亀一、神願二封戸一。及レ汙二穢神社一、仍成二此祟一、勅奉二封二十戸一。

貞観十六（八七四）年七月二十九日条

大宰府言、去三月四日夜、雷霆発レ響、通宵震動。遅明天気陰蒙、昼暗如レ夜。于レ時雨レ沙。色如レ聚レ墨。終日不レ止。積レ地之厚、或処五寸、或処可二一寸余一。比及二昏暮一、沙変成レ雨、禾稼得レ之皆致二枯損一。河水和レ沙、更為二盧濁一。魚鼈死者無レ数。人民有下得二食死魚一者上、或死或病。

仁和元（八八五）年十月九日条

先是、大宰府上言、管肥前国、自二六月一澍雨不レ降。七月十一日、国司奉二幣諸神一、延レ僧転レ経。十三日夜、陰雲晦合、聞二如レ雨声一。遅明、見下雨二紛土屑砂一交下中境内上。水陸田苗稼、草木枝葉、皆悉焦枯。俄然降レ雨、洗二去塵砂一、枯苗更生。薩摩国言、同月十二日夜、晦冥、衆星不レ見。砂石如レ雨。検二之故実一、頴娃郡正四位下開聞明神発レ怒之時、有二如レ此事一。国宰潔斎奉幣。雨砂乃止。八月十一日震声如レ雷、焼炎甚熾。雨レ砂満レ地。昼而猶レ夜。十二日自レ辰至レ子雷電、砂降未レ止。砂石積レ地。或処一尺已下、或処五六寸已上。田野埋瘞、人民騒動。至レ是、神祇官卜云、粉土之恠、明春彼国当レ有二災疫一。陰陽寮占云、府辺東南之神、当レ遷二去於隣国一。由レ是、蟊麻殺レ稼有レ致二損耗一。是以下二知府司一、令下彼両国奉二幣部内衆神一、以祈中冥助上焉。

最初に、貞観十六（八七四）年の噴火について、七月二日条と七月二十九日条との関係について考えてみる。というのは、七月二日条は開聞岳の噴火と封戸二〇戸の設定という対応策を載せるが、噴火の日時に関する情報を載せていない。一方、七月二十九日条は噴火の日時を三月四日夜とし、噴火・被災の状況を詳述するが、肝心の火山名を記していないからである。そのため、貞観十六年には三月と七月の二回開聞岳が噴火したとする理解も示されていた(23)。

結論から言えば、七月二日条と七月二十九日条はともに開聞岳の噴火に関する記事であるとしてよい。まず、七月二十九日条にみえる火山の噴火・被災情報は、大宰府から言上されているので、噴火した火山は大宰府管内にあったとしてよい。『日本三代実録』には、開聞岳以外に、貞観六年（八六四）の富士山、仁和元年（八八五）の開聞岳、仁和二年の伊豆諸島の新島あるいは伊豆大島の噴火[24]の三つの噴火を載せており、いずれについても、政府側は何らかの対応策を出しているが、貞観十六年には、開聞岳以外に対応策が示された火山噴火記事がない。以上から、その理由は明らかでないが、一連の情報の内容が分割されて、別々の日付に掛けられたものと考えられる。七月二日条と七月二十九日条を合わせて、噴火→被災状況→原因究明→対応策という一連の流れをみて取ることができる。

貞観十六年（八七四）の開聞岳噴火は次のような経過をたどった。

三月四日夜　噴火始まる

三月五日朝　激しい降灰　農作物の被害

夕方　降雨

土石流の発生

住民の健康被害

さて、指宿市内のいくつかの遺跡の調査によって、紫コラとよばれる貞観・仁和の開聞岳の噴出物のなかに多量の植物の葉・茎による圧痕が確認され、また植物珪酸体（プラントオパール）の分析などから、当時の橋牟礼川遺跡周辺の植生は、チガヤやススキの生い茂るような草原的環境で、所々に照葉樹が生い茂っていたと推定されている。樹木痕の周りに多数の葉片の痕跡が分布するが、これは、火山礫・火山灰の降下で枝からはたき落とされたものと考えられている。

橋牟礼川遺跡内を流れていた平安時代の河川については次のようなことがわかっている[25]。最初の噴出物である火山礫が堆積したころはあまり水流もなく、火山礫がほぼ同じ厚さで河川内外に堆積し、その後、紫コラが河川の内外に堆積し始めたが、その終わり頃には雨が降りだし、周辺に堆積した紫コラの一部は雨水とともに河川に流れこみ始めた。堆積物の厚さが二メートルほどに達したころ、西側の山地からの泥流が流れこみ、直前に堆積した紫コラやその二次堆積物をえぐって泥流で川が埋められた。

また橋牟礼川遺跡内では火山灰の重みで倒壊した小規模な家屋の痕跡が検出されている。最初の噴出物である火山礫が降り始めたころ家屋は立った状態で、火山礫は屋根から転がり落ちて家屋の周辺に堆積し、家のなかには侵入していない。その後、紫コラが降り続き、途中で雨が降りだしたことにより泥水が家屋内に入ってきた。屋根に積もった紫コラに、雨水の重量が加わり、ついに重みに耐えかねて家屋は東側に倒壊した。堅く固結した紫コラのなかで家屋の部材は分解されてその部分が空洞となって残った。

橋牟礼川遺跡では、紫コラに覆われた畠跡が、敷領遺跡では畠跡と水田跡が多数みつかっており、当時この付近一帯で盛んに農業が営まれていたことがわかる。しかし農作物が直接的な被害を受けた証拠はみとめられず、また畠のなかには畝起のすんだものとまだ終わっていないものがあった。貞観十六年三月四日は、グレゴリオ暦の八七四年三月二五日にあたり、現在でも指宿地方では三月下旬に畝起を始めるというから、『日本三代実録』の記述とよく符合している。

主として橋牟礼川遺跡の調査成果によって復元される貞観開聞岳の噴火の様子は、『日本三代実録』の記述の正確性を示していると言える。とすれば、『日本三代実録』に載せる情報の発信地がはたしてどこであったのかという問題も生じてくる。

貞観十六年（八七四）七月二日条には、「震動之声聞百余里」とあって、開聞岳から百里余り（現在の約五二キロメートル）以内の地点からの報告をもとにしていることがわかるのであるが、とくに同年七月二十九日条や仁和元（八八五）年十月九日条にみえる詳細な被害状況は、まさに被災地あるいは被災地に最寄りの郡家から報告されたものとするのが

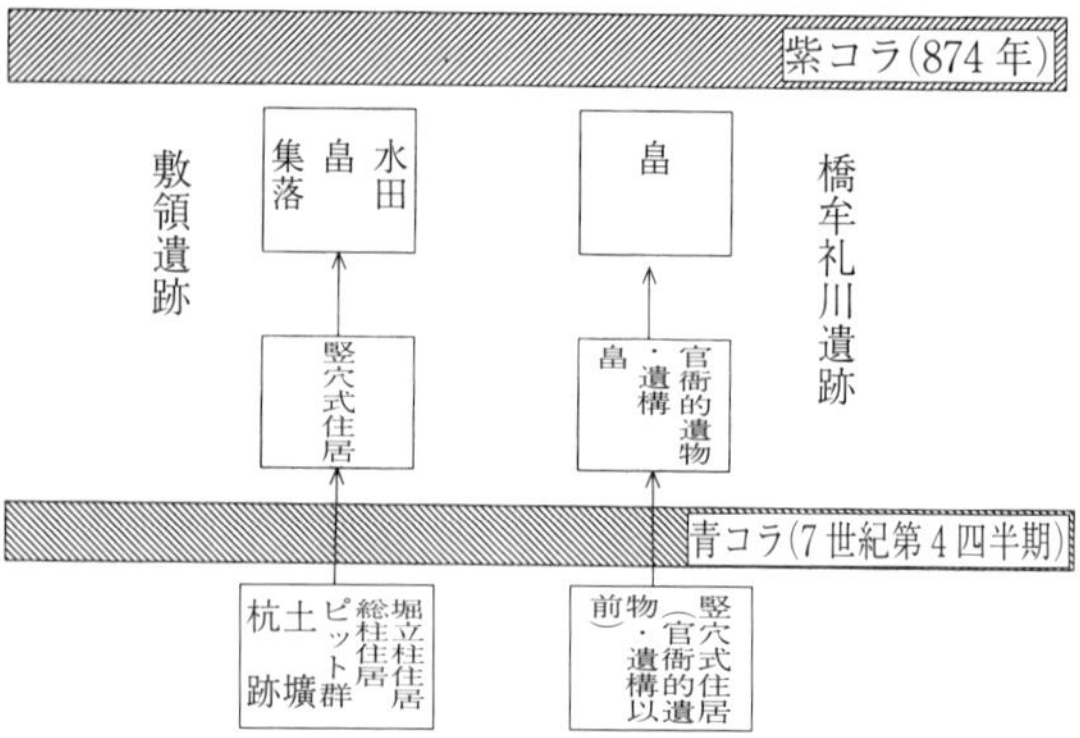

図４　土地利用の変遷

妥当であろう。開聞岳周辺には揖宿郡・頴娃郡・河辺郡の三郡が位置したが、郡家所在地に関しては明らかでない点が多い。このうち、揖宿郡家の一つの候補地として、橋牟礼川遺跡の名が上がっている。この遺跡からは、「真」「厨」と書かれた墨書土器や、転用硯、丸鞆・巡方などが出土しており、一時何らかの公的施設が置かれていた可能性が高い。

しかし、貞観十六年（八七四）の噴出物の堆積した厚さは「或処五寸、或処可一寸余」とあり、三〜一六センチメートル程度であったことが知れるのだが、橋牟礼川遺跡における貞観十六年の噴出物の厚さは二五〜五〇センチメートルとされているので、(26)『日本三代実録』の数値に誤りがないとすれば、橋牟礼川遺跡が『日本三代実録』に載せる貞観十六年の開聞岳噴火災害情報にみえる罹災地点であった可能性は低い。また、橋牟礼川遺跡が、貞観の噴火直前の段階で郡家であったか否かについては、後述するように、否定的な見方が強い。

一方、仁和元（八八五）年十月九日条には「或一尺已下、或処五六寸已上」とあって、こちらの方は橋牟礼川遺跡の仁和元年の噴出堆積物の厚さに合致するというが、(27)橋牟礼川遺跡付近では、貞観と仁和の噴出物の間には遺物包含層は検出されず、貞観の噴火後に橋牟礼川遺跡が復旧された可能性は低いと考えられる。したがって、現時点では仁和元年についても、開聞岳噴火情報の発信地が橋牟礼川遺跡であったとするには躊躇を覚える。

さて、橋牟礼川遺跡において、青コラのなかに横倒しになった状態で須恵器の台付長頸壺が出土している。これは、火山灰などが降り始めた時には立っており、青コラ降下の最中に横倒しになったものと考えられている。この須恵器の台付長頸壺の年代が七世紀第４四半期とされることから、開聞岳の青コラ噴火の年代も七世紀第４四半期とされている。七世紀代の状況は年代の決め手となるものが少ないため、明らかでない点が多いが、五〜六世紀代の集落跡・畠跡などが検出されている。

橋牟礼川遺跡から直線距離で一・五キロメートルほど北に位置する敷領遺跡では、青コラ直下で掘立柱建物・総柱建物・ピット群・土壙・杭跡などが確認され、青コラ上には竪穴住居が、紫コラ直下では、水田跡・畠跡・建物跡が確認されている。また、敷領遺跡の水田跡については、条里制に関わる土地利用の可能性も指摘されている(28)。

橋牟礼川遺跡と、敷領遺跡の土地利用をみると、おおよそ図４のような変化をみることができる。これによれば、七世紀第４四半期の青コラ噴火の後、大きく土地利用が変化し、さらに八世紀末から九世紀初頭にもう一度大きな変化が生じ、最終的に貞観噴火で被災し、この一帯にはしばらく人が住まなくなったとされている。前者を第一の変化、後者を第二の変化と仮によんでおく。第一の変化をもたらした青コラ噴火の時期は、ちょうど隼人の朝貢開始の時期と重なっている。したがって、この変化は、律令国家との接触のなかで生じたものであった可能性もある。その一方で、第一の変化は、ここに住む人々の生活に、大きな変化をもたらさなかったとも言える。青コラ噴火の前後を通じて、貝塚が営まれ、そして成川式土器が使われ続ける。成川式土器は、脚台をもつ土器であり、これは炉に対応し、したがって竈をもたない住居がつくられ続けたことになる(29)。

第二の変化の時期は、隼人の公民化達成の時期に近いが、この変化をもたらした要因については明らかでない。下山覚は、この第二の変化の時期に、方形竪穴住居・炉・在地系甕にかわって、掘建柱建物・竈・外来系甕が登場すると考えているようで(30)、これは隼人の「消滅」と深く関係しているとすることができる。すなわち、律令的な社会のあり方の浸透と、隼人の「消滅」とは関係が深いとも考えることができる。

下山覚は、橋牟礼川遺跡において、七世紀段階では、縄文・弥生時代以来蓄積されてきた狩猟・漁労・農耕などの多様な食料獲得手段を保有していたために、青コラ噴火に際して生活を存続させることができたが、九世紀後期の紫コラ噴火に際しては、律令的な社会のあり方に変化していたため、噴火後、律令的なあり方を復旧させることができず、この地域は放棄されるに至ったとしているが[31]、首肯すべき理解である。

さて、開聞神の神位の上昇に関する記事を列記すると以下のようになる。

貞観二（八六〇）年三月二十日条

薩摩国従五位上開聞神加㆓従四位下㆒。従五位下志奈毛神・白羽火雷神・智賀尾神・賀紫久利神・鹿児島神並授㆓従五位上㆒。正六位上伊尓色神従五位下。

貞観八（八六六）年四月七日条

授㆓薩摩国従四位下開聞神従四位上㆒。正五位下賀紫久利神正五位上、正六位上紫美神従五位下。

元慶六（八八二）年十月九日条

授㆓薩摩国従四位上開聞神正四位下㆒、近江国従五位上小杖神、越中国楯鉾神、筑前国鳥野神並正五位下、近江国従五位下牟佐上神、牟佐下神、柏板神並従五位上。近江国正六位上物部布津神、海北神、海南神、美濃国長友神、丹波国荒井神、城埼神並従五位下。

『日本三代実録』によれば、開聞神は貞観二（八六〇）年三月二十日に従五位上から従四位下へ、貞観八（八六六）年四月七日条には従四位下から従四位上へ、元慶六（八八二）年十月九日には従四位上から正四位下へと昇叙された。先行研究のなかには、神位の上昇にあたっては、開聞岳に何らかの異変があったはずとして、開聞神の神位上昇をストレートに開聞岳の火山活動の活発化に結びつける理解がみられるが(32)、貞観二年三月二十日には薩摩国内の七神が昇叙されており、この昇叙は、天安二年（八五八）八月末の清和天皇の即位と関係があると考えられる。

貞観八年（八六六）四月七日の昇叙では、開聞神・賀紫久利神・紫美神が各々一階昇叙されており、賀紫久利神は、前年の貞観七年五月二十五日にも単独で一階昇叙されているから、この時期賀紫久利神が重視されていることがわかる。さらに、元慶六年（八八二）十月九日の昇叙では、薩摩国開聞神以外にも、近江国の七神、越中国の一神、筑前国の一神、美作国の一神、丹波国の二神が昇叙されている。そのいずれについても昇叙の直接的契機を明らかにし得ないが、開聞神については、その直前に活発な火山活動があってその活動が昇叙の直接的契機となったと考えることはできない。貞観十六年の開聞岳噴火が大規模なものであったことは『日本三代実録』の記述や橋牟礼川遺跡の調査結果から明らかであるが、この時にとられた対応策は封戸を奉ることであり、また仁和元年（八八五）の噴火に際しても政府のとった対応策は国司に命じて部内衆神に幣を奉らせることであった。いずれの場合も神位昇叙という対応策はとられていない。少なくとも神位の昇叙は、奉幣よりは上級の対応策と考えなければならないから、元慶六年の開聞神への昇叙の直接的契機が火山活動の活発化にあったとすれば、その火山活動は仁和元年の噴火よりも大きな規模であったと考えざるを得ないが、元慶六年ころ開聞神が大規模な噴火をおこした徴証は『日本三代実録』からも発掘調査の結果からも得られていないのである。

以上、貞観二（八六〇）年、貞観八年、元慶六（八八二）年の三回の開聞神への昇叙を検討した結果、いずれの場合も開聞岳の火山活動の活発化が開聞神の昇叙の直接的契機とは言い難いことが明らかになった。

ただし、開聞神への昇叙が火山活動と全く無縁に行われたものとすることもできない。開聞岳は、現在でも屋久島とならんで大隅海峡から南島にかけての海上航行の目印となっている。九州最高峰の宮之浦岳を擁する屋久島の益救神が九世紀前期までの段階で南九州に於ける卓越した存在であった点は、『新抄格勅符抄』に南九州では益救神がただ一つしかあげられていないことからも明らかなのであるが、入唐航路の変更や南島政策の変更およびそれらと連動した多褹嶋の廃止と大隅国への編入などにより、益救神の地位は下降していき、十一世紀半ばには大隅国内でも上位とは言えない神位しかもたない状況となっている(33)。こうしたことから、益救神は主に南島政策や入唐航路との関係で重視された神と言えるのだが、開聞神が益救神と同じような性格しかもたないものであったならば、開聞神もまた益救神と同じような経路をたどることになっていたであろう。ところが、開聞神の場合は、益救神とは対照的にすでにみたように九世紀半ば頃から神位を上昇させ薩摩国一宮となっていくのである。とすれば、開聞神と益救神とが異なった経緯をたどることになった原因は、やはり開聞神が「祟」を成す性格、即ち噴火をおこすものであったことに求められるのではないかと思う。

『日本紀略』寛平七年（八九五）九月十一日条には、

是日、公卿等上表、太宰府申㆘慶雲見㆓於薩摩国開聞神社㆒事㆖、奉賀。

とあり、『菅家文草』の「答㆔公卿賀㆓薩摩国慶雲㆒勅」は、これに答えるものである。そうした意味でも、開聞神は特別の意味をもった山として、式内社として位置づけられていく。

第五節　律令的祭祀の展開

南九州の墨書土器は、急速に出土数が増加してきている(34)。南九州出土の墨書土器の点数については、島嶼部を除く鹿児島県域で、一四八遺跡、一五三〇点余、宮崎県域では六三遺跡、七一八点となっており(35)、近年研究が進展してきている[36]。本節では、これらも参考にしながら、律令的祭祀の展開について概観していきたい。

八世紀中葉までの隼人たちがどのような祭祀を営んでいたかを伝える史料はないが、八世紀末から九世紀初頭以降については、いくつかの考古資料が知られている。まずこれについて、みておくことにする。

いちき串木野市の安茶ケ原遺跡では、「日置厨」墨書土器が出土している。安茶ケ原遺跡は、八房川の河口部近く標高二五㍍の安茶ケ原台地上に立地しており、不整形をした土抗のなかにいずれも完形の一個の坏と二個の椀（破片も含め四個体以上でいずれも須恵器）が埋納されており、そのうちの一個の坏の底部外面に「日置厨」の墨書があった。年代は、八世紀後半ころとされる。日置郡家は、地名から日置市伊集院町の郡付近にあったと考えられており、日置郡の厨施設とは遠く離れた所で出土している。八房川は古代における薩摩郡と日置郡の境界と考えられているから、後述するように薩摩半島西岸を南下する伝使往来路上の、なおかつ郡の境界で、日置厨で調理された食物を用いて何らかの境界祭祀が行われた可能性を示すものとも考えられる。

境界祭祀に関連して、鹿児島市横井竹ノ山遺跡では、合わせ口で埋納された土師器などが出土している。この遺跡は、鹿児島市と日置市の境に位置し、鹿児島城下から伊集院を抜けて川内、出水に向かう参勤交代路を踏襲した道路沿いに位置する。ここから九世紀第3四半期のものとされる三点の墨書土器が出土した。一点は土師器埦あるいは坏の破片で、体部外面に倒位で「子」の字が墨書されていた。合わせ口の土師器は、ともに完形の内外赤の高台付土師器埦で、一方には、体部外面に正位で「肥道里（岡）」と墨書されており、底部内面には「八万」と刻書されていた。蓋とされていたもう一方には、体部外面に正位で「子」と「☆□」（下の文字は判読不能）がその直径をはさむ形で体部外面に正位で墨書されていた。

「肥道里（岡）」は人名と考えられ、「天平八年薩麻国正税帳」にみえる薩摩郡主帳肥君広龍などのように、ある時期、

「隼人郡」内に送り込まれた肥後系の人物の末裔とすることができるかもしれない。古代の出土例としては、a群馬県群馬町上野国分僧寺・尼寺中間地域遺跡の刻書土師器坏（八世紀前半代）、b群馬県新田町市野井採集の須恵器坏（八世紀中葉）、c京都府向日市長岡京左京南一条二坊十一町宅地築地塀雨落溝出土の土師器皿（八世紀末）、d千葉県柏市花前Ⅰ・Ⅱ遺跡出土の土師器坏・須恵器坏（九世紀中葉）、e秋田県千畑町厨川谷地遺跡出土の土師器坏（十世紀前半）などが知られている[37]。八世紀代に関東地方、十世紀前半には東北地方でも確認できるから、九世紀後半に薩摩半島で五芒星が記されたとしても不自然ではない。

一般に口を合わせた土器は、墓への副葬、胞衣容器、呪詛の道具として埋められる可能性が説かれている。横井竹ノ山遺跡の場合、内容物の分析の結果リン等が検出されなかったので蔵骨器ではなく、また墓の存在も想定できない。大きさからいって胞衣容器とも異なる。さらに、「八万」という吉祥語があることから呪詛に用いられたとは考えにくい。

一方、『播磨国風土記』には丹波国と播磨国の堺に大甕を埋めたという託賀郡法太里「甕坂」の地名語源説話がみえ、『筑後国風土記』には筑前と筑後の境の鞍韉盡坂の麁猛神を甕依姫という名の巫女が鎮める説話があることから、境界に土器を埋める行為および境界と土器との関係が知られ、また陰陽道の祭祀のなかにも四角四境祭という境界に関わる祭祀がある[38]。横井竹ノ山遺跡は、古代の麑島郡と日置郡の境界に位置し、また県道二〇六号線も、この遺跡付近では国府と各郡家を結ぶ古代の伝使往来路を踏襲している可能性がある。以上から、具体的な内容はわからないものの、この墨書土器は、「肥道里（岡）」という人物に関わる、陰陽道に基づく何らかの境界祭祀に用いられた可能性を指摘することができる[39]。

陰陽道に関連するものとして、九字がある。これは、正しくは「▦」と書かれるが、必ずしも縦四本、横五本ではなく、これより多いこともあれば少ないこともあり、「井」のように簡略化して記されることもある。市ノ原遺跡第1地点（いちき串木野市市来町）・犬ケ原遺跡（日置市東市来町）・山野原遺跡（南さつま市金峰町）・山神遺跡（霧島市溝辺町）・余り田遺跡（宮崎市）・本池遺跡（都城市）・上ノ園第2遺跡（都城市）などから九字と考えられる墨書・刻書土器が出土している。

また卜占に関わるものとして、神方遺跡（指宿市山川町）の須恵器の壺には「占」の文字が記されていたとされており、(40) 山野原遺跡（南さつま市金峰町）では「三卜」とヘラ書きされた九世紀代の須恵器小壺が出土している。また、敷領遺跡（指宿市）で出土していた将棋の駒のような形をした幅一四・六センチメートル、残存長約一九・五センチメートルの鉄製品は、八世紀後半〜九世紀前半期の簡略化された形の亀卜に用いられたものとされており、(41) これにより敷領遺跡には律令的祭祀を行う公的機関が存在したともされている。(42)

人形土製品は、荒神免遺跡（曽於市末吉町）・牧野遺跡（志布志市志布志町）・内布遺跡（南さつま市加世田）・塞ノ神遺跡・岡野遺跡・津栗野遺跡・大迫遺跡（いずれも伊佐市菱刈町）で、馬形土製品は、小瀬戸遺跡・宮田ヶ岡瓦窯跡（ともに姶良町）、石塚遺跡（霧島市隼人町）、塞ノ神遺跡・岡野遺跡・津栗野遺跡（いずれも伊佐市菱刈町）で出土している。菱刈で出土した人形・馬形土製品に関しては、火葬墓とともに荒神祭祀が行われたとの推定があるが、(43) 全国的にみて馬形土製品は水辺の祭祀に関わると考えられており、こうした祭祀が行われた可能性がある。

葬送についても簡単に触れておく。南さつま市金峰町の白樫野遺跡では、七個の石で方形の石組みを造り、小石を敷き詰めて、中央に蔵骨器、四隅に一個ずつ「山」を体部外面に正位で墨書した土師器坏が置かれており、鞴の羽口二個と数点の鉄滓なども検出された。蔵骨器には、一体分の火葬骨が納められていた。年代は、土師器坏より、八世紀後半から九世紀初頭に位置づけられる。この蔵骨器の蓋は、天井部と体部の堺に鍔を貼り付け、摘みの部分は仏舎利塔型をしていて特徴的である。こうした摘みは、国内では奈良県で若干例が知られるだけであり、鍛冶関連遺物の存在とともに、仏教文化の面で中央とのパイプをもった被葬者の性格を示していると考えられる(44)。ちなみに、古代の蔵骨器は、鹿児島県内で須恵器製が四八、土師器製が一〇確認されている(45)。

以上から、八世紀末以降、「隼人郡」にも、律令的祭祀が徐々に浸透してきている状況をうかがうことができる。

第六節　南九州の古代交通

平川南は、「厨」墨書土器について多角的に分析し、「厨」墨書土器が出土した遺跡が古代交通路上に位置する可能性を示した(46)。南九州では、鹿児島県内の旧薩摩国内の八遺跡で一一点の「厨」墨書土器が出土している。出水市の尾崎B遺跡(土師器坏、「厨」)、薩摩川内市の薩摩国府跡(土師器坏、「国厨」)、いちき串木野市の栫城跡(土師器甕、「厨」)、いちき串木野市の安茶ケ原遺跡(須恵器坏、「日置厨」)、いちき串木野市の市ノ原遺跡第1地点(土師器坏、「厨」が四点)、南さつま市金峰町の芝原遺跡(土師器坏、「厨」)、指宿市の橋牟礼川遺跡(土師器埦、「厨」)、鹿児島市の一之宮遺跡(土師器坏、「厨」)で「厨」墨書土器が出土している。

各遺跡の所在郡名は、尾崎B遺跡＝出水郡、薩摩国府跡＝高城郡、栫城跡＝薩摩郡、安茶ケ原遺跡・市ノ原遺跡第1地点＝日置郡、芝原遺跡＝阿多郡、橋牟礼川遺跡＝揖宿郡、一ノ宮遺跡＝麑島郡となる。

延喜兵部省式によれば、大隅・薩摩国の駅は、

大隅国　蒲生　大水

薩摩国　市来　英祢　網津　田後　櫟野　高来

となっている。このうち、櫟野駅の設置については、『日本後紀』延暦二十三年（八〇四）三月庚子（二十五日）条に、

大宰府言、大隅国桑原郡蒲生駅与二薩摩国薩摩郡田尻駅一、相去遥遠、逓送艱苦。伏望置二駅於薩摩郡櫟野村一、以息二民苦一。許レ之。

とあって、薩摩国府と大隅国府をつなぐ駅路上の田尻駅と蒲生駅との距離が長いため、その間の薩摩郡櫟野村に新たに駅を設置したことが知られる。延喜式主計上には、管内各国の調・庸等を運送する際の大宰府間の所用日数が記されているが、それによれば薩摩・大隅・日向の三国はともに「上十二日　下六日」となっている。大隅国府から大宰府へ至る経路が薩摩国府・日向国府を経由していたとすれば、当然大隅国府~薩摩国府・日向国府の所要日数が上乗せされなければならない。しかし、薩摩・大隅・日向各国府から大宰府までの所要日数が同じだということは、大隅国府から大宰府へ、薩摩国府・日向国府を経由しない経路があったことを示している。大隅国府から、薩摩国府を経ずに肥後国府に至る駅路が設定されていたことは、八世紀代の隼人との軍事的緊張状態のなかで、南九州から大宰府に至る複数の経路を確保する意味があったものと考えられる。

古代の道路遺構としては、宮崎県都城市並木添遺跡、宮崎県えびの市草刈田遺跡、鹿児島県姶良郡姶良町の城ヶ崎遺跡と中原遺跡が知られる。

まず、宮崎自動車道都城インターチェンジの西に隣接する宮崎県都城市並木添遺跡では、北東から南西の方向の直線道路の跡が約四二〇メートルにわたって発掘されている。報告書は、この道路は十一世紀までには使われなくなったとするが(47)、重永卓爾は、この調査結果に再検討を加えた。それによれば、この道路遺構の最大幅は六・五メートル、年代は九世紀後半~十世紀代、またこの古道が三俣院と北郷の境界として機能した可能性を示唆し、一五世紀に下るものの郡元

図５　古代の交通と関連遺跡

の「久玉」の北縁の「大薗」に「大路ソエ」の地字があり、「姫木大道」が存在したことも看過できないとしている(48)。並木添遺跡の位置は、西海道東路の通説的想定ルートから少しはずれており、通説を改めて検討してみる必要性もある(49)。

宮崎県えびの市栗下の草刈田遺跡は、その西隣（字名は谷川）に、木下良らによってその存在が指摘された官道痕跡とされる凹地があることから、発掘調査された。道路幅は一定せず、側溝も片側に断続的に付設されていて、硬化面はほとんど無い。八世紀末か九世紀に入って施行されたもので、九世紀後半には埋没してしまう(50)。構造的にはものたりないが、北西約一・四キロメートルほどのえびの市灰塚は、真斫駅の可能性が指摘されており(51)、今後の調査の進展が期待される。

鹿児島県姶良郡姶良町城ヶ崎遺跡は、武久義彦が官道痕跡と指摘していた姶良町船津の凹地(52)にあたり、姶良町教育委員会により発掘調査された。両側に側溝をもつ幅四メートル強の道路跡が、二時期にわたっていることが明らかになった。八世紀代に造られた第Ⅰ期の道路は、九世紀後半〜十世紀のどこかの時点で洪水により失われ、これを契機に改修された第Ⅱ期の道路も十一世紀代には維持管理が及ばなくなったとされている(53)。隣接する大坪遺跡・外園遺跡からは、二〇〇点以上の墨書土器、石帯、越州窯青磁などが確認されており、官道に沿って公的機関が存在した可能性が示されている。

鹿児島県姶良郡姶良町中原遺跡では、幅六メートルほどの両側に側溝をもつ直線道路が検出された。しかし、この道路跡は武久義彦の想定した駅路からかなり離れたところに位置するため、どのような性格のものか今のところ明らかではなく、あるいは、薩摩国鹿児島郡へ抜ける道路の可能性も示されている(54)。

さて、尾崎B遺跡・薩摩国府跡は、駅路の関連を想定でき、「厨」墨書土器が出土した他の六遺跡については、国府と郡家を結ぶ伝使往来路との関連を想定できると考える。前節で述べたように、安茶ケ原遺跡は、かつて薩摩郡と日置郡の境界（旧串木野市と旧市来町の境界でもあった）となっている八房川を見下ろす台地上に位置する。市ノ原遺跡第1地点は、四面庇の建物や中国の越州窯で焼かれた青磁、近江国あるいは平安京で焼かれた緑釉陶器などの出土から豪族の居館あるいは寺などと考えられている(55)。芝原遺跡は、万之瀬川の右岸に位置する遺跡であり、九世紀ころの須恵器の多口瓶や石帯などが出土しており、仏教や律令制との関連が注目されるという(56)。また、ここから北東約二キロメートルには、「阿多」のヘラ書き土師器が出土し、阿多郡家の候補地ともされている小中原遺跡がある。芝原遺跡は、渡畑遺跡・持躰松遺跡と連続しており、古代末の段階で、これらの遺跡が、万之瀬川の河川交通と陸上交通の結節点として機能していたことが明らかであるため、平安時代前期の段階でも、万之瀬川の渡河点として機能していた可能性が高いと考えられる。

橋牟礼川遺跡は、第四節で述べておいたように、八世紀代後半から九世紀初頭の段階で、その近辺に郡家のような公的機関が存在したと考えられる。

一之宮遺跡は、鹿児島市郡元に所在している。隣接する鹿児島大学郡元団地遺跡群では、古墳時代の大規模な集落跡が確認されており、また郡元の地名から郡家の存在が想定されていたが、「厨」墨書土器の出土でその可能性がさらに高まった(57)。

以上のように考えれば、薩摩半島の海岸部をほぼ一周する、国府といわゆる「隼人郡」一一郡を結ぶルートが存在したことが想定できる。

最後に、南九州の水上交通についても、簡単に触れておきたい。

『続日本紀』養老四年（七二〇）七月甲寅（三日）条には、「賜㆘征西将軍已下、至㆓于杪士㆒物㆖、各有㆑差」とあって、杪士もこの軍事行動に参加していた。「天平八年薩麻国正税帳」には、出水郡に「糒壱仟伍伯肆斛参斗壱升」、高城郡に「糒壱仟弐伯陸拾壱斛」とあって、ともに「養老四年」と注記されている。こうした重貨は、この杪士らによって漕送されたと思われる。これに関連して、藤岡謙二郎は、薩摩国の網津駅に国府の外港としての性格があるとしたが(58)、川内川の河口から八キロメートルほどさかのぼった地点に位置する薩摩国府については、その少し上流まで川内川の潮入が認められ、国府にも水運の機能が附属していたと考えてよい。また、大隅国府・日向国府も、潮入地点の付近に立地していることから、国府の設定に関しては、水運も充分に意識されたものと考えられる。

南九州に関して水運利用をうかがわせる史料についてみておく。「天平八年薩麻国正税帳」には、薩摩国と大宰府

とを結ぶ運夫について、

66 運府甘葛煎擔夫参人【十九日】惣単伍拾漆人 食稲

67 壱拾漆束肆把【三人十日人別日四把三人九日人別日二把】

68 運府兵器料鹿皮擔夫捌人【十九日】惣単壱伯伍拾

69 弐人 食稲肆拾陸束肆把【八人十日人別日四把八人九日人別日二把】

70 運府筆料鹿皮擔夫弐人【十九日】惣単参拾捌人

71 食稲壱拾壱束陸把【二人十日人別日四把二人九日人別日二把】

の記載がある。これによれば、薩摩国から大宰府まで甘葛煎・兵器料鹿皮・筆料鹿皮をそれぞれ、三人・八人・二人が運んでおり、その所要日数は一九日で、いずれも「十日人別日四把」「九日人別日二把」とあることから、大宰府までの上りの日数が一〇日、下りが九日であったと考えられる。上りと下りの日数差はわずかに一日しかない。一方、延喜主計式によれば、薩摩～大宰府の所要日数は、上り一二日、下り六日となっており、大宰府管内のほとんどで、上りは下りの二倍の日数となっている。「延喜式」の所要日数は、調庸物が陸路を人によって輸送されていることを前提としているが、「天平八年薩麻国正税帳」にみえる所要日数と大きく異なっている点は、天平年間の薩摩～大宰府の輸送が陸路人担によっていない、すなわち船を利用して大宰府の近くまで運び、残り区間を陸路人担によっていた可能性を示すと考える。[59] 船を利用した物資輸送が日常的に行われていた可能性がある。

『類聚三代格』巻一六の延暦十五年（七九六）十一月二十一日付太政官符には、

太政官符

応レ聴下自二草野国埼坂門等津一往中還公私之船上事

右得二大宰府解一称、検二案内一、太政官去天平十八年七月廿一日符称、官人百姓商族之徒、従二豊前国草野津、豊後国々埼坂門等津一、任レ意往還擅漕二送人物一、豊後日向等国兵衛采女資物漕二国物一、自レ今以後、厳加二禁断一、但豊後日向等国兵衛采女資物漕二送人物一船、取二国埼之津一有二往来一者不レ在二禁限一、除レ此以外、咸皆禁断者、府依二符旨一重令二禁制一（中略）

延暦十五年十一月廿一日

とあって、天平十八年（七四六）七月二十一日付太政官符によれば、官人・百姓・商旅の徒が豊前国草野津、豊後国国東津・坂門津から、国物を漕送することを禁止したが、豊後・日向等の国の兵衛・采女やその資物を漕送する船が、国埼の津から往来することは、例外として許可された。日向国の兵衛・采女と資物が、国埼津まで陸路で運ばれ、ここで船に積み替えられていたとするよりは、国埼津の前後ずっと船を利用していたと考えた方が理解しやすい。

また、『続日本紀』天平宝字五年（七六一）十一月丁酉条によれば、藤原仲麻呂は、西海道節度使とした吉備真備に対して、肥前国を除く西海道八国に一二一隻の船の調達を命じており、日向・大隅・薩摩国をはじめとする西海道諸国が外洋航行用の船を建造する能力をもっていると考えられていたことがわかる。

以上、平安時代前期の南九州の状況を概観してきた。「隼人消滅」後、南九州に関する史料は減少し、考古学的な調査は近年、質・量ともに増加してきているけれども、土師器の編年等の面で年代の決定にかなりの幅をもたさざるを得ないという状況にある。

しかし、近年得られた情報等から結ばれる南九州の在地状況に関する像は、南九州以外の他の地域と大きく離れたものではなかった。

生産遺跡と墨書土器の消長について、少しだけ触れる。まず生産遺跡について。鹿児島県曽於市財部町の高篠遺跡は、標高三二〇メートルの台地上に展開する遺跡で、一六棟の掘立柱建物や鉄生産に関する遺物・遺構（屋内炉二一基・屋外炉七基・焼土二八基）が検出され、九六点という多量の墨書土器、石帯や青銅製装身具が出土している。この遺跡の存続は九世紀後半〜十世紀前半の間の短い期間とされる。『和名類聚抄』には、日向国諸県郡の郷名として「財部郷」があることから、この遺跡は、日向国諸県郡に位置すると考えられた。

坂井秀弥は、関東を例にして古代の集落や生産遺跡の関係を論じ、九世紀から十世紀にかけて、有力層を主体とする開発によって畑作や鉄生産などを生産基盤とする集落が丘陵・山地・高原に進出し、また、継続期間が短いという点をこの時期の特徴としてあげている[60]。これを参考にして、諸県郡では、平野部の大島畠田遺跡のような豪族居館と山地に立地する高篠遺跡のような生産遺跡との関係を想定できるのではないかと考えたが、高篠遺跡にほどちかい財部城ヶ尾遺跡で「桑原」の墨書土器が出土し、大隅国桑原郡との関連が想定されることから、高篠遺跡についても日向国諸県郡ではなく大隅国桑原郡である可能性も出てきた。しかしこの場合でも、大隅国の国府所在郡である桑原郡の有力者との関係を考えることは可能である。

墨書土器について、そのピークを調べた柴田博子は、鹿児島県のピークを九世紀後半〜十世紀前半、宮崎県のそれを九世紀、大分県・熊本県を八世紀末〜九世紀初、大宰府を八世紀代としている。また、千葉県のピークは九世紀代、山梨県のそれは九世紀後半から十世紀前半とされることを紹介している[61]。土器に墨書された文字について、平川南は、長野・神奈川県から岩手県までの比較的出土量の多い二〇遺跡のうち、五遺跡以上に共通する文字が三〇種あることを示しているが[62]、薩摩・大隅国ではその三〇種のうち「万」「大」「上」「加」「十」「井」「人」「寺」「生」「千」「吉」「田」「本」「家」「西」「得」「真」「天」「子」「安」「冨」「山」の二二種の文字が使用され、日向国域ではさらに

「丈」「仁」「下」「南」の四種を加えることができる。(63)

以上のように、九世紀おいて、南九州の状況は全国的傾向、なかでも関東地方の状況と似ていると言え、こうしたことをふまえて、南九州の歴史的展開を考える段階に入ってきていると言えそうである

注

(1) 日向国の位置づけについては、坂上康俊「『九州』の成り立ち」(丸山雍成編『前近代における南西諸島と九州―その関係史的研究―』多賀出版、一九九六年)が考察を加えている。
(2) 西別府元日「九世紀の大宰府と国司」(下條信行・平野博之編『新版 古代の日本③九州・沖縄編』角川書店、一九九一年)。
(3) 柴田博子「寺崎遺跡出土の墨書土器について」(『国衙跡保存整備基礎調査報告書 寺崎遺跡―日向国庁を含む官衙遺跡―』宮崎県教育委員会、二〇〇一年)。
(4) 平川南「『厨』墨書土器論」(『墨書土器の研究』吉川弘文館、二〇〇〇年)。
(5) 永山修一「天長元年の多褹嶋停廃をめぐって」(『史学論叢』一一号、一九八五年)。
(6) 川口雅之・山元真美子編著『京田遺跡』(鹿児島県立埋蔵文化財センター発掘調査報告書第八一集、二〇〇五年)。
(7) 薩摩国における条里制に関しては、上床真「鹿児島県内の条里制研究史及び若干の考察」(『大河』七号、二〇〇〇年)で研究史の整理がなされている。
(8) 中村明蔵「鹿児島県京田遺跡出土の木簡をめぐる諸問題」(『鹿児島国際大学国際文化学部論集』第二巻第一号、二〇〇一年)。
(9) 高島英之「牓示木簡について」(『古代出土文字資料の研究』東京堂出版、二〇〇〇年、初出は一九九五年)。
(10) 原秀三郎「田使と田堵と農民」(『日本史研究』八〇号、一九六五年)七頁。
(11) 帋尾達哉「鹿児島県京田遺跡出土木簡の『田刀□』について―田堵初見史料の出現―」(『律令官人社会の研究』塙書房、

二〇〇六年）、中村注8論文。
(12) 乕尾注11論文。
(13) 佐々木恵介「牓示札・制札」（平川南・沖森卓也・栄原永遠男・山中章編『文字と古代日本　1　支配と文字』吉川弘文館、二〇〇四年）。
(14) 佐々木注13論文、乕尾注11論文。
(15) 加藤友康「八・九世紀における売券について」（土田直鎮先生還暦記念会編『奈良・平安時代史論集　上巻』吉川弘文館、一九八四年）。
(16) 乕尾達哉は、注11論文で、「勘取」の主体が郡司であったとした上で、「当木簡が郡司から『田刀祢』に対して田地所有権の移転を告知する、いわば官報のごとき機能を担った」と推定している。
(17) 山中敏史「国衙・郡衙の構造と変遷」（『講座　日本歴史』二　東京大学出版会、一九八四年）。
(18) 谷口武範・福田泰典編著『大島畠田遺跡』（宮崎県立埋蔵文化財発掘調査報告書第一七八集、二〇〇八年）。
(19) 桑畑光博編著『馬渡遺跡』（都城市文化財調査報告書第六二集、都城市教育委員会、二〇〇四年）。
(20) 元田順子・牛ノ濱修・繁昌正幸・寺原徹『市ノ原遺跡（第1地点）』（鹿児島県立埋蔵文化財センター発掘調査報告書第四九集、二〇〇三年）。
(21) 永山修一「高井田遺跡の古代における歴史的位置」（前迫亮一編著、鹿児島県立埋蔵文化財センター発掘調査報告書第三四集『高井田遺跡』鹿児島県立埋蔵文化財センター、二〇〇二年）。
(22) 笹山晴生「平安初期の政治改革」（『岩波講座　日本歴史』第三巻、岩波書店、一九七六年）。
(23) 『日本の天災・地変　上』（一九三八年、復刻本一九七五年、原書房）の災変編年表は、開聞岳の噴火を貞観十六年（八七四）七月二日条に載せ、『鹿児島県大百科辞典』（一九八一年、南日本新聞社）の別冊年表もこの年の開聞岳の噴火を七月のこととして載せている。
(24) 『三代実録』仁和二年（八八六）八月四日庚戌条によれば、安房国が、五月二十四日夕に南海で噴火が起こり、翌日には降灰を観測したとの報告をしている。この時、噴火した火山については、新島とする説のほか、伊豆大島とする説も示されている（杉原重夫・福岡孝昭・大川原竜一「伊豆諸島、神津島天上山と新島向山の噴火活動」〔『地学雑誌』一一〇巻一号、二〇〇一年〕）。

(25) 成尾英仁・永山修一・下山覚「開聞岳の古墳時代噴火と平安時代噴火による災害―遺跡発掘と史料からの検討―」（『月刊地球』一九―四、一九九七年）。

(26) 成尾英仁「橋牟礼川遺跡の地質」（指宿市埋蔵文化財発掘調査報告第九集『橋牟礼川遺跡』一九九一年三月）。

(27) 成尾英仁氏の御教示による。

(28) 鷹野光行編、文部科学省科学研究費補助金・特定領域研究「わが国の火山噴火罹災地における生活・文化環境の復元」による発掘調査報告書『鹿児島県指宿市　敷領遺跡の調査』二〇〇六年。

(29) 下山覚「考古学から見た隼人の生活」（新川登亀男編『古代王権と交流8　西海と南海の生活・文化』名著出版、一九九五年）。

(30) 下山覚「火山災害の評価と戦略に関する考古学的アプローチ―指宿橋牟礼川遺跡の事例から―」（第四紀学会『第四紀研究』第四一巻第四号、二〇〇二年）。

(31) 下山注30論文。

(32) 村山磐『日本の火山　3』（大明堂、一九七九年）開聞岳の項。

(33) 「天喜二年（一〇五四）二月二十七日付大宰府符」（『鹿児島県史料　薩藩旧記雑録　前編一』鹿児島県、一九七八年九号文書）。この文書は、前欠で、肝属・馭謨・熊毛の三郡の計九二の明神の名を列記しており、その神位は馭謨郡（屋久島）が最高で従四位下、熊毛郡（種子島）が最高で従三位、肝属郡が最高で従二位というように、益救神の地位は大隅一国のなかでも下位に滑り落ちている。

(34) 二〇〇八年末の段階で、報告書未刊行分も含め、管見に触れたものをあげている。

(35) 柴田博子・中野和浩・東憲章「日向国出土の墨書土器」（『宮崎県史　通史編　古代2』宮崎県、一九九八年）、柴田博子「日向国出土墨書土器資料集成・補遺（1）」（『宮崎考古』第二〇号、宮崎考古学会、二〇〇六年）、同「出土文学資料から見た古代の諸県郡」（『地方史研究』三四〇号、二〇〇九年）。

(36) 注35論文の他に次のようなものがある。池畑耕一「南端の文字文化」（『九州歴史大学講座』通巻六六号、一九九六年）、柴田博子「宮崎県内出土の墨書土器と墨書土器研究」（『宮崎考古』一五号、宮崎考古学会、一九九七年）、同「日向国出土の墨書土器をめぐる諸問題」（『宮崎産業経営大学紀要』第一一巻第一号、一九九八年）、永山修一「鹿児島市一之宮遺跡出土の『厨』墨書土器について」（鹿児島市埋蔵文化財発掘調査報告書二六集『一之宮遺跡B地点』鹿児島市教育委員会、二〇〇〇年）、柴田博子「古代中世墨書土器資料集成」（『都城市史　史料編　古代・中世』都城市、二〇〇一年）、坂本佳代子・岩澤和徳・松田朝由「墨書土器の性格―鹿児島を例として―」（鹿児島県立埋蔵文化財センター研究紀要・年報『縄文の森から』第二号、二〇〇四年）、柴田博子「宮崎市山崎上ノ原第二遺跡『勾』墨書土器をめぐって」（『宮崎県地域史研究』一八号、二〇〇五年）同「鹿児島県の墨書土器」（『先史・古代の鹿児島　通史編』鹿児島県教育委員会、二〇〇六年）、同「西海道の古代出土文字資料」（『木簡研究』第二九号、二〇〇七年）。

(37) 平川南「墨書土器とその字形」（『墨書土器の研究』吉川弘文館、二〇〇〇年）、高島英之「古代東国の在地社会と文字」（『古代出土文字資料の研究』東京堂出版、二〇〇〇年）。

(38) 高島注37論文。

(39) 永山修一「鹿児島市横井竹ノ山遺跡出土の墨書土器について」（桑波田武志編著、鹿児島県立埋蔵文化財センター発掘調査報告書第六七集『横井竹ノ山遺跡』二〇〇四年）。

(40) この須恵器のことは『鹿児島県遺跡地名表』（鹿児島県教育委員会、一九六四年）にみえるが、現在その所在は不明である。

(41) 下山覚「鹿児島県指宿市敷領遺跡出土の鉄製品について」（『考古学雑誌』第八七巻第三号、二〇〇三年）。

(42) 下山覚『薩摩の「隼人」と律令制度』（指宿市考古博物館・時遊館COCCOはしむれ第九回企画展示図録、二〇〇二年）。

(43) 新東晃一「南九州における人形・馬形土製品の祭祀形態」（『古代文化』三〇巻三号、一九七八年）。

(44) 宮下貴浩「白樫野遺跡」（鹿児島県教育委員会『先史・古代の鹿児島　資料編』二〇〇五年）。

(45) 上床真「さまざまな墓」(『先史・古代の鹿児島　通史編』鹿児島県教育委員会、二〇〇六年)。
(46) 平川注4論文。
(47) 都城市文化財調査報告書第二四集『並木添遺跡』(都城市教育委員会、一九九三年三月)。
(48) 重永卓爾「島津本庄島津院・北郷の開発と日置氏」(『季刊南九州文化』六八号、南九州文化研究会、一九九六年)。
(49) 永山修一「日向国の官道」(『宮崎県史　通史編　原始・古代2』第二章第一節六項、特論1、一九九七年)。
(50) 中野和浩『草刈田遺跡』(えびの市埋蔵文化財報告書第三八集、二〇〇四年)。
(51) 永山注49論文。
(52) 武久義彦「明治期の地形図にみる大隅国の駅路と蒲生駅家」(『奈良女子大学地理学研究報告』Ⅳ、一九九二年)。
(53) 深野信之「鹿児島県姶良町における古代遺跡の調査―姶良町船津城ヶ崎・大坪遺跡を中心に―」(平成一九年度西海道古代官衙研究会〔二〇〇八年一月一三日、於鹿児島県歴史資料センター黎明館〕報告資料)。
(54) 前迫亮一・森田郁朗他『中原遺跡(国道10号姶良バイパス建設に伴う埋蔵文化財発掘調査報告書)』(鹿児島県立埋蔵文化財センター発掘調査報告書第五四集、二〇〇三年)。
(55) 元田・牛ノ濱・繁昌・寺原注20書。
(56) 栗林文夫「芝原遺跡」(『先史・古代の鹿児島　資料編』鹿児島県教育委員会、二〇〇五年)。
(57) 永山修一「鹿児島市一之宮遺跡出土の『厨』墨書土器について」(出口浩編著『一之宮遺跡B地点』鹿児島市教育委員会、二〇〇〇年)。
(58) 藤岡謙二郎「薩摩国」(同編『古代日本の交通路Ⅳ』大明堂、一九七九年)。
(59) 可能性の一つを示せば、有明海の北部のある港まで船を用いて八日、その後陸路を上り二日、下りを一日とすれば、正税帳の所要日数に一致する。なお、森哲也は、律令制下の調庸物京進が必ずしも陸路・人担主義を取っていないとしている(森哲也「律令国家と海上交通」『九州史学』一一〇号、一九九四年)。
(60) 坂井秀弥「律令以後の古代集落」(『歴史学研究』六八一号、一九九六年)、同「遺跡からみた平安時代の村と社会、その変容―東日本を中心に―」（宮崎県埋蔵文化財センター特別講座資料『日向国の平安時代の様相』二〇〇一年一〇月）。

（61）柴田博子「鹿児島県の墨書土器」（『先史・古代の鹿児島　通史編』鹿児島県教育委員会、二〇〇六年）。

（62）平川注37論文。

（63）柴田注61論文は、薩摩・大隅で共通する文字を二〇種としているが、則天文字とされる小薗遺跡出土の「天」と持躰松遺跡出土の「富」（ともに南さつま市金峰町）を含めて二二種とした。

第七章　平安時代中期の南九州

薩摩・大隅国では平安時代初期に律令制の完全適用がなされたが、すでに全国的傾向としては、律令制の諸原則の適用が難しくなってくる状況にあった。九世紀末以降、収取体系の改変が行われ、十世紀には受領支配が展開されるようになる。受領支配の進展にともない、在地の有力者が受領支配を忌避する動きもみられるようになる。大宰府管内では、大宰府官長の「受領」化もみられ、受領と大宰府官長との競合も厳しくなっていく。こうした状況のなかで日向国に成立した島津荘は、大隅・薩摩国へと拡大し、日本最大の荘園へと発展していく。

本章では、およそ十世紀～十一世紀中期に相当する平安時代中期について、南九州における受領支配の進展及び島津荘をめぐるいくつかの事例についてみていくことにする。

第一節　受領支配の進展

延喜式主税によれば、日向・大隅・薩摩国の財政状況は次のように記されている。

日向国　正税・公廨各十五万束、国分寺料一万束、文殊会料一千束、修理池溝料二万束、救急料四万一千束。

大隅国　正税八万六千四十束、公廨八万五千束、国分寺料二万束、文殊会料一千束、修理池溝料二万束、救急料三万束。

薩摩国　正税・公廨各八万五千束、国分寺料二万束、同寺十一面観世音菩薩燈分料一千五百束、文殊会料一千束、修理官舎料二万束、救急料三万束。

約一〇〇年前の弘仁式段階と比較すれば、大隅・薩摩両国とも正税・公廨出挙の本稲数が六万束から八万五千束ほどに増えている。また、日向国と肥後国で行われていた国分寺料出挙も大隅・薩摩国内で行われるようになっており、修理池溝料や救急料も設定された。延喜式段階で、大隅・薩摩国の財政規模は二四万束余で、一二万束であった弘仁式段階の二倍以上の規模になっている。ここにきてようやく大隅・薩摩国の財政は自立を果たしたと言うことができそうである。しかし、後述するように、順調に税の徴収が行われたとは言えず、財政状況はいぜん厳しかった。

十世紀に入ると、国家の収取制度は大きく改変され、地方においては、受領支配が進展していく。南九州における受領支配の一端をうかがわせる史料が、いくつかあるのでこれについてみておくことにする。

まず、大隅国守桜島忠信についてみていく。勅撰和歌集『拾遺集』雑下に次のような詞書きと和歌がみえる。

大隅守桜島忠信が国に侍りける時、郡のつかさ、かしら白き翁の侍りけるを、召しかんがへんとし侍りにける時、翁のよみ侍りける

老はてて　雪の山をば　いただけど　しもと見るにぞ　身はひえにける

此歌によりて許され侍りにける

桜島忠信の経歴は不詳の部分が多いが、康保二年（九六五）に権少外記、翌年少外記、安和元年（九六八）十月大外記従五位下で、十二月に備後権介に遷任している。『本朝文粋』巻十二には、忠信の落書が収載されており、「依㆓此落書㆒拝㆓命大隅守㆒云々」との注記がある。上国（備後国）の介より中国（大隅国）の守の方が相当位が高いので、

大隅国守在任は安和元年以降のことと考えられる。

この歌に現れた出来事は、『宇治拾遺物語』巻九に「歌詠みて罪を許さるる事」として載せられており、[1]「大隅守なる人、国の政をしたため行ひ給ふ間、郡司のしどけなかりければ、『召しにやりて戒めん』といひて、先々の様に、しどけなき事ありけるには、罪に任せて、重く軽く戒むる事ありければ、一度にあらず、たびたびしどけなき事あれば、重く戒めんとて、召すなりけり。」とあって、郡司を厳しくとがめる受領の姿が描かれており、受領による管国支配強化の一端が示されているものと考えられる。[2]

次いで、『北山抄』巻十　吏途指南に載せる大隅守弓削仲宣の受領功過定に関する記事についてみていく。

大隅守仲宣、彼国代々里倉之物、前司陳下任中廻二成見物一之由上、仲宣勘状云、雖レ称二見物一、皆是負名。非レ可二寄徴一云々。然而終於二前司執レ状、可レ謂下以二見物一受領上也、而後司交替之時、任二代々例一、以二里倉一分付者、仍可レ為レ過之由、諸卿定レ之、伊周卿執二不レ可レ為レ過之旨一、数日不二定畢一、遂無二一定一、仲宣卒去畢、彼卿不レ知而執者非レ賢、乍レ知猶執レ之不忠也、当時英雄何二如此一乎、

これによれば、大隅守弓削仲宣は、「代々里倉之物」は「見物」であるとして、前任者から国務を引き継いだが、後任者はこれを問題にしたため、仲宣は「雖レ称二見物一、皆是負名」と述べて、自らの責任を回避しようとした。これは、未納分を有力農民の私宅（里倉）に収納されていると帳簿上処理することを意味しており、[3]十世紀末の段階で大隅国内でも、全国的傾向と同じく官物の収納が順調に行われていない状況を確認できる。

受領の功過定は全会一致が基本であるから、藤原伊周一人の反対で、結論が出ないままに仲宣は死去した。『外記補任』によれば、仲宣が大隅守に就任したのは天元三年（九八〇）正月二十九日で、一般に大宰府管内の任期は五年間。仲宣の没年は明らかでないが、藤原伊周が、大きな発言力をもっていたのは、従三位参議となった正暦二年（九九一）

から内覧を停止された同六年までで、仲宣の受領功過定もこの期間のことであろうとされるから(4)、終任後、数年以上たっても勤務評定が続けられていたことがわかる。

このようなシステムのなかで、受領のなかには、勤務評定の会議の結果を良好に導くべく、後述するように、会議の主要メンバーに対して積極的に進物を贈ることも行われる。南九州からの進物については後述する。

一方、日向国では、藤原保昌の活動が知られる。保昌は、南家の流れで、正暦三年（九九二）から長徳三年（九九七）まで日向守に在任した。叔父は「受領は倒るる所に土をつかめ」の言葉で有名な藤原陳忠（『今昔物語集』巻二十八「信濃守藤原陳忠、御坂に落入る語」）であり、受領を輩出していた家柄の出であった。彼が日向守の任期をおえて交替するさいの手続きが公卿会議で大きな問題となったことを、『北山抄』巻十吏途指南、『権記』長保四年（一〇〇二）二月十六日条、『西宮記』巻十裏書などから知ることができる(5)。

藤原保昌が監査をうけた正税帳の年限（本来は五年分のはずが七年分であったこと）と、前任者の死去にかこつけて、交替欠を大量に認定したことが問題になった。しかし結局、公卿たちは、保昌の後ろ楯に藤原道長がひかえており、保昌自身が著名な武人であったことにより、問題なしとしてパスさせてしまった。

当時の国府の様子を垣間見せる話が、『今昔物語集』巻二十九の「日向守□、書生を殺す語」におさめられている。それによれば、日向守某は、新任の受領が赴任するまでのあいだに、書生に「旧きことをば直しなどして」交替用の書類を用意させた。書生は身の危険を感じたが逃げ出すことができなかった。改竄された書類ができあがると、守は、都から引き連れてきていた郎等たちに書生をとらえさせ射殺させた。この話の最後の部分には「これを思ふに、日向の守いかなる罪を得けむ。詐り文を書かするそら、なほし罪深し。況んや、書きたる者を咎なく殺さむ、思ひやるべし。これ重き盗犯に異ならずとぞ、聞く人にくみけるとなむ、語り伝へたるとや。」と書かれており、このような行為が当時の人々からも厳しく非難されている様子をうかがうことができる。この守は、藤原保昌である可能性がきわめて高く、氏名が「某」というかたちで明らかにされていないのは、道長の権勢をはばかったものともされている。(6)

以上のような事例から、南九州においても受領支配が進展し、在地における有力者と受領の対立が激しくなっている状況が想定できる。

さて、九〜十世紀には大宰府による大宰府管内支配のあり方に変化がみえてくる。大宰府が管轄する西海道には、九世紀初頭まで九つの国と三つの島があったが、これは、直接的に大宰府を支える存在である三前三後（豊前・豊後・筑前・筑後・肥前・肥後）の六国と、大宰府や他の管内諸国に支えられる三国三島（日向・大隅・薩摩・壱岐・対馬・多褹、天長元年〔八二四〕以降は三国二島。日向の位置づけについては曲折がある）の二つに分けることも可能である。これが、大隅・薩摩の財政的自立化や、大宰府による管内諸国に対する支配強化により、「六国」と「三国二島」との均質化が進み、十一世紀に入るころには「九国二島」と称されるようになった。(7)

大宰府による管内諸国に対する支配強化は、制度的には、大宰府による各国の財政や国司交替に関する監督強化により進められ、その一方で、大宰府官長は府官を手足として使い、管内諸国で積極的に土地を集めるようになった。このような流れを、一般に大宰府官長の「受領」化とよんでいる。一方、各国の受領たちも、国内支配の強化に努めていたから、大宰府官長と各国の受領や寺社などはきびしく対立するようになった。(8)

『日本紀略』寛弘四年（一〇〇七）七月一日条によれば、大隅守菅野重忠が大宰府で大蔵満高に殺害される事件が起こっている。この事件の原因は不明であり、あるいは全く個人的な事情を原因とする可能性もあるが、大蔵満高は大宰府の官人であったから、大宰府と管内諸国の対立が、この事件の背景になっていた可能性もある。(9)

『小右記』によれば、治安元（一〇二一）年の薩摩守頼孝に対する受領功過に一〇カ月近くを要し、結局は大隅守利行と共に功過定の定文を「無過」として下給されている[10]。大宰府は、勤務評定の過程にも関与し、また管内国司が弁明のために入京することについても統制していたから[11]、大宰府と大隅・薩摩国司との摩擦はいつ起こって不思議ではない状況だったと考えられる。

また、少し時代は降るが、寛治二年（一〇八八）には、大宰大弐藤原実政が、正八幡宮（大隅正八幡宮）の神輿を射させたとして訴えられ、伊豆国へ流罪とされているが[12]、これも大宰府と有力寺社の対立の一つである。

南九州は、対外的にも重要な位置づけを与えられるようになっていたと考えられる。『日本紀略』長徳三年（九九七）十月一日条には、

旬。天皇出㆓御南殿㆒、于㆑時、庭立奏之間、大宰飛駅使参入云、南蛮乱㆓入管内諸国㆒、奪㆓取人物㆒、奏楽之後、諸卿定㆓申件事㆒。

という記事があり、これに関連して、『小右記』の同日条には、大宰府解が引かれている。それによれば、襲撃してきたのは奄美島の者で、船に乗り武器をもって、筑前・筑後・薩摩・壱岐・対馬などの国や島の海夫らを掠奪した。各地で応戦したが、三〇〇人が拉致された。また、何年か前にも奄美島人が襲来し大隅国の人民四〇〇人を拉致する事件が起こっていたが、その時は政府に報告しなかったという[13]。

『日本紀略』によれば、同月十三日、政府は諸社に幣帛使を派遣して、神々に助けを求めた。十一月二日には、大宰府からの飛駅使が到着し、南蛮人四〇人余を伐ち捕らえたことを報告してきた。三日後の十一月五日には、大宰府に宛てて太政官符を下した。太政官符の内容は明らかでないが、南蛮人を伐ち捕えることができたことに対して感謝するために、大宰府管内の諸社に対して神位を進めることを命じたものであった可能性がある[14]。

翌長徳四年（九九八）九月十四日に大宰府は、南蛮を捕らえ進めることを貴駕島に命じたことを報告し、さらにその翌年の長保元年（九九九）八月十九日大宰府は、南蛮の賊を追討したと報告してきた。

十〜十一世紀の南九州に関わる対外関係記事を拾ってみると、『日本紀略』承平四年（九三四）七月十七日条に、薩摩国が唐馬を左大臣藤原忠平に献上する記事、『左経記』寛仁四年（一〇二〇）閏十二月二十九日条に、南蛮賊徒が薩摩国に襲来し人々を拉致したという記事、『日本紀略』長元七年（一〇三四）三月条に、対馬島・大隅国に漂着した高麗人に慰労を加えて帰国させた記事、『百錬抄』永承六年（一〇五一）七月十日条に高麗国牒状の日向国女返上の事について陣定が行われた記事、同康平元年（一〇五八）閏十二月二十七日条に、これより先、大隅国に漂着した宋人守道利が殺され、この日犯人の罪状を定める記事、『高麗史』文宗三十四年（一〇八〇）閏九月十一日条に、日本国薩摩州が使者を遣わして方物を献上する記事などがある。(15)

また、次節で述べるように、『小右記』万寿二（一〇二五）年二月十四日条には、大隅掾為頼が檳榔二百把を、万寿四（一〇二七）年七月二十四日条には、為頼が螫貝五口を、長元二（一〇二九）年三月二日条には、薩摩守巨勢文任が蘊芳十斤・茶垸・唐硯一面などを、同年八月二日条には、大隅国に住む藤原良孝が赤木二切・檳榔三百把・夜久貝五十口などを贈っている記事がみえる。さらに『新猿楽記』には、八郎真人が、東は俘囚の地から西は貴駕島までという広域にわたる交易で巨利を得る様子が記されており、十一世紀後期以降になると、宋の硫黄需要の高まりから、(16)硫黄島における硫黄交易の活発化が想定されている。

十一世紀に入ると、奄美諸島などに肥前産の滑石製石鍋が流入するようになり、(17)また徳之島では高麗の技術を導入してカムィヤキ類須恵器の生産が開始されるなど、(18)活発な交易の様子をみて取ることができ、こうした動きに薩摩・大隅の国司や有力者たちも積極的に参入している様子をうかがうことができる。(19)南島への窓口とも言える位置にあった南九州の地の重要度は高まっていると言える。そして、日本最大の荘園として知られる島津荘は、ちょうどこのような時期に誕生したと考えられている。

第二節　島津荘の成立と大隅国府焼き討ち事件

島津荘は、年不詳で正応元年（一二八八）あるいは同四年のものとされる「島津荘荘官等申状」（『薩藩旧記雑録』前編巻九）・建暦三年（一二一三）四月の「僧智恵愁状案」（「長谷場文書」）、さらに時代の降る編纂史料の『三俣院記』などによって、平季基が、万寿年間（一〇二四〜二八）に日向国の島津駅（現在の都城市付近）の近くの無主荒野の地を開発することによって成立し、宇治関白家すなわち藤原頼通に寄進したものであったとされている。

平季基は、万寿三年（一〇二六）三月二十三日付大宰府解などによって万寿年間に大宰大監の地位にあったことが確認できる人物であり、平将門を討ったことで知られる平貞盛の弟重盛系の平氏で、刀伊の入寇の際に活躍した平為賢の一族とみられ、鎮西平氏（肥前・薩摩平氏）の祖になったと考えられている[20]。そして、平季基と頼通を仲介したのは、大宰大弐の地位にあった藤原惟憲であったとされている。

島津荘の成立の経緯についてはながらく以上のように考えられてきたが、近年、前章第三節でみたように、宮崎県都城市で大島畠田遺跡・馬渡遺跡・鍛冶屋B遺跡など九〜十世紀の豪族の居館と考えられる遺跡がいくつも調査され、かなり開発の進んだ地域であることがわかってきたため、従来の理解に修正を加える必要が出てきた。その詳細は、いまだ不明とせざるを得ないが、おそらく島津駅付近を開発していた有力者たちのなかに、日向国の受領による支配を逃れようとするものがおり、そのような者たちが、日向国において受領と競合しながら支配の拡大をめざして

いた大宰府の官人平季基と結びつき、「無主荒野の地」として摂関家に寄進したものと考えられる。(21)

さて、日向国において島津荘が成立して間もなく、大隅国においても同様の動きが起こったと考えられる。『小右記』が長元二年（一〇二九）に関連記事を載せる大隅国府焼き討ち事件は、そうした状況のなかで起こった事件と考えられる。以下、この事件を分析することで、当時の南九州の在地に起こっていた問題の一端や、南島との交易に関する問題などについてみていくことにする。

小野宮の嫡流である実資は、治安元年（一〇二一）に右大臣となった。道長は寛仁元年（一〇一七）に摂政の地位を息子頼通に譲ったが、その後も「大殿」として大きな力を握った。寛仁三年に関白となった頼通は、万寿四年（一〇二七）に道長が亡くなって以降、政界の長老格の実資によく相談している。

『小右記』長元二（一〇二九）年八月六日条には、大隅国への使者についての記述がある。実資は、関白頼通と相談しながら、大隅国に派遣する使者は、左右衛門府の府生・案主のうちから任に堪えるものを選ぶこととし、太政官符には平季基・兼光・兼助らの名を載せる方針を決定した。そして、九日に太政官符を審議するので、明日（七日）のうちに官符案を作っておくように指示した。九日の審議は、内裏で犬の死穢があったため延期され、十日には大隅に派遣する使いが右衛門府の案主允に決定された。この人物は、年齢的に若かったため問題となったが、任に堪え得るとの判断が示されたため決定された。ところが十六日になって、右衛門督が、使者の母親が病気との申し出があったため、別の人物を使いにすると連絡してきたため、最初に官符に載せていた使者を書き換えることになった。

こうした経緯を経て、二十一日に実資に示された太政官符案は次のようなものであった。

応㆘早附㆓使者㆒召㆗進大監従五位下平朝臣季基并男散位従五位下兼光及兼助等㆖事

使右衛門案主笠孝良　従二人　火長一人

右、右大臣宣、奉レ勅、大隅国言下上、件季基等焼二亡国庁・守館・官舎・民烟并散位藤原良孝住宅一、及掠二取財物一、殺二害雑人一之由上、仍令二勘糺一、宜下仰二彼府一下二知管内一早附二使者一令レ召中進其身上者、府宜二承知一、依レ宣行レ之、使者往還之間依レ例給二食・馬一、路次之国亦宜レ准レ此、符レ到奉行

右大弁源朝臣　　　　左大史小槻宿祢

長元二年八月七日

この官符案によれば、大宰大監平季基とその息子兼光・兼助らが、大隅国庁・守館・官舎・民家さらに散位藤原良孝の住宅を焼き払い、財物を略奪し、人を殺したという事件の報告が大隅国よって行われていた。その対応策として、太政官は大宰府に対して、平季基・兼光・兼助を使者に同道させて、都に出頭させ、使者の必要経費については、通過国で負担せよとの命令を出し、その任に右衛門府の案主笠孝良をあてることとした。

しかし、この太政官符が正式に発給されるには更に曲折があった。そもそも、これほどの事件を起こした張本人とされる平季基・兼光・兼助らの名を太政官符に載せるか否かが問題となっていること自体不思議なことなのであり、そのあたりの事情は『小右記』同年（一〇二九）九月五日条に詳しく記されている。

この日、関白頼通は実資に、平季基を召喚する太政官符に大隅国解を引用するのは問題であるから、大宰府の解を引用したうえで、平季基らの名を載せて召喚してはどうかと言ってきた。これに対して、実資は、その通りにして、太政官符を作り直すべきであると申し送った。大隅国解には季基の名が記されていたが、大宰府解には季基の名がなく、ただ兼光の名があるだけだったから、この両者を折衷しようとしたのである。

すでにつくられていた太政官符案は、大隅国司の言上をもとにしたものであったが、関白の周辺では、大隅国解ではなく、季基の名のない大宰府解を引用させようとする動きがあった。頼通の家人であり直前まで大宰大弐であった

藤原惟憲が、大隅国司が大宰府の頭越しに提出してきた解は、越訴に当たるので、これを用いることはかえって罪になると言って、頼通を説得していた。すなわち大宰府解を引用することは、季基の免責を意味していた。

しかし、実資は、すでにこの裏面に存在する事情に通じていた。事件当時に大隅国司であった守重は、事件の犯人として平季基・兼光・兼助らの名を大宰府に報告したが、大宰府の長官であった藤原惟憲は、季基から絹三千疋余りを得る代わりに、大宰府の解から平季基・兼助の名を除き、兼光の名だけを載せた解を政府に提出した。大隅国司は、大宰府に善処を求め、大宰府はいちおう兼光らを逮捕するための府官を派遣したが、逮捕以前に大隅国司は任期切れになったため、大隅国司はこれ以上大宰府の長官に訴えることができず、政府に直接報告してきたのであった。ちなみに、守重は、『小右記』長和二年（一〇一三）九月十五日条に「守重者予僕也」とみえる船守重のことと考えられ、実資の家人であった[22]。

実資は、前日の九月四日に、関白に対して、こうした事情を説明した上で、大隅国司守重のとった行動は越訴には当たらず、惟憲の言動は、季基を免責させるための謀略であると伝えていた。関白頼道は、これをうけて、大宰府解をもとに官符をつくり、かつ季基らの名を載せることを決定したのである。実資はこの日の日記に「惟憲貪欲者也」と記している。

この方針によってあらためてつくられた太政官符案は、七日に左大史小槻貞行によって実資のもとにもたらされたが、その正確な内容は伝わっていない。

この太政官符は、間もなく大宰府にあてて送られ、その命令は実行されたようである。『日本紀略』長元三（一〇三〇）年正月二十三日条には、

召㆓大宰大監平季基㆒令㆑候㆓左衛門陣㆒、依㆓御物忌㆒也。

とあり、平季基は京に召喚されて、取り調べを受けている。太政官符が出されてから、出頭まで約四カ月というのは、京都と九州の距離を考えるなら妥当な期間と言える。

この時の取り調べ内容やその後どのような処分が下ったのか明らかでない。しかし、状況証拠からみると処分は行われなかった可能性が高い。召喚から一年もたたない『小右記』長元四（一〇三一）年正月十三日条には「季基進二雑物一」とあって、季基が実資に進物を送っていることがわかる。季基が処罰されている形跡はないと言わざるを得ない。同日条には、進物の品が唐錦一疋・唐綾二疋・絹二百疋・総鞦色革百枚・紫革五十枚という質・量ともにかなりのものであったことが記されている。唐錦・唐綾などは、大宰府で行われていた宋との貿易で入手されたものと思われる。

一方、大宰府解から季基の名を除こうとした藤原惟憲の処置について調べてみると、この件が大きな問題とされた気配はない。この件が問題になる少し前に、惟憲は、治安三年（一〇二三）に六一歳で就任した大宰大弐の任を終えて帰京してきたが、その際にも白鹿献上に関する出来事で物議を醸していた。『小右記』長元二年（一〇二九）七月十一日条によれば、惟憲の妻は十日に入京し、惟憲自身は十三日に入京予定であるとされているが、すでにこの時惟憲は祥瑞とされる白鹿を頼通に献上していた。

この白鹿について、実資は、大宰府から進上するとの解がないものを神泉苑へ放つこと、上瑞であるにもかかわらずまず関白あてに献上されたことについて、不快感をもっていた。実資は「随レ身珍宝不レ知二其数一云々。九国二嶋物、掃レ底奪取。唐物又同。已似レ忘レ恥。近代以二富者一為二賢者一。」との惟憲評を記している（『小右記』長元二年（一〇二九）七月十一日条）。しかし、結局この白鹿は、関白家において天覧に供したあと、勅によって神泉苑に放たれることになる（『日本紀略』長元二年七月十日条）。こうしたなりゆきから、惟憲と関白頼通の密接な関係をうかがうことができる。

さらに、惟憲はその二年後の長元四年（一〇三一）に問題となったいわゆる王氏爵事件にも関与していた。この事件は、同年正月五日の叙位に際して良国王という人物が源良国として叙位されることになったが、彼の名がもとの叙位者名簿になかったことから問題化した。結局彼は、寛弘四年（一〇〇七）に起こった大隅国守菅野重忠射殺事件の犯人である大宰大監大蔵光高（満高とも書く。寛仁三年〈一〇一九〉の刀伊の入寇の際に活躍した大蔵種材の息子）であったことがわかった。実資は、この事件は藤原兼隆、藤原惟憲の謀略であるとしており（『小右記』長元四年三月一日条）、『小右記』長元四年正月十六日条には「惟憲、貪欲之上、不レ弁二首尾一者也。都督之間、所レ行非法数万云々。」と記している。惟憲は大宰大弐在任中に数々の不正を行ったと考えられていたことがわかる。

この事件に関して、叙位の責任者であった式部卿の敦平親王（藤原兼隆の娘婿）は職務を停止され、惟憲は事件の責任を問われ、勘事に処せられている。また源良国（大蔵光高）は追捕されることになった（『日本紀略』同年三月十四日条）。

しかし、この前後の時期、藤原惟憲は、長元三年（一〇三〇）に関白藤原頼通の石清水八幡宮社参に同行し（『小右記』同年九月二十二日条）、長元五（一〇三二）年十一月十五日には藤原実資へ進物を贈り、さらに同年十二月には上東門院藤原彰子（道長の娘。一条天皇の中宮）が高陽院から藤原惟憲宅へ移徙していることなどからみて、大宰府解から平季基の名を削除した一件に関して処分を受けているとは考えられない。

王氏爵事件で惟憲が渦中の人物として注目されている状況のなかで、先にみたように長元四年正月十三日に平季基からの進物が実資に送られていることは興味をそそられる。もちろん単なる偶然という可能性もあるだろうが、あるいは、この件には関与していないということを実資らにアピールしようとする意図があったのかも知れない。

以上から、季基も惟憲も、大隅国府等の焼き討ち事件に関して処分を受けていないこと、また惟憲が大宰大弐として数々の非法を行い、それによって莫大な財を成したこと、そして惟憲の後ろ盾として関白頼通がいたことが明らかになる。

平季基がなぜ大隅国府を焼き討ちしたのか、その理由は史料的には明らかでないが、島津荘の大隅国への拡大にともなって生じた事件であった可能性が高いと考える。

そこで、季基によりその宅を焼き討ちされた藤原良孝という人物についてみてみたい。良孝のはっきりした素性は明らかでないが、寛仁元（一〇一七）年正月二十二日に内裏で黒装束の盗を捕らえた滝口藤原至高（『御堂関白記』）を、『日本紀略』は摂政随人藤原良孝と記しており、この人物と大隅国住人藤原良孝とが同一人物である可能性を示す説もある。(23)また、永承三年（一〇四八）頃に成立したとされる『造興福寺記』には、同元年に焼失した興福寺再建費用の負担を氏長者から命じられた人々の一人として「良孝」がみえ、その下に「大宰」との注記がある。これも同一人物である可能性があり、良孝は焼き討ち事件の約二〇年後の時点でも、大宰府管内に住み続けていたと思われる。このように考えれば、良孝については、たとえば国司の任期終了後もそのまま住み続けるというような形で大隅国内に勢力をもちながら、一方で中央政界とのつながりももっているという人物像を描くことが可能である。これ以上の追究は、かなりの憶測を含んでしまうが、藤原良孝は、治暦五（一〇六九）年正月二十九日付けの所領配分帳(24)を残した散位藤原頼光の関係者である可能性もあるのではないかと考えている。同文書によれば、頼光の所領は禰寝院・桑東郷・贈雄郡・小川院・吉田院・桑西郷に散在しており、大隅国内では卓越した領主であったと考えられる。日隈正守は、頼光三男の頼貞は権大掾であるから「頼貞のこの所職は頼光より相伝した可能性が強く、頼光も権大掾」であったとするが、(25)これも如上の推測を可能にすると考える。

焼き討ち事件についての事後処理が行われている真最中に、大隅国住人藤原良孝は中央政界に接触している。『小右記』長元二（一〇二九）年八月二日条に、

住㆓大隅国㆒良孝朝臣、進㆓色革六十枚・小手革六枚・赤木二切・檳榔三百把・夜久貝五十口㆒。

という記事がある。色革・小手革は大宰府管内の特産であったらしく、赤木・檳榔・夜久貝は、南島の特産として珍重されたものであった。『小右記』長元元年（一〇二八）九月七日条には「夜久貝卌余付㆓前帥使㆒。依㆑有㆓彼消息㆒所㆑送㆑之」という記事があり、実資は藤原隆家の求めに応じて四〇個余りを送っていることから、実資の手元には、常時数十個以上の夜久貝（夜光貝）が蓄えられていたようである。

良孝が実資に対して進物を贈った背景には、当時の実資の政治上の位置、すなわち関白頼通に影響を与えることのできる人物であるとの認識があったと考えられる。

以上をまとめると、次のような中央政界と地方との系列関係を想定することができる。

A　関白藤原頼通―大宰大弐藤原惟憲―大宰大監平季基

B　右大臣藤原実資―大隅国守船守重・大隅国住人藤原良孝

Aは、島津荘の拡大を図る動きを推進し、Bはそれを阻止しようとしたということができる。島津荘の拡大を図る動きは、藤原惟憲・平季基らが処罰されていないことからすると、ある程度目的を達したのではないかと思われる。

ただし、ここで展開した島津庄がそのまま建久八年（一一九七）の図田帳にみえる状態に直結するわけではない。通説の如く、薩摩・大隅国への島津庄の拡大は、藤原忠実の存在と鳥羽院政に於ける荘園整理政策の後退が主要因と考えられ、島津庄の両国での本格的展開は十二世紀の中期となる。しかし、これ以前の時期、荘園整理政策が推進されるなかで、荘園は安定しておらず、摂関家領といえども整理の対象から免れることはなかったことから考えて、安

定的ではないものの島津庄の大隅国等への展開が十一世紀の前半に起こっていたと考える。いったん大隅・薩摩両国へ拡大した島津荘が、荘園整理令によって国衙領に戻された時期を、日隈正守は、寛徳二年（一〇四五）以降としている。[26]

平安中期の南九州では、しだいに受領支配が進展していった。『小右記』によれば、藤原実資は、南方の物産に強い関心をもっており、大隅掾為頼・薩摩守巨勢文任・大隅守船守重など自らの家人を薩摩や大隅に配することも行っていたようである。

漆芸の研究をみると、十世紀と十一世紀の交に平塵地螺鈿や蒔絵螺鈿が現れ漆芸技法は飛躍的な発展を遂げ、十一世紀と十二世紀の交にはさらに沃懸地螺鈿も登場し[27]、螺鈿材料としてのヤコウガイの需要が急増したと考えられている。この他、檳榔や赤木なども南海の産品として王朝貴族たちの需要が高かった。こうした南方の特産品に対する需要増大は、南九州なかでも大隅・薩摩と南島への関心を高めていく。近年話題になっている、ヤコウガイ交易やキカイガシマをめぐる問題とも深く関わることがらである。[28]

こうした流れのなかで、十二世紀中期には、日向・大隅・薩摩三国へ島津荘が本格的に拡大していく一方、平（阿多）忠景のような卓越した領主が現れ、阿多は薩摩国府に対する「もうひとつ中心」となっていく。これは陸奥国多賀城（国府）に対しての「もうひとつの中心」であった平泉にも対比できるとされている。[29]

注

（1）『古本説話集』巻二四、『今昔物語集』巻二一、『十訓抄』第十に同様の説話が収載されている。

（2）なお、詳細は未報告ながら、鹿児島県霧島市の大隅国府跡の一角から和歌の一部を仮名書きした十世紀代とされる墨書土器が出土している（二〇〇八年一月鹿児島市で開催された西海道官衙研究会にて実見の機会が与えられた）。
（3）坂上康俊「負名体制の成立」（『史学雑誌』第九四編二号、一九八五年）。
（4）阿部猛編『北山抄注解』（東京堂出版、一九九六年）。
（5）坂上康俊「受領支配の展開」（『宮崎県史　通史編　古代2』第三章第一節、宮崎県、一九九七年）。
（6）野口実「日向守藤原保昌」（『都城市史　通史編　自然・原始・古代』都城市、一九九七年）。
（7）坂上康俊「『九州』の成り立ち」（丸山雍成編『前近代における南西諸島と九州―その関係史的研究』多賀出版、一九九六年）。
（8）佐々木恵介「大宰府の管内支配変質に関する試論」（土田直鎮先生還暦記念会編『奈良平安時代史論集　下』一九八四年）。
（9）告井幸男「王氏爵事件」（『摂関期貴族社会の研究』塙書房、二〇〇五年）は、「事件は決して突発的なものではなく、重忠・種材（及び満高）・蔵規という、九州に勢力を扶植し或いは扶植しようとしていた中下級官人たちの行動の結果が生んだ、必然的なもの」であったとしている。
（10）『小右記』治安元年（一〇二一）正月二十日条、同十月八日条。
（11）『小右記』長和二年（一〇一三）七月二日条・同三年二月二十六日条によれば、前大隅守清原為信は、大弐平親信の府解を得ている（平野博之「在地勢力の胎動と太宰府支配の変容」『新版日本の古代　九州・沖縄』角川書店、一九九一年）。
（12）『中右記』寛治二年（一〇八八）十一月三十日条。
（13）永山修一「キカイガシマ・イオウガシマ考」（笹山晴生先生還暦記念会編『日本律令制論集　下』吉川弘文館、一九九三年）。
（14）『薩藩旧記雑録　前編一』（鹿児島県史料）所載の天喜二年（一〇五四）二月二十七日付大宰府符は、大宰大弐源資通が、長徳三年（九九七）の例にならって、大宰府管内の諸神の神位をすべて一階上昇させることを命じたものであることから、長徳三年の南蛮襲来事件に関連して、大宰府管内諸神に爵一級を昇叙させた可能性が高いと考える。
（15）永山修一「文献から見るキカイガシマと城久遺跡群」（『東アジアの古代文化』一三〇号、大和書房、二〇〇七年）。
（16）山内晋次「平安期日本の対外交流と中国海商」（『奈良平安期の日本とアジア』吉川弘文館、二〇〇三年）。

(17) 鈴木康之「滑石製石鍋のたどった道」(『東アジアの古代文化』第一三〇号、二〇〇七年)。同「滑石製石鍋の流通と琉球列島」(池田榮史編『古代中世の境界領域　キカイガシマの世界』高志書院、二〇〇八年)。

(18) 新里亮人「カムィヤキとカムィヤキ古窯跡群」(『東アジアの古代文化』第一三〇号、二〇〇七年)。

(19) 田中史生「古代の奄美・沖縄諸島と国際社会」(池田編注17書)。

(20) 野口実「鎮西における平氏系武士団の系譜的考察」(『中世東国武士団の研究』高科書店、一九九四年)。

(21) 一方で、桒畑光博「島津荘は無主の荒野に成立したのか」(『南九州文化』第一〇九号、二〇〇九年)によれば、現段階の都城盆地内部の遺跡分布に関して、九世紀後半~十世紀前半に遺跡数は増加するが、十一世紀には集落の断絶などによって激減し、十二世紀にはまた増加してくると言い、島津荘の成立は、荒廃耕地の再開発にともなうものであるという。既開発地か再開発地か、現時点では両方の可能性がある。

(22) 加藤友康「平安時代の大隅・薩摩―人の交流と交易・情報伝達を媒介にして考える―」(『黎明館調査研究報告』第一七集、二〇〇四年)。

(23) 槇野廣造編『平安人名辞典―長保二年―』(高科書店、一九九三年)。

(24) 「禰寝文書」(『鹿児島県史料　旧記雑録拾遺　家分け　二』鹿児島県、一九八七年)。

(25) 日隈正守「諸国一宮制の成立と展開」(九州大学国史学研究室編『古代中世史論集』一九九〇年)。なお、十一世紀前半の段階で確認できる大隅国在住の藤原姓を名乗る人物は、他に『台明寺文書』の長元六(一〇三三)年八月八日付の曽於郡司宛大隅国符にみえる「大領藤原(名欠)」、同じく『台明寺文書』長久四(一〇四三)年八月十一日付の曽於郡司宛大隅国符にみえる「大介藤原朝臣」の二名だけであり、その他税所氏や加治木氏が藤原姓を祖とする系図をもっているが、これらはいずれも頼光との系譜関係を想定することは難しいと考える。

(26) 日隈正守「律令国家の変質と中世社会の成立」(原口泉・永山修一・日隈正守・松尾千歳・皆村武一『鹿児島県の歴史』山川出版社、一九九九年)。

(27) 中里壽克「古代螺鈿の研究」上・下（『國華』一一九九号・一二〇三号、國華社、一九九五年・一九九六年）。
(28) 髙梨修『ヤコウガイの考古学』同成社、二〇〇五年。池田注17書。
(29) 柳原敏昭「中世日本の北と南」（『日本史講座　第4巻　中世社会の構造』東京大学出版会、二〇〇四年）。

おわりに

七章にわたって、古墳時代から十一世紀にかけての南九州の歴史的展開についてみてきた。

古墳時代は、いわゆる南九州に「特有」の墓制によって有名であり、また七世紀後期～八世紀にかけては「隼人」の存在によって、一定の研究の深化が見られる。十二世紀に入ると、島津荘に関係する中世文書の「宝庫」たることによって、南九州は中世史研究の重要なフィールドとして位置づけられている。

本書の一つの目的は、こうした研究の谷間に位置する平安時代の前期・中期の姿を解明することにあったが、その前提として、まず架橋する一方の足場である八世紀までの南九州の歴史的展開を確実に押さえることを重視したつもりである。あらためて、古墳時代以降の南九州の歴史的展開を簡潔にまとめておく。

古墳時代の南九州は、中期までは副葬品などの面で全国的傾向と大きく外れることはないが、後期に入ると現在の鹿児島県本土域は地域的独自性を増していく。これが最終的に南九州の居住民を他と区別される存在として「隼人」に設定していく大きな要因となったと考えられる。

七世紀中期までの文献史料は、その内容の多くが、記紀の編纂段階の南九州・隼人との緊張関係という情勢に影響を受けており、熊襲や隼人関係記事は、神話・伝承にさかのぼって服属すべき存在であることを根拠づけるためのものであった。

実体をともなう隼人は天武十一年（六八二）の朝貢開始とともに登場するが、隼人は、七世紀後期、律令体制建設に邁進する政府によって設定された「擬似民族集団」であり、隼人は政府によって天皇の権威を荘厳するために朝貢を行うこととされた。

七世紀末以降、南九州から大隅諸島にかけて、政府は造籍や国制の施行をはかったが、これに対して、文武三年（六九九）に覓国使剽劫事件、大宝二年（七〇二）、和銅六年（七一三）、養老四年（七二〇）には隼人による大規模な抵抗が起こった。政府は、征隼人軍を派遣してこれらの動きを鎮め、日向・薩摩・大隅の三国に肥後や豊前・豊後からの移民を行い、南九州支配の円滑化をはかった。

養老四年（七二〇）に起こった最大規模の隼人の抵抗を鎮圧して後、隼人による反抗は起こらなかったが、「天平八年薩麻国正税帳」等の分析によれば、律令制度の諸原則が適用されたのは、非隼人郡とそれに隣接する二～三の隼人郡にすぎず、隼人居住域に対する政府による支配は、律令制の完全適用を留保するという特徴をもった。また、隼人に対する賑給のあり方から、八世紀中期に入るころ、南九州に居住する隼人は、公民と夷狄の中間に位置づけられているということができる。

政府と隼人の対立のなかにあって、政府側に協力した隼人も数多く存在した。政府は、隼人の有力者の子弟を、上京させ大舎人として訓練し、しかる後に帰国させて郡領に任命し、隼人郡への律令制浸透をはかった。

八世紀後期には、隼人との軍事的緊張がなくなり、大隅薩摩両国での戸籍作成が進んだ。桓武朝の征夷事業が一定の成果を上げていくなかで、俘囚や隼人に対する律令制度の完全適用が追求されることになった。延暦十九年（八〇〇）、大隅・薩摩両国で班田制が完全適用され、翌年、政府は大宰府に対して隼人の朝貢停止指令を出した。延暦二十四年（八〇五）、都に滞在していた隼人たちが帰国し、ここに一二〇年余りにわたって続いた隼人の朝貢は終わった。この時、一部の隼人はそのまま都に残され、今来隼人として、隼人司によって担われる諸儀式に参加し、天皇の権威発揚の役割を担ったが、これは南九州とは無縁の形で継続されていくことになる。
一方、南九州に居住する人々は、「野族」視されることは残るものの、隼人とよばれることはなくなる。朝貢を行わない人々は隼人ではなくなる。九世紀初頭、南九州の隼人は消滅するのである。

嘉祥三年（八五〇）の紀年をもつ薩摩川内市京田遺跡出土木簡は、隼人消滅後の在地情勢を伝える資料である。条理プランが実施されており、隼人の子孫にあたる薩麻公氏が大領を務め、さらに「田刀祢」とよばれる有力者層の存在していたことが知られる。田刀の初見史料が、貞観元年（八五九）の「近江国依智荘検田帳」であることを考えれば、隼人消滅後約半世紀にして、南九州の社会構造は他地域と大きく異なる状況ではなくなっていると考えられそうである。

近年調査例が増加している墨書土器からみても、大隅・薩摩の状況は、関東地方のあり方に近いとされており、律令祭祀も九世紀段階でかなり浸透してきている。

平安中期の南九州では、受領支配が進展し、他の大宰府管内諸国と同じように、受領による国内支配と、大宰府官長による管内諸国への支配強化、および在地勢力との競合あるいは協調関係が複雑に現れる。こうしたなかで、後に日本最大の荘園へと拡大してゆく島津荘をはじめとする荘園が設定されていき、南島の産物に注目が集まるなかで、南島への窓口とも言える南九州への関心もそれなりに高まったと思われる。

以上が、本書でみてきた南九州の歴史的展開の概要である。平安時代前期・中期については、いまだ素描の段階であり、これは、現時点での調査成果を充分に消化できなかった筆者の責任に帰するところではあるが、今後さらに発掘調査が進み、出土文字や集落遺跡・生産遺跡等の資料が増大することによって、鮮明な歴史像が描けるようになることは間違いない。

さて、南九州に居住するものが「隼人」とされたのは、一二〇年ほどでしかない。さらに、その期間のなかで実態として「夷狄」としての扱いを受けた時期はさらに短かったとしなければならない。もし隼人が、言われているように「異質」であったとすれば、九世紀に入って全国的な状況とほとんど変わらない状況になっていることをどのように理解すればよいのだろうか。九世紀に入っていきなり同質化したと考えるのは不自然ではないだろうか。むしろ問題は、八世紀代の隼人を「異質」なものとして疑わなかった従来の見方の方にあろう。

一九六四年の平城宮跡第一四次発掘調査において井戸枠に転用される形で出土した楯は、延喜式隼人司の「枚別長五尺。広一尺八寸。厚一寸。頭編二著馬髪一。以二赤白土墨二画二鈎形一。」という隼人の楯の記載にあうことから「隼人の盾」とされている。この楯は、持楯であり、南九州でこうした形の楯が用いられたことは証明されていない。おそらくは、天武朝以降のある時期、一般的な持楯に鋸歯文と渦文を描き馬の鬣を付けることで、「隼人の盾」がつくられたものと考えられる。しかし、鋸歯文にしても渦文にしても、装飾古墳の壁画の意匠をもち出すまでもなく、南九州に特有のものではなかった。当時「隼人」的とされた諸々の要素は、南九州に居住する人々とまったく無関係とはいわないまでも、政府側の恣意によって構想・造形されたものであったと考えられる。

このように考えれば、隼人＝夷狄との認識に立って政府が残した言説から距離を置いて、南九州の歴史的展開を眺める必要があることは明らかである。本書がその試みにどれほど成功しているか、はなはだ心許ないものであるが、さらなる研究の深化を期しながら、ひとまず擱筆したい。

あとがき

本書は、一九八〇年に学窓を出て、鹿児島での教員生活を送るなかで、細々と書きためてきた文章を、再構成して書き下ろしたものである。各章とそのベースになった既発表論文の主なものとの関係は以下のようになる。

第一章　古墳時代の南九州　新稿

第二章　隼人の登場
「日向国の成立」（『宮崎県史　通史編　古代２』宮崎県、一九九八年）
「古墳時代の『隼人』」（奈良県立橿原考古学研究所付属博物館特別展図録第三九冊『隼人』一九九二年）

第三章　隼人の戦いと国郡制
「大宝二年の隼人の反乱と薩摩国の成立について」（『九州史学』九四号、九州史学研究会、一九八九年）
「日向国の成立」（『宮崎県史　通史編　古代２』宮崎県、一九九八年）
「隼人をめぐって―夷狄支配の構造―」（東北芸術工科大学　東北文化研究センター『東北学』四号、作品社、二〇〇一年）

第四章　隼人支配の特質
「隼人と律令制」（下條信行・平野博之編『新版古代の日本九州・沖縄』角川書店、一九九一年）
「八世紀に於ける隼人支配の特質について―薩摩国を中心に―」（古代学協会『古代文化』四四巻七号、

一九九二年）
「『天平八年薩摩国正税帳』に関する若干の考察」（『ミュージアム知覧紀要』第二号、鹿児島県知覧町、一九九六年）
「奈良・平安時代の大隅国分寺について」（姶良町埋蔵文化財発掘調査報告書 第七集『宮田ヶ岡窯跡』姶良町教育委員会、一九九九年）

第五章　隼人の「消滅」

「賦役令辺遠国条と南九州」（宮崎考古学会『宮崎考古』〈石川恒太郎先生米寿記念特集号　上巻〉一九八九年）
「隼人司の成立と展開」（隼人文化研究会『隼人文化』二二号、一九八九年）
「律令国家と隼人・南島」（原口泉・永山修一・日隈正守・松尾千歳・皆村武一『鹿児島県の歴史』山川出版社、一九九九年）

第六章　平安時代前期の南九州

「薩摩国分寺の成立と展開」（笹山晴生編『日本律令制の展開　下』吉川弘文館、二〇〇三年）
「『日本三代実録』に見える開聞岳噴火記事について」（指宿市埋蔵文化財発掘調査報告書第一〇集『橋牟礼川遺跡Ⅲ』指宿市教育委員会、一九九二年）
「平安時代の南九州について」（宮崎県地域史研究会『宮崎県地域史研究』一五号、二〇〇四年）
「南九州の古代交通」（古代交通研究会『古代交通史研究』一二号、八木書店、二〇〇三年）

第七章　平安時代中期の南九州

「『小右記』に見える薩摩・大隅国からの進物の周辺」（鹿児島中世史研究会『鹿児島中世史研究会年報』五〇号、

一九九五年）

行基を卒論のテーマとした私が、一九八〇年に鹿児島のラ・サール学園に赴任すると、職場には隼人研究の第一人者である中村明蔵先生がいらっしゃった。先生が大学に転出されるまでの数年にわたって、隣の机から南九州・隼人の研究に導いていただいた。また、南九州に関して文献・考古・民俗の学際的研究を試みようという隼人文化研究会に誘っていただき、南九州をフィールドに活躍中の多くの研究者と知り合うことができた。すでに中村先生の研究は、通説的な位置を占めており、何とか先生の落ち穂拾い的な研究ができないかと思って、ここまで作業を進めてきた。文献史料が少ないこともあって、考古学の知見は非常に重要であるが、上村俊雄先生・池畑耕一氏をはじめとする考古学研究者・各自治体の埋蔵文化財担当者の皆さんにはたいへんお世話になっている。また、坂上康俊氏や柴田博子氏にはいつも貴重な御教示をいただいており、中世との架橋を考えていく上で、野口実氏や柳原敏昭氏に手ほどきをいただいた。

この間、『宮崎県史』や『屋久町郷土誌』をはじめとして一〇の自治体史に参加させていただく機会を得た。また、知覧町の（現南九州市）ミュージアム知覧・指宿市の時遊館Ｃｏｃｃｏはしむれ・金峰町（現南さつま市）の歴史交流館金峰・宮崎県立西都原考古博物館などの展示に関わらせていただいた。中学・高校生に対する授業とともに、一般の人々を対象に、研究成果をどのようにわかりやすく提示できるか、いろいろな専門分野の人々と行う作業は自分にとって貴重な経験になっている。

ここ一〇年ほど頻繁に南西諸島に通うようになり、南島の歴史の重要性を一層深く考えるようになった。山里純一氏・池田榮史氏・髙梨修氏をはじめとする沖縄・奄美の研究者にもたいへんお世話になっている。本書では、南島関係の内容にはほとんど触れなかったが、いずれこちらの方もまとめてみたいと考えている。

一昨年秋に、法政大学の小口雅史、東京大学の佐藤信両氏から本書の執筆をお勧めいただいた。約束の締切を大きく過ぎて、ようやく脱稿することができた。適切なアドバイスをいただいた同成社編集部の加治恵・山田隆両氏に感謝したい。私事にわたるが、宮崎に暮らしている父久雄と一昨年暮れに亡くなった母ユキに本書を捧げたいと思う。

二〇〇九年二月

永山修一

隼人《はやと》と古代日本《こだいにほん》

■著者略歴■

永山　修一（ながやま　しゅういち）

1957年　宮崎県に生まれる

1980年　東京大学文学部国史学科卒業

現　在　ラ・サール高等学校・中学校教諭

主要著書・論文

『宮崎県史通史編 古代２』（共著）宮崎県、1998年。『鹿児島県の歴史』（共著）山川出版社、1999年。『先史・古代の鹿児島 通史編』（編著）鹿児島県、2006年。「キカイガシマ・イオウガシマ考」（『日本律令制論集　下』吉川弘文館、1993年）。「江戸時代に古墳はどのように記録されたか」（『宮崎県立西都原考古博物館紀要』第４号、2008年）。

2009年10月５日発行

2016年４月15日第２刷

著　者　永山修一

発行者　山脇洋亮

組　版　㈲章友社

印　刷　モリモト印刷㈱

製　本　協栄製本㈱

発行所　東京都千代田区飯田橋4-4-8
（〒102-0072）東京中央ビル　㈱同成社
TEL 03-3239-1467　振替 00140-0-20618

ISBN978-4-88621-497-3 C3321

①古代瀬戸内の地域社会
松原弘宣著
A5判・三五四頁・定価八四〇〇円

【本書の目次】
第一章　瀬戸内海地域の郡領氏族／第二章　伊予国の立評と百済の役／第三章　西本六号遺跡と諸国大祓の成立／第四章　久米氏についての一考察／第五章　古代の別(和気)氏／第六章　瀬戸内海の地域交通・交易圏／第七章　法隆寺と伊予・讃岐の関係／第八章　久米官衙遺跡群の研究／終章　瀬戸内海地域の特質と展開

②天智天皇と大化改新
森田悌著
A5判・二九四頁・定価六三〇〇円

【本書の目次】
第一章　大化改新前史（皇位継承／政治課題／海外交渉）／第二章　中大兄皇子とその周辺（中大兄皇子と皇位継承／間人皇后／大海人皇子と額田王／中大兄皇子と学問・思想）／第三章　乙巳の変と大化改新（乙巳の変／東国国司／大化改新詔（一）／大化改新詔（二）／大化改新詔（三）／大化改新詔（四）／風俗改廃の詔）／第四章　天智天皇朝の施策（甲子の宣／近江令／皇室制度）／第五章　天智天皇の死とその後（天智天皇の死／二つの皇統意識）

③古代都城のかたち
舘野和己編
A5判・二三八頁・定価五〇四〇円

【本書の目次】
古代都城の成立過程―京の国からの分立―［舘野和己］／京の成立過程と条坊制［吉野秋二］／平安京の空間構造［山田邦和］／古代地方都市の〈かたち〉［前川佳代］／大寺制の成立と都城［竹内亮］／中国における都城の理念と東アジア［佐原康夫］／中国古代都城の形態と機能［齊東方］／中国都城の沿革と中国都市図の変遷―呂大防「唐長安城図碑」の分析を中心にして―［妹尾達彦］／中国古代都城の園林配置に関する基礎的考察―都城外苑を中心として―［北田裕行］

④平安貴族社会

阿部　猛著

A5判・三三〇頁・定価七八七五円

【本書の目次】

一　貞観新制の基礎的考察／二　事力考／三　皇位をめぐる陰謀─平城天皇と薬子─／四　菅原道真と天満宮─神になった悲劇の文人貴族─／五　『北山抄』と藤原公任／六　「光源氏」家の経済基盤／七　平安貴族の虚像と実像／八　十世紀の地方政治─いわゆる国司の非政─／九　国司の交替／十　古代政治思想一斑／十一　貴族と武士／十二　平安貴族の諸相（官物焼亡の責任／下級官人の処遇改善（Ⅰ）／下級官人の処遇改善（Ⅱ）／官人の職務闕怠／「沽官田使」追考／カンニングペーパー／宅地造成─源高明の西の宮─／「中外抄」抄／公家新制─水戸部正男氏の業績について─）／付編（三善清行「意見十二箇條」試注／三善清行「意見十二箇條」の評価）

⑤地方木簡と郡家の機構

森　公章著

A5判・三四六頁・定価八四〇〇円

【本書の目次】

第一章　郡雑任と郡務の遂行（郡雑任の種類と出身階層・役割／綱丁と郡司／郡雑任の行方）／第二章　郡家の施設と部署（郡家の構造／郡家と人員の配置／正倉・生産施設その他との関係）／第三章　木簡から見た郡務と国務（袴狭遺跡群と但馬国出石郡家／郡務の諸相／郡務と国務の関係）／第四章　評司・国造の執務構造（評制下の中小豪族／国造の任務遂行／国造と部民）／第五章　木簡から見た郡符と田領（加茂遺跡出土の牓示札木簡／田領の役割）／第六章　郡津の管理と在地豪族（津および津長の研究成果／土佐国香美郡の歴史環境／下ノ坪遺跡と古代の津）／第七章　地方豪族と人材養成（春澄善縄の場合／郡司子弟とその養成方法／郡司子弟の行方）／第八章　評制と交通制度（評制の成立と展開／評制成立以前の交通制度／評家と交通）